2 | 最新 精神保健福祉士養成講座

一般社団法人 日本ソーシャルワーク教育学校連盟　編集

現代の精神保健の課題と支援

中央法規

刊行にあたって

　このたび、新カリキュラムに対応した社会福祉士と精神保健福祉士養成の教科書シリーズ（以下、本養成講座）を一般社団法人日本ソーシャルワーク教育学校連盟の編集により刊行することになりました。本養成講座は、社会福祉士・精神保健福祉士共通科目13巻、社会福祉士専門科目8巻、精神保健福祉士専門科目8巻の合計29巻で構成されています。

　社会福祉士の資格制度は、1987（昭和62）年に制定された社会福祉士及び介護福祉士法により創設されました。後に、精神保健福祉士法が制定され、精神保健福祉士の資格制度が1997（平成9）年に創設されました。それから今日までの間に両資格のカリキュラムは2度の改正が行われました。本養成講座は、2019（令和元）年度の両資格のカリキュラム改正に伴い、刊行するものです。

　新カリキュラム改正のねらいは、地域共生社会の実現に向けて、複合化・複雑化した課題を受けとめる包括的な相談支援を実施し、地域住民等が主体的に地域課題を解決していくよう支援できるソーシャルワーカーを養成することにあります。地域共生社会とは支援する者と支援される者が一体となり、誰もが役割をもって生活していくことができる社会です。こうした社会を創り上げる担い手として、社会福祉士や精神保健福祉士が期待されています。

　そのため、本養成講座の制作にあたって、❶ソーシャルワーカーとしてアセスメントから支援計画、モニタリングに至るPDCAサイクルに基づく支援ができる人材の養成、❷個別支援と地域支援を一体的に対応でき、児童、障害者、高齢者等のさまざまな分野を横断して包括的に支援のできる人材の養成、❸「講義―演習―実習」の学習循環をつくることで、実践現場に密着した人材養成をする、を目的にしています。

　社会福祉士および精神保健福祉士になるためには、ソーシャルワークに必要な五つの科目群について学ぶことが必要です。具体的には、①社会福祉の原理・基盤・政策を理解する科目、②複合化・複雑化した福祉課題と包括的な支援を理解する科目、③人・環境・社会とその関係を理解する科目、④ソーシャルワークの基盤・理論・方法を理解する科目、⑤ソーシャルワークの方法と実践を理解する科目です。それぞれの科目群の関係性と全体像は、次頁の図のとおりです。

　これらの科目を本養成講座で学ぶことにより、すべての学生がソーシャルワークの基盤を修得し、社会福祉士ならびに精神保健福祉士の国家資格を取得し、さまざまな領域でソーシャルワーカーとして活躍され、ソーシャルワーカーに対する社会的評価を高めてくれることを願っています。

社会福祉士養成教科書の全体像

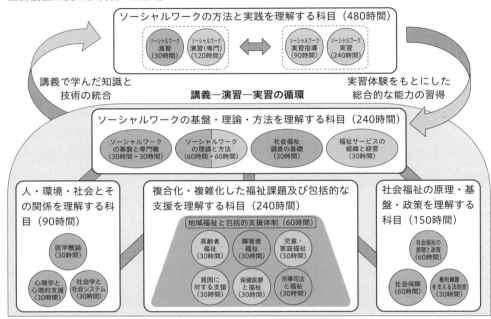

出典：厚生労働省「（別添）見直し後の社会福祉士養成課程の全体像」(https://www.mhlw.go.jp/content/000604998.pdf)より本連盟が改編

精神保健福祉士養成教科書の全体像

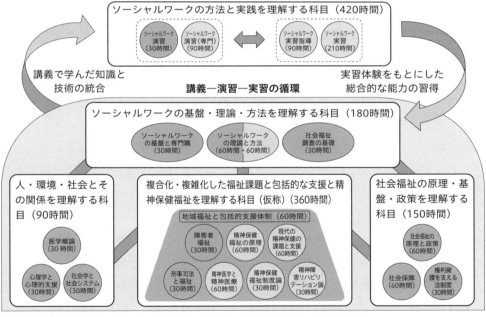

出典：厚生労働省「（別添）見直し後の社会福祉士養成課程の全体像」を参考に本連盟が作成

2020（令和2）年12月1日

一般社団法人日本ソーシャルワーク教育学校連盟
会長　白澤政和

はじめに

　21 世紀になって 20 年が過ぎ、我が国では令和の新しい時代を迎えた。科学技術の進歩は著しく、過去には不可能と思われた遺伝子書き換えの技術がノーベル賞を受賞した。iPS 細胞などを使い人間の臓器を再生することも不可能ではなくなってきている。生物や物質としての人間の理解が進むなか、人間は社会のなかで他人とつながりをもって生きていることも忘れてはならないが、その領域においても IT 技術の発展により大量のデータが蓄えられて分析され、人間の思考や行動が数字で示されるようになってきた。このような技術の進歩に伴って、人間の心への感心はますます深まっている。

　私たちを取り巻く環境も大きく変化している。地球温暖化をはじめとする自然環境変動はますます激しくなり、日本のみならず世界的にも、洪水、地震、大火災などの災害が頻繁に起こっている。2019 年終わりから 2020 年にかけては、新型コロナウイルスによるパンデミック感染症が発生した。単に感染予防の問題にとどまらず、企業でのテレワークや大学でのオンライン授業が一気に進むなど、私たちの生活様式は根本からの変革を強いられている。家にいる時間が増えたことと、生活習慣病、抑うつや自殺、家庭内暴力や虐待など、さまざまな健康問題との関係が取り上げられるようになった。

　このような変化のなかで、心身の健康の維持増進は社会全体で取り組むべき重要な課題となっており、社会からソーシャルワーカーに期待される役割や果たすべき責任はますます大きくなっている。本書はこの要望に応えるために、精神保健福祉士養成の新カリキュラムに対応した課題を網羅しただけではなく、最新の知見や今後の課題を示し、現場での実践に役立つ項目も収めた。

　本書では、まずライフサイクルや生活習慣をはじめとする精神保健の基本的な考え方と、それに関連する人間の心理行動面の特徴と現在の動向を概説した。ネット社会のコミュニケーションが増える一方で、実社会でのつながりは弱くなってきている。地域では小家族・核家族が普通になり、職場ではプライベートな付き合いまで共にするような大家族的な雰囲気は過去のものとなった。このような社会背景に伴う家族、学校教育、勤労者の精神保健についても詳しく解説した。

　現在特に注目されている精神保健の問題としては、災害被災者や犯罪被害者における心の傷やその支援者に生じるストレス、自殺問題、性的多様性や外国人など社会的マイノリティーの問題、ストーカーなどの違法行為を取り上げた。また、日本は世界

でも例を見ないほどの超高齢社会に突入しているため、ますます重要となる高齢者自身の健康問題や運転免許などの社会的課題についても詳述した。

　解決すべき課題としては、アルコール・薬物・ギャンブル等の依存問題、子育て支援における暴力や虐待、認知症高齢者、発達障害者、社会的ひきこもり、被災者への対策を取り上げた。これらについてはネット上でもさまざまな情報が流れているが、何が正しいのか判断するのが難しくなっている。情報を正しく利用する能力である「リテラシー」の考え方や教育については、実例を挙げて説明した。これは精神障害の発生予防や偏見・差別の解消においても重要な概念となっている。

　実際に精神保健活動を行っている関係機関では、従来からある専門機関や学術団体に加え、精神障害をもつ本人を中心とした活動であるセルフヘルプグループやピアサポートグループの説明も充実させた。最後に、世界的な精神保健の動向をまとめ、諸外国のアウトリーチなどの先進的な活動や、日本と大きく異なる精神保健システムの実情を紹介した。

　精神保健学（精神保健の課題と支援）とは、精神面での保健を体系的に捉え、対応策や予防策を見出していく学問である。　見かけの問題点や、病気や障害だけにとらわれず、対象者をひとりの人として捉え、社会環境問題なども含めて総合的に判断することが求められている。現状に合わせた支援のあり方を工夫すると同時に、過去を知り未来を予測して、時間の流れに沿った計画をつくることも必要である。ソーシャルワーカーには、個別のケースワークだけでなく、システムづくりにかかわる専門性を発揮させることも社会から期待されている。ぜひ本書でさまざまな領域の精神保健を学び、広い視野をもってほしい。また、随所に設けたアクティブラーニングを活用して、自ら調べて考え、実践的な知識を身につけることを編集委員として期待している。

　　　　　　　　　　　　　　　　　　　　　　　　　　　　　編集委員一同

目次

第4章 精神保健の視点から見た学校教育の課題とアプローチ

第5章　精神保健の視点から見た勤労者の課題とアプローチ

第7章　精神保健に関する発生予防と対策

第 **9** 章　精神保健に関する専門職種と国、都道府県、市町村、団体等の役割および連携

第10章　諸外国の精神保健活動の現状および対策

本書では学習の便宜を図ることを目的として、以下の項目を設けました。

- ・学習のポイント……各節で学習するポイントを示しています。
- ・重要語句…………学習上、特に重要と思われる語句を色文字で示しています。
- ・用語解説…………専門用語や難解な用語・語句等に★を付けて側注で解説しています。
- ・補足説明…………本文の記述に補足が必要な箇所にローマ数字（ⅰ、ⅱ、…）を付けて脚注で説明しています。
- ・**Active Learning**……学生の主体的な学び、対話的な学び、深い学びを促進することを目的に設けています。学習内容の次のステップとして活用できます。

第1章

精神保健の概要

　この章では、精神保健の概要を理解する。精神保健福祉士の主たる対象は精神保健に起因する課題であり、主たる対象者はメンタルヘルス課題に直面している人たちであるので、そもそも精神保健とは何であるのかを理解することは不可欠であり、大前提であろう。

　まずは、精神保健とは何であるかについて、その概念と現代の精神保健課題について理解する（第1節）。つづいて、ライフサイクルごとに直面しやすい精神保健課題について、ハヴィガーストの論に依拠しながら学んでいく（第2節）。また、人々の生活習慣と精神保健について理解する。生活習慣とは何かを理解したうえで、そのなかでも食事、睡眠、運動と、精神保健面における健康との関連を学ぶ（第3節）。

学習のポイント

● 健康とは何かを理解する
● 精神保健およびメンタルヘルスについて理解する
● 普遍化、拡大化する現代の精神保健課題について理解する

　厚生労働省は、こころの健康を、「いきいきと自分らしく生きるための重要な条件である。具体的には、自分の感情に気づいて表現できること（情緒的健康）、状況に応じて適切に考え、現実的な問題解決ができること（知的健康）、他人や社会と建設的でよい関係を築けること（社会的健康）を意味している。人生の目的や意義を見出し、主体的に人生を選択すること（人間的健康）も大切な要素であり、こころの健康は「生活の質[1)]」に大きく影響するものである」としている。

　また、「こころの健康には、個人の資質や能力の他に、身体状況、社会経済状況、住居や職場の環境、対人関係など、多くの要因が影響し、なかでも、身体の状態とこころは相互に強く関係している[1)]」としている。

　このように、身体的な健康と併せて、こころの健康の保持・増進も重要である。

1 健康とは

　まず、健康とは何か。世界保健機関（World Health Organization：WHO）憲章（1948 年 4 月効力発生）の前文から、健康とは単に「病気ではない状態」を指すわけではないことがみてとれる。健康を基本的権利とし、個人の健康の保持増進を社会の責任として捉える視点が求められている。

2 精神保健とメンタルヘルス

　精神保健とは、「精神面の健康を対象として、精神障害を予防または治療し、精神的健康を保持増進させる諸活動[2)]」のことである。先述したように、健康は疾病に罹患していないことだけを指すものではない。同様に精神面の健康も、精神疾患に罹患しているか否かということではない。

　大谷は、「広義の精神保健とは、公衆衛生としての精神保健をいい、

国民が精神的苦痛ないし葛藤のために社会的不適応状態に陥ることを回避し、社会における組織的な努力によって積極的に国民の精神的健康の保持・増進を図る諸活動である」[3]としている。

つまり精神保健は、広義にはすべての人々を対象としており、なおかつ、その一人ひとりが精神面での健康を保持・増進させていくことを指している。また狭義には、精神面での健康を崩した人を対象とし、早期発見・早期治療のもと、その人たちが自身の能力を最大限発揮し、自分の望む人生を生き生きと歩んでいくことを目指す。その社会的責務の具体には、医療やリハビリテーション、福祉などがある。

精神保健に類似する用語として、昨今はメンタルヘルスという言葉を目にする機会が増えてきた。これも、こころの健康を表現する用語の一つである。

実際には、辞典などでは、精神保健とメンタルヘルスを分けて解説しないものも散見されており、この二つの用語は類似したものとして扱われる傾向がある。

■3 拡大する現代の精神保健課題

精神疾患を有する総患者数は増加の傾向にある。また、精神科病院において入院治療を受けている人は減少傾向にある一方で、外来治療を受けている人が増加している（第2章第1節 p.14 **図 2-2** 参照）。精神疾患の罹患や精神障害をもつ人のなかには、精神保健課題を抱える場合が少なくない。

精神保健課題は、縦軸の観点からみると、乳・幼児期から児童期、青年期、壮年期、中年期、老年期にいたるすべてのライフステージにおいて発生する。また、横軸の観点からみると、家庭、学校、職場、地域などの人が生活あるいは活動するさまざまな場面で発生する。

したがって、精神保健課題への支援を行う専門職（精神保健福祉士など）は、その対象者が多世代にわたることを念頭において業務にあたらなくてはならないし、併せて、多様な生活場面・社会参加の場面で発生することを認識し、それぞれのライフステージや場面が支援の場になることを想定して業務に臨むことが求められる。

> **Active Learning**
>
> 多様な生活場面・社会参加の場面で発生する精神保健課題には、どのようなものがあるか考えてみましょう。

◇引用文献

1）厚生労働省「休養・こころの健康」 https://www.mhlw.go.jp/www1/topics/kenko21_11/b3.html
2）竹島正「精神保健」日本精神保健福祉士協会・日本精神保健福祉学会監『精神保健福祉用語辞典』中央法規出版，p.328，2004.
3）大谷實『精神保健福祉法講義』成文堂，p.11，1996.

- ライフサイクルと発達課題の概念を理解する
- ライフサイクルの各段階における精神保健と課題を理解する

1 ライフサイクルと発達課題

　まず、ライフサイクルについて理解をしておきたい。ライフサイクルとは、人の誕生から死に至るまでの人生の周期、生活周期のことである。人は、加齢に伴って生物学的な成熟あるいは衰退を遂げる。出生後は身長や体重などが増加し、高齢になるに従って体力的な衰えや記憶力が低下する。また、人は社会的な生き物でもある。そのため、生物学的な変化だけではなく、社会・文化的にも発達を遂げていく。

　もちろん発達には個人差がある。しかし、各段階（年代）で共通する傾向がある。そして、人が成長していく際、このライフサイクルにおける発達段階によってそれぞれの課題が発生するが、その課題も多くの人に共通するものである。これが発達課題という概念につながる。

　この発達課題は、アメリカの教育学者のハヴィガースト（Havighurst, R. J.）が最初にその概念を提唱した。ハヴィガーストは人間の発達段階を六つに区分している。ハヴィガーストは、人が健全に成長し社会に適応するためには、各発達段階で達成しなければならない課題（発達課題）があるとした。

　ほかにも、エリクソン（Erikson, E. H.）が人生を八つの時期に分けた「発達図式」を提唱している（表1-1）。それぞれ発達段階の区分に相違はあるが、共通するのは、人がその人生を歩んでいくなかで、発達段階ごとの発達課題をクリアしていくことにより次の段階にスムーズに移行できるとしている点である。そして、各段階の発達課題を避けたり、クリアできない場合には、心身の不調につながることもあるとしている。

2 各段階における精神保健と課題

　本節では、ハヴィガーストの発達課題理論に倣いながら、それぞれの段階の特徴や課題をみていく。

表1-1　エリクソンによる発達段階とその課題

発達段階	発達課題（「適応的」対「非適応的」）
幼児期	「基本的信頼」対「基本的不信」
早期児童期	「自律性」対「恥、疑惑」
遊戯期	「積極性」対「罪悪感」
学童期	「生産性」対「劣等感」
青春期	「同一性」対「同一性拡散」
初期成人期	「親密さ」対「孤立」
成人期（中年期）	「生殖性」対「停滞」
老年期	「完全性」対「絶望」

❶出生前・胎児期

　胎児期では、母親の胎内で身体の各器官が形成される。胎児が自身で発達課題を達成していくことを意識的に行っているか否かはいまだ研究の途上ではあるものの、母体の安定が大きな影響を及ぼす。母親が睡眠や休息をとること、バランスの良い栄養摂取をすること、適度な運動を心がけることなど、健康の維持・増進に努めることが重要である。

　併せて、新しい命の誕生を喜び、子育てや小さな子どものいる生活をイメージできることも大切である。そのためには、夫の理解や家事の協力体制を家庭内で構築できることや、子育てに関するさまざまな情報を得ることのできる機会が大きな役割を果たす。また、妊婦同士が出会い、喜びや不安などを自由に語ることのできる場などの環境整備も不可欠である。

❷乳幼児期・幼年期

　乳児期は誕生後1歳まで、そして**幼年期**はその後、小学校入学前までを指す。乳児期では、周囲、特に母親の庇護のもとで成長する。この母子の関係が、その後の子どもの成長の礎になる。エリクソンは、母親もしくは保護者との相互作用のなかで芽生えてくる愛着が、人間への「基本的信頼感」となるとしている。

　生後およそ9か月から1歳3か月にかけて歩行を獲得し、1歳から2歳にかけて、話すことを学ぶ。食事や排泄の学習の段階でもある。また、3～4歳にかけては、遊びが大きな役割を果たす。遊びを通して、仲間との間でどこまでが許容されるのかなどを学び、社会や事物についての単純な概念を形成したり、両親やきょうだいとの人間関係についての学習を行ったりする。

❸学童期

　学童期は、およそ6～12歳までを指す。読み、書き、計算の基礎的

技能を発達させることに重きが置かれる段階である。そして、遊びを通じて身体的技能の学習を図る。社会生活への健全な態度を獲得し、日常生活に必要な道徳性を習得していく。つまり、良心、道徳性、価値の尺度を発達させ、自立的な人間形成、社会的集団に対する態度を発達させる段階である。

小学校低学年では、多動性障害や広汎性発達障害などの精神疾患（第7章第8節 pp.219-220 参照）が健在化しやすい傾向がある。小学校高学年になると、気分（感情）障害や統合失調症などの疾患が発症段階に入り始める。また、不登校やいじめ、自殺なども大きな問題になっている。

❹思春期

Active Learning

思春期に発生しがちな精神保健課題について、具体的な例を挙げてみましょう。

思春期は、およそ12〜18歳までを指す。中学生前半までを思春期前期、それ以後を思春期後期と呼ぶ。この時期は、身体的に急激な成長を遂げ、第二次性徴が現れる。身体的な変化に併せ、自我を意識する時期でもある。親から自立したいという欲求が高まると同時に、親から離れることの不安も感じる。この時期は、親からの自立と親への依存の間で揺れ動く時期のため、両価性が高まる。また、同性の友人と成熟した関係を形成することや、仲間から是認されることの重要性を学ぶ段階でもある。

一方、子どもが自分自身でこうした発達課題に十分に対応できないことも生じる。周囲の大人たちのサポートが重要であると同時に、保護者だけではなく、学校や教育センター、保健所、児童相談所などの相談機関を活用することも必要である。

❺青年期・早期（初期）成人期

青年期・早期（初期）成人期は、およそ18〜30歳までを指す。この時期の発達課題は、親から独立することや、男女関係の形成などが挙げられる。両性の友人との交流や、成熟した人間関係を構築することも挙げられる。親やほかの大人からの情緒的独立や、経済的な独立に関しての自信を確立する時期でもある。

また、社会人としての自覚をもち、責任ある行動をとることや、行動の規範となる倫理・価値観を形成して、市民として必要な技能や概念を発達させる。

❻壮年期・中年期

壮年期・中年期は、およそ30〜65歳前後を指す。大人としての市民的社会的責任の達成の段階である。また、新たな集団（新たな家庭）を

つくることも課題となる。つまり、家庭生活を出発させ、子を家族の一員として加え、子どもの養育を行っていく。そして、家庭を管理していく。

併せて、市民的責任の負担、適切な社会集団の選択を行う時期でもある。一定の経済的生活水準の確立・維持、10代の子どもたちが信頼できる幸福な大人になれるよう援助すること、余暇活動を充実することなども挙げられる。また、高齢となった親などの家族への対応も求められる段階でもある。

この時期は、生理的な変化も起こる。それを認め受け入れて、適応していくことも課題となる。身体的な変化に加え精神面でも、うつ病やそれに関連した自殺なども深刻度を増す。飲酒やギャンブルなども問題化しやすい段階であり、社会的な対応も必要となる。

❼ 老年期

老年期は、およそ65歳以上を指す。この時期の課題を表すキーワードは「老化」と「死と向き合うこと」である。

老化には、身体的な老化、精神的な老化、社会的な老化がある。身体的な老化は、視力・聴力の衰え、肉体的な強さの衰え、健康の衰退（疾患からの回復力の低下）などである。精神的な老化は、記憶力や認知機能の低下、情緒が薄れるなどで感情の平板化が起きるなどの感情面の低下などが挙げられる。社会的な老化は、退職などに伴う役割の喪失や収入の減少が挙げられる。

また、この時期は配偶者の死に直面することも起きる。家庭内で役割を失うこともある。こうした状況に適応することが、この時期の発達課題である。

＊　　　　　　　＊

それぞれの段階での課題を乗り越えていくことが重要であるが、個人が乗り越えていくというだけではなく、地域に、あるいは社会にサポートするフォーマル・インフォーマルな社会資源が多様にあることが望ましい。

◇参考文献
・広沢正孝「ライフサイクルと精神の健康」日本ソーシャルワーク教育学校連盟編『新精神保健福祉士養成講座② 精神保健の課題と支援 第3版』中央法規出版，pp.24-35，2019.
・R. J. ハヴィガースト，児玉憲典・飯塚裕子訳『ハヴィガーストの発達課題と教育──生涯教育と人間形成』川島書店，1997.
・厚生労働省「e-ヘルスネット」 https://www.e-healthnet.mhlw.go.jp/information/heart/k-03-002.html

第3節 生活習慣と精神の健康

学習のポイント

● 生活習慣の概念を理解する
● 日本人の生活習慣の変化が精神保健に及ぼす影響を理解する

1 生活習慣とは

　習慣とは、人が学習によって後天的に獲得され、反復することによって固定化された個人の行動様式のことである。そのなかでも、人が生活を営んでいくなかでとる行動が生活習慣である。

　生活習慣には、さまざまなものがあるが、睡眠、食事、排泄、清潔の保持、衣服の着脱などは基本的習慣と呼ばれている。これらは心身の発達を促進する役割を担う。

　生活習慣が乱れると、身体的・精神的な健康を損ねることにもつながる。健康の保持・増進には、正しい生活習慣が必要である。併せて生活習慣は、社会生活を送るうえで望ましい行動をとることを可能とする。基本的生活習慣は先天的なものではなく、後天的に習得するものであるため、幼少時から、その発達段階に応じた学びと習得が重要であり、繰り返すうちに自動化されていく。

2 日本人の生活習慣の変化と精神保健

　日本は、1950年代後半から驚異的な経済成長を実現した。第一次オイルショックが起きた1973（昭和48）年までの経済成長率は高く、この期間を高度経済成長期と呼んでいる。特に、1968（昭和43）年には国内総生産（GDP）がアメリカに次ぎ、世界第2位の経済大国となった。そして、高度経済成長を遂げた20世紀後半から、人々の生活は変化を遂げていった。

　都市部に人口が集まり、いわゆる新中間層が増大し、「中流意識」が誕生した。失業率も低下し、保健・医療・福祉が充実し、また、上下水道や公園、娯楽施設や諸サービス等の社会的施設も充実した。その一方で、急激な工業の発展に伴い、大気汚染や水質汚濁などの公害問題が増加し、自家用車の保有率の上昇とともに交通事故が増え続けた。

　家族形態にも変化が現れた。核家族化が進み、大家族から夫婦と子ど

も2人という世帯が増え、それが標準的な家族構成であるという認識に変わった。衣服、食事、住まいも豊かになり、食生活も変化した。元来日本人の食事は、世界諸国と比べても栄養バランスがよいといわれていたが、今日、私たちの食事は高カロリー、高脂肪、高糖質に偏り、さまざまな生活習慣病を引き起こす要因の一つとなっている。

❶食事と精神の健康

　食生活によって身体的なコンディションが影響を受けることは周知のとおりであるが、精神面も同じように影響される。ビタミンCを例に挙げてみる。人はストレスを感じると、ビタミンCの消耗が激しくなる。しかし、ビタミンCは身体に蓄えることができない栄養素のため、日頃からこまめに摂取することが必要である。特にストレスにさらされたときなどは、意識して補うことが大切である。

　集中力が欠如して勉強や仕事がはかどらないというときには、脳の栄養が足りていないことも考えられる。偏った食事をしていると、精神的な安定や健康を維持するための栄養素を摂取することが困難になってしまう。また、落ち着かないときや気分が沈んだときなどに、ゆっくりと暖かい飲み物を飲むことで気持ちが落ち着いたという経験のある人も少なくないであろう。食事はさまざまな面において、精神面への影響力をもっているのである。

　併せて、食事をする環境も重要である。昨今は、孤食が社会的な問題となっている。孤食は、家族と一緒ではなく一人で食事をすることである。これは、両親ともに働いており、家族全員で食卓を囲む時間が確保できず、一人で食事をする子どものように、多様化した生活スタイルや、それをもたらす環境・習慣が背景にある場合が多い。

　また、一人暮らしの人に孤食はみられる。一人で食事をとることは、それを否定的に感じない人もあるだろうし、孤独や孤立感を抱いてしまう人もあるであろう。寂しさを紛らわすために、アルコールを摂取することが習慣になる場合もあり、場合によってはアルコール依存症に結びつくこともある。

❷睡眠と精神の健康

　睡眠が、精神の健康に大きな影響を及ぼすことはいうまでもない。睡眠は、疲労を回復させ、成長を促進させる。併せて、疾患に対する抵抗力を高める。気力の充実や集中力を高める役割も果たしており、極めて重要である。しかし現代は、就労形態の多様化や生活環境などにより、睡眠時間が短い人も少なくない。また、夜型の生活習慣や昼夜逆転など

で十分な睡眠時間を確保できない人もいる。

　睡眠不足や睡眠の質が悪い場合、昼間から眠気に襲われることや体調不良を引き起こすこともあり、仕事や学業に支障が生じることもある。睡眠障害と診断されなくとも、慢性的な睡眠不足や、休日に寝だめすることで日々の睡眠不足を補おうとして生活リズムを崩すなど、自分でも気づかないうちに体や精神面にさまざまな悪影響を及ぼしていることがある。日々の睡眠を大切にし、起床の時間を一定に保つなど生活リズムを整え、自分なりのリラックス方法をとり入れるなど留意が必要である。

❸運動と精神の健康

　「健康づくりのための身体活動基準2013」（厚生労働省）では、日常の身体活動量を増やすことで、循環器疾患・糖尿病・がんといった生活習慣病の発症やこれらを原因として死亡に至るリスク、加齢に伴う生活機能低下（ロコモティブシンドローム）を予防するだけでなく、日常生活のなかでも、気分転換やストレス解消につながることで、いわゆるメンタルヘルス不調の一次予防として有効であることが示された[1]。

　継続的な運動習慣は、ただ単に身体を動かして気分が爽快になるだけでなく、不安感やうつ、緊張感などの改善・軽減や、活力・自尊感情などが増加する。筋肉トレーニングなどは、これらに効果があるとされるホルモン、たとえばセロトニン（精神が安定する）などが脳内で分泌され、精神保健に効果があるとする研究報告も多数ある。

　精神障害者フットサルは、北海道、千葉、埼玉、大阪などで活発な活動を展開しつつあるが、チーム内の交流でコミュニケーションが変化したり、キャプテンなど役割をもつことで変化したりする効果が発表されている[2]。これは運動の効果というよりも、スポーツの効果であるといえる。いずれにしても運動は、精神保健の増進や精神疾患・精神障害の改善に一定の効果が期待できる。

◇引用文献
　1）厚生労働省「健康づくりのための身体活動基準2013」
　2）岡村武彦「精神医療とスポーツ」『臨床作業療法』第12巻第2号，2015.

Active Learning
フットサルが、精神障害者の回復や社会参加に効果的であるという研究もあります。サッカー療法も含めて運動（スポーツ）が効果的だとされている研究を探してみましょう。

第2章

現代の精神保健分野の動向と基本的考え方

　近年の日本では少子高齢化が進むなど、世界のなかでも類をみないほど社会構造が急速に変化しており、さまざまな分野で従来の考え方だけでは対応が難しい問題が増えている。

　本章では、精神疾患の患者数や病床数などの動向や、国際社会における日本の精神保健の特徴を学ぶ（第1節）。基礎理論では、精神保健活動の構造（第2節）、人間がこころの健康を保つ仕組み、ストレス状況に適応するプロセスを学ぶ（第3節）。近年、ゲーム依存などで話題になっている依存の心理や行動の特徴も知っておこう（第4節）。

学習のポイント

- 入院中心から地域生活中心へと進みつつある精神科医療の現状と課題を理解する
- 精神保健福祉センター、保健所、市区町村における地域精神保健福祉活動を学ぶ
- 精神疾患の受療率、有病率、受診率などを基に、受療バリアや受療促進を学ぶ

1　精神科医療の現状と課題

❶我が国の精神保健医療の動向

　日本の精神保健医療福祉は、戦後長い間入院医療中心で行われてきた。このため内外から批判が高まり、1987（昭和62）年に精神衛生法から精神保健法に、1995（平成7）年に精神保健法から精神保健及び精神障害者福祉に関する法律（精神保健福祉法）に改められた。しかし、その後も入院患者数の減少はわずかにとどまったため、2002（平成14）年に厚生労働省に精神保健福祉対策本部が設置され、2004（平成16）年に「精神保健医療福祉の改革ビジョン」が取りまとめられた。「入院医療から地域生活中心へ」という精神保健医療福祉施策の基本的な方向が示され、その後10年間で「国民の理解の深化」「精神医療の改革」「地域生活支援の強化」を進め、受入条件が整えば退院可能な者約7万人について、解消を図るとされた。

　2014（平成26）年には精神保健福祉法に基づき「良質かつ適切な精神障害者に対する医療の提供を確保するための指針（平成26年厚生労働省告示第65号）」が策定され、「入院医療中心の精神医療から精神障害者の地域生活を支えるための精神医療への改革」の実現に向け、関係者が目指すべき方向性が示された。

　2017（平成29）年の「これからの精神保健医療福祉のあり方に関する検討会」報告書では、「地域生活中心」という理念を基軸とし、精神障害者の地域移行を進める観点から、精神障害者が地域の一員として安心して自分らしい暮らしができるよう、保健・医療、障害福祉・介護、社会参加、住まい等が包括的に確保された「精神障害にも対応した地域包括ケアシステムの構築」を目指すことが新たな理念として示された。

★良質かつ適切な精神障害者に対する医療の提供を確保するための指針

入院医療中心の精神医療から精神障害者の地域生活を支えるための精神医療への改革の実現に向け、精神障害者に対する保健・医療・福祉に携わるすべての関係者が目指すべき方向性を定めたもの。

★精神障害にも対応した地域包括ケアシステム

高齢期におけるケアを念頭に、必要な支援を地域のなかで包括的に提供し、地域での自立した生活を支援するという考え方を、精神障害者のケアにも応用したものであり、高齢期の「地域包括ケアシステム」とは異なる。

　ここでは、これまでの精神保健医療福祉の動向を踏まえて、厚生労働省が行った、患者調査★、精神保健福祉資料（630（ロクサンマル）調査）、衛生行政報告例、地域保健・健康増進事業報告など、国の統計資料をもとに精神科医療、地域精神保健福祉活動、精神疾患の受療率と受療バリアなどについて、現状と課題を示すこととしたい。

❷精神疾患患者数

　精神疾患総患者数★は2002（平成14）年から2017（平成29）年にかけて急増し、おおむね国民30人に1人が精神科医療を受けていることとなるが、入院患者数は減少傾向にある。疾病別でみると、外来患者では気分障害と認知症の増加が著しく、入院患者では統合失調症が減少している。認知症については、外来患者の増加が目立つが、入院患者では一時増加したものの、在宅支援施策の推進により、その後の増加傾向は認めない（**図2-1，図2-2，図2-3**）。

　また、年齢階級別では、外来患者は各年代で増加傾向にあり、75歳以上の増加が著しい。入院患者では64歳以下で減少傾向にある一方で、65歳以上は増加傾向にあり、在院患者の高齢化が顕著になっている。

❸精神病床在院患者数（在院期間別、入院形態別）

　精神病床における在院期間別患者数（2017（平成29）年）は、1年未満が1万9181人（38.5％）、1年以上5年未満が8万524人（28.4％）、5年以上が9万3948人（33.1％）で、1年以上の長期在院者の占める割合は69.7％（2003（平成15）年）から61.5％（2017（平成29）年）に低下しているが、今なお約17万人の長期在院者がいることになり、退院支援の推進は喫緊の課題といえる。

図2-1　精神疾患を有する総患者数の推移

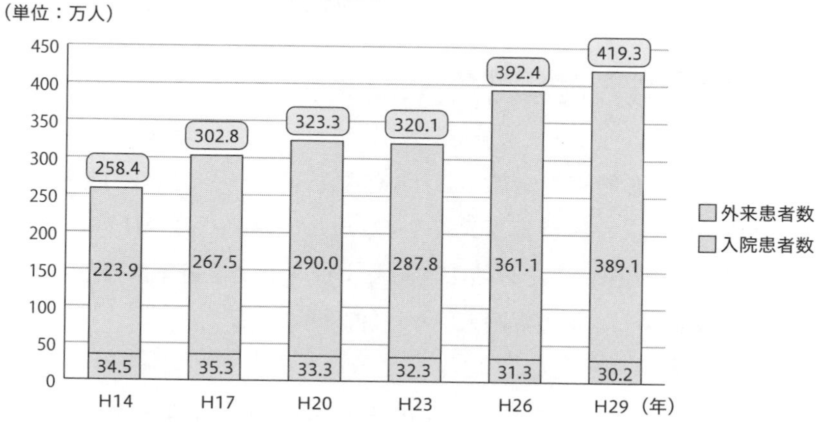

（単位：万人）

※H23年の調査では宮城県の一部と福島県を除いている
資料：厚生労働省「患者調査」より厚生労働省障害保健福祉部で作成

★**患者調査**

全国の医療施設を利用する患者を対象として、3年に1回実施される。入院および外来患者については、10月中旬の3日間のうち医療施設ごとに定める1日、退院患者については、9月1日～30日までの1か月間の調査。

★**精神疾患総患者数**

ここでいう「精神疾患を有する総患者数」とは、ICD-10の「精神および行動の障害」から「医療機関にかかっていない知的障害」を除き、「てんかん」と「アルツハイマー病」を足した数。

第2章　現代の精神保健分野の動向と基本的な考え方

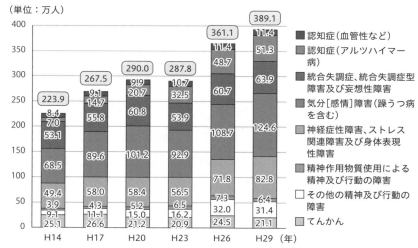

図2-2　精神疾患を有する外来患者数の推移（疾病別内訳）

（単位：万人）

凡例：
- 認知症（血管性など）
- 認知症（アルツハイマー病）
- 統合失調症、統合失調症型障害及び妄想性障害
- 気分［感情］障害（躁うつ病を含む）
- 神経症性障害、ストレス関連障害及び身体表現性障害
- 精神作用物質使用による精神及び行動の障害
- その他の精神及び行動の障害
- てんかん

資料：厚生労働省「患者調査」より厚生労働省障害保健福祉部で作成

図2-3　精神疾患を有する入院患者数の推移（疾病別内訳）

（単位：万人）

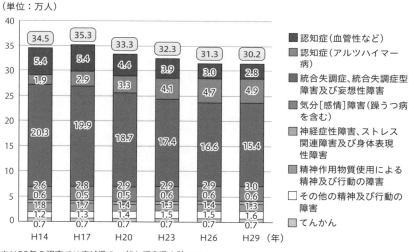

凡例：
- 認知症（血管性など）
- 認知症（アルツハイマー病）
- 統合失調症、統合失調症型障害及び妄想性障害
- 気分［感情］障害（躁うつ病を含む）
- 神経症性障害、ストレス関連障害及び身体表現性障害
- 精神作用物質使用による精神及び行動の障害
- その他の精神及び行動の障害
- てんかん

※H23年の調査では宮城県の一部と福島県を除いている
資料：厚生労働省「患者調査」より厚生労働省障害保健福祉部で作成

　　また、入院形態別患者数（2018（平成30）年）では、措置入院1530人（0.5％）、医療保護入院13万66人（46.3％）、任意入院14万7436人（52.5％）、その他1783人（0.6％）で、近年は措置入院と任意入院が減少し、医療保護入院が増加傾向にある。

❹精神病床新入院患者数

　　精神病床への新入院患者数は長年増加傾向にあったが、2016（平成28）年をピークにようやく歯止めがかかっている。在院患者数は長年

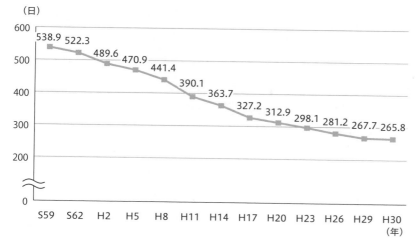

図2-4　平均在院日数

資料：厚生労働省「病院報告」

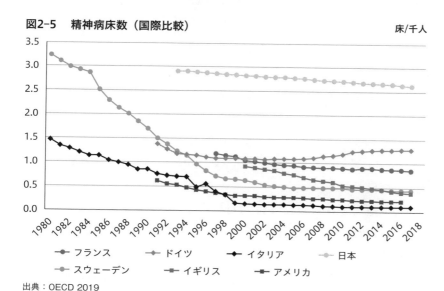

図2-5　精神病床数（国際比較）　　　床/千人

出典：OECD 2019

減少傾向にあり、「入院医療から地域生活中心へ」と歩み始めている。

❺平均在院日数の推移

　精神病床における平均在院日数は減少しているが（**図2-4**）、諸外国とは今なお大きな開きがあり、今後の短縮化が課題である。

❻国際比較（精神病床数、平均在院日数）

　人口千人当たりの精神病床数は、日本は2.6となっていて、今なお諸外国よりもかなり多いのが現状である。また、かつては日本より病床数

★平均在院日数

次の計算式による。平均在院日数＝年間在院患者延数÷｛（年間新入院患者数＋年間退院患者数）×1/2｝

Active Learning

諸外国と比較して日本の精神病床数が多い理由を考えてみましょう。

の多かった国々においても病床削減が進み、大幅に減少している[1]。国により精神病床の定義が異なるため単純な比較はできないが、精神病床の削減は国際的な方向性である（**図 2-5**）。また、平均在院日数においても、韓国を除き 40 日以下であり、日本は 267.7 日（2017 年）と最長である[2]。

❼精神科医療機関数（診療所、精神科病院）

精神科を標榜する診療所数は増加の一途をたどり、2017（平成 29）年には 3439 となった。一方で、精神科病院数は 2008（平成 20）年の 1079 をピークに微減で、2018（平成 30）年には 1058 となった。また、精神病床を有する一般病院も漸減傾向にあり、精神疾患に伴う身体合併症治療の重要性を考えると、憂慮すべきことである。

---

2 ▶ 地域精神保健福祉活動

地域精神保健福祉活動は、精神保健福祉センター（47 都道府県と 20 政令指定都市に設置）、保健所、市区町村が主体となり、「精神保健福祉センター運営要領」「保健所及び市町村における精神保健福祉業務運営要領」に基づき、精神保健福祉相談等の事業が実施されている。地域精神保健福祉活動と精神科医療とは車の両輪であり、これらがうまくかみ合わなければ、精神障害者の社会参加や地域生活中心の実現は困難である。

❶精神保健福祉相談

精神保健福祉相談は精神保健福祉法第 47 条に基づき、精神保健福祉センター、保健所、市区町村で行われている。精神保健福祉センターの 2018（平成 30）年度の相談状況は、社会復帰、ひきこもり、心の健康づくりなどが上位を占め、2013（平成 25）年度と比較すると、ひきこもりやギャンブル関連の相談が増加傾向にある。

保健所・市区町村における 2013（平成 25）年度から 2017（平成 29）年度までの相談状況は、社会復帰、心の健康づくり、老人精神保健などが上位を占め、経年変化では、ひきこもり、自殺関連、ギャンブルなどが増加している。

❷申請・通報件数と措置入院患者数

申請・通報は精神保健福祉法第 22 条から第 26 条に基づき、警察官等が「精神障害のために自身を傷つけ又は他人に害を及ぼすおそれがあると認められる者を発見したとき」、都道府県知事に対して行われるものである。申請・通報届出件数は 6417 件（1996（平成 8）年）から

★精神疾患に伴う身体合併症治療

精神科病院の多くが単科病院であり、十分な身体科治療が行える体制にない。このため、身体合併症を伴う場合は、一般病院の精神科に入院して治療を行わなければならないが、一般病院の精神科病床が少ないことが課題である。

2万8346件（2016（平成28）年）へと大幅に増加したが、その後はやや減少している。申請・通報件数の増加に比し、新規措置入院件数の増加は緩やかで、おおむね2倍程度（3567 → 7232件）にとどまっている。また、各年度末の措置入院患者数はかつて1万人を超えていたが、近年は1400〜1500人台で推移している。

❸医療保護入院のための移送

かつて患者の移送に関する法の規定がなく、家族の依頼を受けた民間警備会社が強制的に精神障害者を移送する等、患者の人権の観点から問題視される事例が発生していた。このため、1999（平成11）年の精神保健福祉法改正により医療保護入院のための移送の規定が新設された。

本制度は、家族が保健所に相談し、保健所が事前調査することから開始される。精神保健指定医が患者宅に赴いて本人を診察し、医療保護入院または応急入院相当との判断がなされ、家族の同意があれば、保健所（都道府県知事）が応急入院指定病院に移送する制度である。

ただし、本制度の実施に当たっては、「直ちに入院させなければ医療及び保護を図る上で著しく支障がある[3]」ならびに「家族等が説得の努力を尽くしても本人の理解が得られない場合に限り緊急避難的に行うものであるため事前調査を十分に行う[4]」とされた。実務上、緊急性と十分な事前調査の必要性との矛盾や行政処分でありながら家族等の同意を必要とすることなどから、適用判断が難しいとされている。このため、年間の移送件数は50〜100件の間にとどまっている。

❹精神障害者保健福祉手帳交付

精神障害者保健福祉手帳交付数は増加の一途をたどり、2018（平成30）年度末には106万2700件となり、初めて100万人を超え、内訳は1級12万4278件（11.7%）、2級63万373件（59.3%）、3級30万8049件（29.0%）であった。精神障害者保健福祉手帳は身体障害者や知的障害者の手帳と比べ利用できるサービスに今なお格差がある（JRの減免がない等）ことが課題となっている。

3 精神疾患受療率と受療促進

近年、精神病未治療期間（DUP★）や、不眠や不安などの非特異的徴候が出現する前駆期を含めた未治療期間（DUI★）の重要性が指摘されるようになった。それは、早期介入を行うことで、DUPやDUIを短

Active Learning
厚生労働省「衛生行政報告例」を参照して、措置入院と医療保護入院の届け出数を確認してみましょう。

★精神障害者保健福祉手帳
一定程度の精神障害の状態にあることを認定するもので、精神障害者の自立と社会参加の促進を図るため、手帳により、支援策が受けられる。知的、身体に比べて歴史が浅く、1995（平成7）年に始まった。

★DUP
(Duration of Untreated Psychosis)
精神病発症から受診に至るまでの期間を精神病未治療期間という。多くの論文でDUPが長いほど精神病の予後は不良であるという結果が示されているため、短縮させる取組が課題となる。

★DUI
(Duration of Untreated Illness) 不眠や不安などの非特異的徴候が出現する前駆期を含めた未治療期間をいう。DUIも予後の改善に関与することが示唆され、精神病を発症する以前から同定し、介入することの意義がより強調されるようになった。

縮することができれば予後の改善につながることが明らかになったからである。「日本の DUP の平均期間は 17 か月に及ぶ[5]」といわれており長期化の要因として、メンタルヘルスリテラシー[6]（精神疾患に対する気づき，対処，予防に関する知識や考え方）の普及が不十分なこと、スティグマの問題、かかりつけ医等との連携の問題などが指摘されている[3]。ここでは、受療率、有病率やこれらの国際比較などを参考にしつつ、日本の現状を明らかにしたい。

❶精神疾患の受療率

受療率は調査日に受療した人口 10 万人当たりの推計患者数であるが、2017（平成 29）年患者調査においては入院 199 人、外来 206 人となり、初めて外来が入院を上回る結果となった。これは、在院患者数の減少に加えて、精神科医療に対する受療バリアの減少が影響しているものと考えられる。

一方、都道府県ごとの受療率の地域格差（受療格差）は今なお大きく、外来で約 3 倍（群馬 119、福岡 361）、入院で約 3.7 倍（滋賀 120、長崎 440）を認めた。この背景には、人口比精神病床数の格差や精神科診療所の増加などの要因が関係していると思われる。

❷有病率の国際比較

日本の精神科総患者数は大幅に増加しているが、諸外国と比較するとなお有病率は低い。OECD 報告[7]によれば、不安障害、気分障害、衝動制御障害、物質使用障害などのいずれかの精神障害有病率は、12 か月有病率（過去 12 か月に経験した者の割合）では 8.8％（人口比）、生涯有病率（これまでに経験した者の割合）は 18.0％であった。生涯有病率では日本が最も低く、米国が最も高かった（図 2-6）。

❸メンタルヘルスリテラシーと受療バリア

川上（2016）の報告[8]によれば、過去 12 か月間のうつ病の経験者のうち、受診した人は 29.2％となっていて、約 7 割が未受診である。近年、精神科の受療バリアが低くなったといわれているが、なお未受診の患者が多いことが明らかである。統合失調症ではうつ病以上に、未受診の患者が多いと推測される。この背景には、日本では精神科医療が入院中心に行われてきたことや精神疾患に対する誤解や偏見などによる受療バリアが存在することが示唆される。

精神疾患の多くが思春期・青年期に好発することを考えると、受療促進のためにはメンタルヘルスリテラシー教育の推進が重要である[9]（第 7 章第 1 節 p.185 参照）。近年学習指導要領が改訂[10]され、保健教育におけ

図2-6　有病率の国際比較

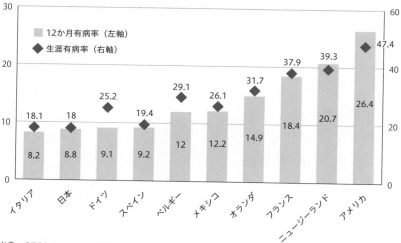

出典：OECD Factbook 2009

るこころの健康についてより踏み込んだ内容となっている[11]。

　正しい知識を学ぶことで、精神疾患は特別な病気ではなく誰もがかかる可能性があることを理解し、早期治療の大切さを知ることに意義がある。併せて、偏見や差別の対象ではないことを理解することで、早期に治療を受けやすい環境が整えられることを期待したい。

◇引用文献
1 ）OECD Health Statistics 2019.
2 ）同上
3 ）精神保健福祉研究会監『四訂 精神保健福祉法詳解』中央法規出版，pp.373–374，2016.
4 ）同上，pp.373–374
5 ）山口大樹・水野雅文「統合失調症における早期介入」『臨床精神医学』第45巻第 8 号，pp.1041–1046，2016.
6 ）Jorm, A. F.,et al.,'Mental health literacy:A survey of the publics ability to recognize mental disorders and their beliefs about the effectiveness of treatment', *Medical Journal of Australia*, 166(4)，pp.182–186，1997.
7 ）OECD Factbook 2009
8 ）川上憲人「精神疾患の有病率に関する大規模疫学調査研究：世界精神保健日本調査セカンド」2016.
9 ）山下俊幸「児童・生徒のこころの健康問題」『公衆衛生』第83巻第 6 号，pp.435–441，2019.
10）文部科学省「平成29・30年改訂 学習指導要領、解説等 https://www.mext.go.jp/a_menu/shotou/new-cs/1384661.htm
11）森良一「保健教育における新学習指導要領のポイント」日本学校保健会『学校保健の動向 平成30年度版』丸善出版，pp.1–7，2018.

◇参考文献
・厚生労働省「患者調査」
・厚生労働省「病院報告」
・厚生労働省「医療施設調査」
・厚生労働省「衛生行政報告例」
・厚生労働省「地域保健・健康増進事業報告」
・国立精神・神経医療研究センター精神保健研究所「630調査（精神保健福祉資料）」

- 精神保健活動を実践する意義を学ぶ
- 精神保健活動の対象を理解する
- 精神保健活動に今後求められる方向性を考える

1 これからの精神保健活動に向けた方向性と考え方

　厚生労働省の精神保健福祉の統計資料では、入院患者の若干の減少は認められるものの精神疾患を有する総患者数は年々増加傾向にあり、2017（平成29）年には419.3万人となった。特に、認知症高齢者の増加と入院患者の高齢化などは顕著であり、障害者計画および医療計画の策定を含む精神障害者にも対応した地域包括ケアシステムの構築が急務となっている。

　今後求められる「これからの精神保健活動」は、従来の精神障害者を中心としたものから地域住民をも対象としたこころの健康問題対応とこころの健康づくりの両面を視野に入れた対応も含め、今まで以上に広範な実践が求められることとなる。そのためには、精神保健福祉士がかかわる個々の対象とその領域が、現在どのような状態にあるかを適切に評価・判断し、以下に掲げるアプローチについて適切な方策を検討し、援助・支援して行かなければならない。

2 精神保健活動の三つの対象

　具体的なその対象は精神保健活動の三つの対象として、次の図に示したとおりである。精神障害者福祉の対象者（精神疾患があるため長期にわたり日常生活または社会生活に相当な制限を受ける者）、精神障害者の医療の対象者（精神疾患を有する者）、精神保健の対象者（健常者）に区分され、それぞれの対象に対する精神保健活動のアプローチについては、次に掲げる考え方をもって対応していくことが大切である（図2-7）。

❶積極的精神保健

　積極的精神保健（positive mental health）は、地域社会に居住する一般住民のすべてを対象とする。こころの健康づくりを積極的に行い、

図2-7 精神保健福祉の対象者の範囲

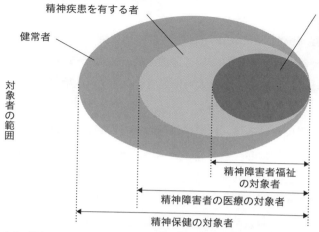

出典：厚生省大臣官房障害福祉部精神保健福祉課公衆衛生審議会精神保健福祉部会「精神保健福祉法に関する専門委員会資料」

地域住民が日常生活を送るうえで、今以上にこころの健康の保持増進を高めることを目指すものである。

　温暖化に伴う気候変動、生活環境の変貌、世界的な経済状況の変化などに私たちは日々さらされ影響を受けており、健康不安などのこころの健康課題も他人事ではない。例えば、核家族化と単身高齢者の増加など少子高齢化が社会問題としてクローズアップされる現代社会で、高齢者は自身のこころと身体の健康をどう維持し、高めていくのか。「生きがい」を含め、その人の生きる目標や人生の価値に目を向け、積極的に夢の実現を目指して、こころ健やかに生きていくことが必要である。

❷支持的精神保健

　支持的精神保健（supportive mental health）は、精神的健康を損ないつつある人や、こころの病（精神疾患）に罹患し精神科医療を受けている人、医療中断しがちな人などが対象となる。これらの対象者が、病状に応じて精神保健相談や訪問指導（ACTなどのアウトリーチ型の支援）などの適切な精神科医療が提供されることと、個々の生活環境や経済状況に応じた日常地域生活支援や障害福祉サービスを適切に享受することによって、早期に精神的安定が図られることを目的とする。

　これらの活動は、すべて精神保健活動の一環として、保健・医療・福祉の地域支援ネットワークが構築され、実践されなければならない。精神疾患に対する医療体制については、統合失調症、うつ病、認知症、児童・思春期精神疾患、依存症などの多様な疾患ごとに役割分担された医療機能と、併せて精神障害者自身の意向に応じた医療計画の策定が期待

されている。

❸総合的精神保健

総合的精神保健（total mental health）は、積極的精神保健と支持的精神保健の統合を目指す実践的な精神保健活動のことである。地域社会全体を捉え、障害のある人もない人も地域社会のなかで差別なく、ともに支え合う共生社会の実現を目指す。

たとえば、我が国においては、未だに精神障害者や精神科医療などに対する、いわれのない社会的な偏見や誤解は払拭されておらず、社会的に弱い立場にある障害者の自立や社会参加に関する理解と支援は十分とはいえない。精神保健福祉領域におけるボランティアの人材育成など、ノーマライゼーションの観点から相互理解と支援を実践し、枠組みを構築することが喫緊の課題となっている。

精神障害をもつ当事者の意見が反映された一般社会を実現するためには、地域住民の協力を得つつ、地域に精神障害者支援の精神保健活動の拠点を創設するなど、継続的な普及啓発活動を展開して、こころの健康に理解を深める働きかけを積極的に推進していかなければならない。

Active Learning

精神保健に関するニュースなどの具体的な事例について、積極的精神保健、支持的精神保健、総合的精神保健のどの活動の対象になるのか話しあってみましょう。

精神の健康に関する心的態度

学習のポイント

- 健康な状態の心的構造を理解する
- 危機的状況における喪失反応や悲嘆反応のモデルを学ぶ
- 障害受容の心的態度を学ぶ

　精神の健康に関する心的態度について、人間の正常心理における健康を理解し、危機的状況におかれたときの心理的な反応を知って、個人がこころの健康を保ち、危機から回復する過程を模式的に理解しよう。

1　正常心理における要求モデル

　健康とは単に病気でない状態をいうのではなく、身体的、精神的、社会的に良好な状態にあることを示す（第 1 章第 1 節 p.2 参照）。

　健康に関する要素は多くの領域にわたるため、一つの要素をみるだけでは個人の健康を説明できない。心理学者の**マズロー**（Maslow, A.）[i]は、健康な心理状態にあるときの人間の欲求を次の段階に分けた。[1]

1．生理的欲求：睡眠、食欲、排泄、性欲、呼吸など、生命活動に必須の本能的欲求。
2．安全の欲求：自分の安全確保の欲求で、ストレス状況で均衡が脅かされたときに必要性が明らかになる。
3．所属と愛の欲求：所属する集団のなかで深い理解や受容を求める。
4．承認の欲求：他者からの尊敬や称賛を求める。
5．自己実現の欲求：自らの能力を発揮し創造的活動を行う欲求。

　マズローの理論は、ある段階の欲求が満たされるとより高次の段階の欲求が生じる、という昇華的なモデルとして説明されることがある。しかし、本質的には各段階は等しく重要であり、必ずしも段階的なものではない。健康の維持あるいは回復にはすべての段階が必要であり、要求

---

i　〔Abraham Harold Maslow〕1908-1970. アメリカの心理学者。人間の要求に関する階層の理論など、人間性心理学を確立した。

の無視や抑圧は精神の健康を損なう一因となる。

2 ▶ 危機プロセスと喪失反応のモデル

　災害などの危機的状況や、身近な人の死などの強い喪失体験にあったときには、人間は過去の経験や学習が応用できず混乱し、次いで状態を受け入れ現実に適応していくという一連の回復プロセスを呈する（第3章第6節）。よく参照されるモデルを知って、精神の健康に対する心的態度について理解を深めよう。

1 フィンクの危機モデル

　心理学者のフィンク（Fink, S. L.）は、マズローの理論をもとに、脊椎損傷患者の回復過程の研究から、危機を体験した人の心理的変化を4段階に分けた[2]（表2-1）。医療の臨床研究でよく参照されている。

1．衝撃：危険や脅威を予測し、強烈な不安、パニック、無気力状態を示し、計画や判断や現実理解が障害される時期。胸の苦しさ、吐き気、頭痛などの身体症状が強く現われることもある。

2．防衛的退行：現実から自己防衛しようとする時期。しばしば無関心や無感覚な状態となる。心理的には現実逃避、否認、抑圧、願望的思考などの防衛機制が生じる。

3．承認：現実に逆らえないと認め、元来の自己イメージの喪失を実感する時期。無感動、怒りを伴った抑うつ、苦悶、悲壮感が出現し、再度の混乱をきたすこともある。自殺の危険も少なくない。

4．適応：積極的に状況に対処する時期。現在の能力や資源で満足のいく経験を増やしていき、次第に不安は減る。

表2-1　フィンクの危機プロセスモデル

段　　階	特　　徴
① 衝撃	強烈な不安、パニック、無力状態
② 防衛的退行	無関心、現実逃避、否認、抑圧、願望的思考
③ 承認	無感動、怒り、抑うつ、苦悶、深い悲しみ、再度の混乱
④ 適応	不安の減少、新しい価値観、自己イメージの確立

出典：広沢正孝「精神の健康に関する心的態度」日本ソーシャルワーク教育学校連盟編『新・精神保健福祉士養成講座② 精神保健の課題と支援 第3版』中央法規出版, p.53, 2018.

② 喪失反応と受容のモデル

フィンクのモデルと類似した喪失反応や悲嘆反応のモデルは、数多く提唱されている。精神科医のエンゲル（Engel, G.）は、急激な喪失による悲嘆反応を、ショック、否認、意識化、復元の4段階で説明している[3]（表2-2）。

哲学者のデーケン（Deeken, A.）は、がん患者などの死生学を研究し、悲嘆反応をさらに細かく12段階に分けた[4]。

精神科医のキューブラー＝ロス（Kübler-Ross, E.）は、がん患者の精神分析的面接を通じて、自分の病気を受け入れる過程を5段階に分けた（第3章第6節 pp.62-63参照）。喪失対象が自分自身の命である点、確実に訪れる死が比較的短期間に迫っている点が特徴である。

③ 死別反応

家族、親族、親しい友人など、かけがえのない人と死別した時の悲哀や喪（mourning）の状態における心理的過程も、上記のモデルに当てはめると理解しやすい（第3章第6節参照）。

戦後日本の状況は、少子化や単独世帯の増加などの社会的要因、平均余命の延長などの医療保健の要因、自宅での死亡が減り病院での死亡が

Active Learning

災害被災者や犯罪被害者の心理について、ここで紹介しているモデルとあなたの考えを比べてみましょう。

表2-2　喪失反応モデル（悲嘆の心理過程）

エンゲル		デーケン
段階	特徴	段階
① ショック	麻痺状態	① 精神的打撃と麻痺状態
② 否認	否認、抑うつ	② 否認 ③ パニック ④ 怒りと不当感 ⑤ 敵意とルサンチマン（うらみ） ⑥ 罪意識 ⑦ 空想形成、幻想形成
③ 意識化	悲しみ、不安、怒り、引きこもり、表面的受容	⑧ 孤独感と抑うつ ⑨ 精神的混乱とアパシー ⑩ あきらめ
④ 復元	理想化、適応、現実的受容	⑪ 新しい希望 ⑫ 立ち直り——新しいアイデンティティの誕生

出典：広沢正孝「精神の健康に関する心的態度」日本ソーシャルワーク教育学校連盟編『新・精神保健福祉士養成講座② 精神保健の課題と支援 第3版』中央法規出版, p.54, 2018.

ii 〔George Engel〕1913-1999. アメリカの精神科医。生物学的研究が急速に進んだ1970年代に、人間の存在を総合的に考えるバイオ・サイコ・ソーシャルモデルを提唱した（第6章第4節p.145）。

一般的になったなどのさまざまな要因が変化しており、死別反応の現れ方も変化している。ペットを失ったときの死別反応が「ペットロス症候群」と名づけられ、社会現象として注目されることもある。[6] 各段階の極度の延長や、健康に大きな支障をきたす状態を病的喪（pathological mourning）といい、うつや不安が強い場合には精神医療など専門的介入の対象となる。

★操作的診断基準
主な症状の定義や、症状の持続期間に明確な基準を設けた診断法。信頼性の高い診断が得られ、調査研究や国際比較にも用いられる。

★DSM
アメリカ精神医学会（American Psychiatric Association：ＡＰＡ）が作成した「精神障害の診断と統計マニュアル」（Diagnostic and Statistical Manual of Mental Disorders）の略称で、DSM-5とは2013年に改訂された第5版を指す。

★ICD
世界保健機関（World Health Organization：WHO）が作成した「国際疾病分類」の略称で、正式名称は「疾病及び関連保健問題の国際統計分類」（International Statistical Classification of Diseases and Related Health Problems）。ICD-10とは第10版を指す。2022年にはICD-11が発効される予定である。

4 操作的診断基準

統計や臨床診断では、診断手続きが明示されている操作的診断基準★がよく使われている。DSM★やICD★では、自然災害や事故、肉親の死別体験が重なるなどの人間関係の突然の変化、虐待など生命の危険を感じるような強い心的ストレス（心的外傷、トラウマ）体験後の反応形式を次のように示している。

1．恐怖・無力：自分や他人の身体保全に迫る危険や事件を体験・目撃し、強い恐怖や戦慄を感じる。感情表出が乏しくなる情意鈍麻もある。
2．刺激回避：同じような状況や関連する事柄を避け、強い情動反応からこころを守ろうとする状態。
3．過覚醒：神経が高ぶった状態が続き、それまではなかった不眠、不安、怒り、混乱、集中困難、過度の警戒心などが生じる状態。
4．追体験（フラッシュバック）：原因となった出来事の場面をありありと思い返し、強い苦痛を感じる状態。悪夢を繰り返し見ることもある。

これらは心的外傷を体験した後の自然な反応だが、日常生活に支障がある場合には精神障害として、症状が軽度の場合には適応障害、強いときには急性ストレス障害もしくは心的外傷後ストレス障害（PTSD）と分類されている。

3 障害の受容

上記のモデルは、事故などで中途障害となった身体障害や、慢性疾患の受容に関しても応用できるが、初期段階では回復への期待が強く、急激な衝撃を体験しにくい特徴がある。アメリカの心理学者コーン（Cohn, N.）は、障害の受容を経時的に5段階に分けて説明した。[7]

1．ショック：障害を重大には捉えず、「これは私に起こったことでは

Active Learning
前述の喪失反応モデルと、中途障害や慢性疾患の受容モデルを比較し、違いを確認してみましょう。

ない」と考える。不安はそれほど強くない。

２．回復への期待：障害があることを認めるが「病気はすぐに回復する」と期待し、永続するとは考えない。

３．悲嘆：障害の重大さを認めて「すべてを失った」と考え、希望を失い混乱を体験する。

４．防衛／回復への努力：抑うつや逃避などの心理的防衛機制が生じ、一方で、生活を続けていこうという回復や適応への努力が開始される。

５．適応：障害を自分の一部と考えて、新たな価値観とともに現実を生き始めるようになる。

＊　　　　　　　　　＊

　この節でとりあげたモデルは、主に身体疾患あるいは身体障害を中心に考えられている。精神障害では、障害の程度が心理社会的因子の影響を受けやすく、状態が変わりやすいことに注意しよう。精神障害の受容には古典的な受容モデルだけでなく、可能性や希望を重視したリカバリー（recovery）モデルや、個人の強さに着目したストレングス（strength）モデルの理解が助けになる。

◇引用・参考文献

１）フランク・ゴーブル，小口忠彦監訳『マズローの心理学』産業能率大学出版，1972.
２）Fink, S. L.,‘Crisis and motivation: A theoretical model’, *Archives of Medicine and Rehabilitation*, 48(11), pp.592–597, 1967.
３）Engel, G.,‘The need for a new medical model: a challenge for biomedicine’, *Science*, 196（4286）, pp.129–136, 1977.
４）アルフォンス・デーケン『よく生き よく笑い よき死と出会う』新潮社，2003.
５）厚生労働省「死亡の場所別にみた死亡数・構成割合の年次推移」 https://www.mhlw.go.jp/toukei/saikin/hw/jinkou/suii09/deth5.html
６）木村祐哉「ペットロスに伴う悲嘆反応とその支援のあり方」『心身医学』第49巻第5号，pp.357–362, 2009.
７）Cohn, N.,‘Understanding the process of adjustment to disability’, *J Rehabil*, 27, pp.16–18, 1961.

● おすすめ
・C. ラップ・R. ゴスチャ，田中英樹監訳『ストレングスモデル第3版──リカバリー志向の精神保健福祉サービス』金剛出版，2014.

第4節 生活と嗜癖

学習のポイント

- ●「嗜癖」の種類を学ぶ
- ●「物質依存」と「行動嗜癖」の共通性について学ぶ
- ●「嗜癖」の背景を知る
- ●「ゲーム障害」について学ぶ

1 嗜癖の基本的な考え方

❶嗜癖の種類：物質依存と行動嗜癖

　嗜癖とは、特定の物質や行動に伴う快感や刺激（報酬効果）を得ることにのめり込み、健康や家族・社会問題を引き起こすようになった状態をいう。嗜癖には、物質依存と行動嗜癖の２種類がある（図2-8）。

　物質依存の代表的なものとしては、アルコール、覚せい剤、ニコチンなどが挙げられる。行動嗜癖にはギャンブル、ゲームなどがある（図2-9）。

図2-8　嗜癖：アディクション

○嗜癖
特定の物質や行動、関係性に心を奪われ、のめり込み、制御をできなくなる。
「やめたくても、やめられない」習慣に陥る。

○依存
嗜癖のなかで、耐性（慣れ）と離脱（禁断症状）を起こす物質使用に対して使う。

図2-9　嗜癖の概観

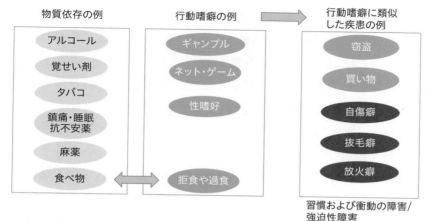

重複する嗜癖やほかの併存症をもっていることがある。
行動嗜癖を「習慣および衝動の障害」や「強迫性障害」と幅広く捉えることもある。
拒食や過食（摂食障害）に加え異常な食行動自体を物質依存として捉える概念がある。

❷嗜癖のもつ関連問題

　アルコールやギャンブルなどは、人類の長い歴史上、政治、文化、産業、宗教等と密接なかかわりのなかで使用され続けている。新たな嗜癖であるゲームは、スマートフォン、モバイル型のゲーム機などの身近なインターネット機器を介して使用することが多い。嗜癖は、老若男女を問わない非常に身近な生活上の問題となってきた。そのため社会問題としての対策も必要とする。

❸行動嗜癖と物質依存の共通性

　嗜癖には共通して、脳の機能に特有の変化が現れる。この変化が嗜癖にのめり込む行動を継続、助長すると考えらえている。物質依存や行動嗜癖の患者に対しての脳機能画像解析[★]による研究で明らかになってきた。快感物質といわれるドーパミンは、アルコールでもギャンブルでも個人が気持ちよいと感じれば分泌される。その結果、脳内で快感、多幸感をつかさどる報酬系が強く反応する。繰り返し飲酒やギャンブルをすると報酬系の感受性は鈍くなり（報酬欠乏）、さらに強い刺激を求めて快感を求めるようになる（渇望）。嫌な気持ちが起こるのを防ぐために飲酒量やギャンブルにかける時間とお金が増えていき（耐性）、自己の行動をコントロールする前頭前野の機能は低下する。

　嗜癖に共通する特有の症状を以下に示す。

1．渇望・とらわれ：使いたい、行動したいという強烈な欲求。

2．コントロール障害：大量または過度に使用する。減らす試みがうまくいかない。

> **Active Learning**
> あなたの身の回りでどんな依存問題が起こり得るか考えてみましょう。

> ★脳機能画像解析
> 脳の構造や機能の異常を調べるMRI（magnetic resonance imaging：磁気共鳴画像），脳内の分子や神経伝達物質を検討できるPET（Positron Emission Tomography：陽電子放出断層撮影）などがある。

3．耐性：以前より大量または過度に使用しないと、以前と同じ快感が得られない。その結果、使用量や頻度が増加する。

4．離脱症状：使用量や頻度を減らしたり、止めたりすると不快になる。

5．気分変容：嫌な気分を、物質を使ったり、行動によって解消する。

6．再発：一度やめた後に、再使用したり、再び嗜癖行動をするとやめる前の状態に戻ってしまう。

7．健康・社会機能障害：健康問題や家族・社会問題を引き起こす。

❹嗜癖の背景

あなたがもっていた嗜癖問題に対する印象と、脳の機能や嗜癖の背景を考慮した理論を比較してみましょう。

嗜癖の背景には、うつ、不安、恐怖、緊張、焦燥感といった「感情的苦痛」の緩和があるという「自己治療仮説（self-medication hypothesis：SMH）」という理論がある。[1]

嗜癖は、社会生活、家庭生活のなかで「生きづらさ」を抱えた人の孤独な自己治療という理論である。「アルコールやギャンブルをすることで何とか自分を保ってきた」ため、「生きづらさ」の要因として何らかのほかの併存症をもっていることや、生育歴や生活環境の評価を含めた支援が必要となる（図2-10）。

❺嗜癖の診断

★ICD
p.26側注参照。

★DSM
p.26側注参照。

嗜癖の診断には、ICD-10[*]とDSM-5[*]の二つの診断基準（診断のガイドライン）が使われている。DSM-5では、物質依存を「物質使用障害」、行動嗜癖のゲームを「インターネットゲーム障害」という用語を使用している。インターネットゲーム障害は正式には認められていない概念である。ICD-10は改訂版となるICD-11の最終草案が2019年5月の世界保健総会で採択された。ICD-11では、行動嗜癖のギャンブ

図2-10　物質依存と行動嗜癖の関係

「嗜癖」は、便宜的、包括的に「依存（症）」「アディクション」という用語で使用される場合がある
　物質依存と行動嗜癖をいくつか同時に有したり、ほかの依存物質や行動嗜癖へ双方向的に移動することがある

ルとゲームをそれぞれ「ギャンブル症（障害）gambling disorder」、「ゲーム症（障害）gaming disorder」という用語を使用している。

2 日常生活における身近な嗜癖

1 病的賭博（ギャンブル障害）

　病的賭博（ギャンブル障害）は、ギャンブルをやめたくてもやめられない状態である。当事者は、やめなくてはいけないとわかってはいるけれど、やめられないという、嗜癖全般に共通する心理を抱えている。「病的賭博（pathological gambling）」という診断名で1980年に先述したDSMの3版であるDSM-IIIに診断基準が設けられ、治療と介入が必要な精神疾患とされた。2013年に改訂されたDSM-5では、「病的賭博」が「ギャンブル障害（gambling disorder）」と改名された。また2019年に発表されたICD-11では「ギャンブル症（障害）」が「物質使用および行動嗜癖による障害」に分類された。

2 新しい嗜癖：ゲーム症（障害）

　ゲームの使用のコントロールが困難になって、多くの時間やお金を費やし、生活や学業、仕事、家事などに支障をきたす状態である。インターネットは1969年に発明されて以降、急激に進化し普及してきた。1990年代後半より、各国でインターネットにのめり込む人が、既存の嗜癖と同様な状態になってきていることが報告されてきた。日本では、2011（平成23）年に独立行政法人国立病院機構久里浜医療センターで「ネット依存治療研究部門」が開設され、ネット依存専門治療が行われている。2013年にアメリカ精神医学会は、DSM-5において、今後の研究の必要がある項目のなかに「インターネットゲーム障害」という名称で掲載した。2019年にWHOはICD-11に「ゲーム症（障害）」を正式な疾病として収載し、「物質使用および行動嗜癖による障害」に分類した。

　インターネットゲーム以外のオンラインコンテンツである動画、SNS（social networking serviceなど）については、研究報告が少ないとして収載は見送られた。ゲーム症の多くは、インターネットを介してのゲーム（オンラインゲーム）にのめり込んでいる。

3 行動嗜癖に類似の疾患

❶病的窃盗（窃盗癖）

　病的窃盗（窃盗癖、クレプトマニア：Kleptomania）は、精神障害としての常習窃盗である。経済的問題や所有目的でなく窃盗衝動が、主な動機である。単独の常習万引きがほとんどである。DSM-5では、併存症として、強迫的な買い物、摂食障害などを挙げている。

❷買い物嗜癖

　買い物嗜癖は、過度な買い物の活動が抑えきれない（渇望）、買い物の性癖がコントロールできない（コントロール障害）、ネガティブな結果が引き起こされるにもかかわらず買い物の行動を続ける特徴がある。

　ICD-10では、窃盗症は「病的窃盗」という用語で「習慣および衝動の障害」に分類されている。買い物嗜癖は「他の習慣および衝動の障害」に分類される（**図2-9**）。

◇引用文献

　1）E. J. カンツィアン『人はなぜ依存症になるのか――自己治療としてのアディクション』星和書店，p.175，p.182，2013.

◇参考文献

　・樋口進『現代社会の新しい依存症がわかる本――物質依存から行動嗜癖まで』日本医事新報社，2018.
　・E. J. カンツィアン『人はなぜ依存症になるのか――自己治療としてのアディクション』星和書店，2013.

●おすすめ

　・樋口進『Q＆Aでわかる子どものネット依存とゲーム障害』少年写真新聞社，2019.
　・長坂和則『よくわかるアディクション問題――依存症を知り、回復へとつなげる』へるす出版，2018.

第3章

家族に関連する精神保健の課題と支援

　この章では、家族に関連する精神保健の課題およびその支援について理解する。家族は往々にして精神保健に大きな影響を及ぼす。

　第1節では、家族関係をもとにして起きるドメスティック・バイオレンスとその被害者支援および予防について理解する。第2節では、出産・育児をめぐる子育て不安や育児困難などの課題と支援について学ぶ。第3節では、介護を必要とする高齢者や障害者をめぐり、不適切なケアや虐待とその対応について理解する。第4節では、社会的ひきこもりをめぐる精神保健について、社会的ひきこもりの定義と現状およびその対策について学ぶ。第5節では、家族関係、主に支配・被支配、依存・共依存関係などについての概説とその相談機関について理解する。第6節では、グリーフケアについて主に死別体験と喪失体験、第7節では、精神保健の維持・向上に向けた支援を担う機関について学ぶ。

家族関係における暴力と精神保健

学習のポイント

● 現代日本の家族の世帯構造と取り巻く課題について学ぶ
● ドメスティック・バイオレンス（DV）の現状と支援のあり方を理解する
● 8050問題と引きこもりの現状と支援のあり方を理解する

1 日本の家族の世帯構造

1 家族の定義

　家族とは、明確な定義が難しいが、櫻井らによると「家族とは人間が生きていくうえで、多大な影響を与え合う存在」[1]と述べている。それゆえに、「家族」についての考え方は、血縁関係がなくても同居している状態、同居・非同居にかかわらず血縁関係のある状態、ペットを含めて考える者とさまざまである。また、家族は社会の1単位であり、最小単位でもあり、家族の成熟が家族一人ひとりの成長や家族としての結びつきだけでなく、地域社会全体へも貢献していく。

　しかし、「家族」は非公開の1単位であり、その様子は他者からみえづらく、家族関係が原因となり発生するトラブルや事件も少なくない。

2 家族の状況

　2019（令和元）年国民生活基礎調査[2]によると、2019（令和元）年6月6日現在における我が国の世帯総計は、5178万5000世帯で増加の一途をたどっている。世帯構造をみると、「単独世帯」が1490万7000世帯（全世帯の28.8%）で最も多く、次いで「夫婦と未婚の子のみの世帯」が1471万8000世帯（同28.4%）、「夫婦のみの世帯」が1263万9000世帯（同24.4%）となっており、核家族が大部分を占めていることがわかる。その一方、「三世代世帯」は263万世帯（同5.1%）と占める割合も低く、年々低下しており、夫婦と子に加えて夫婦の親等が同居する拡大家族は減少の一途をたどっている。「単独世帯」は年々増加傾向にはあるが30%に満たず、平均世帯人員は2.39人であることから、大部分は誰かと同居という家族単位で暮らしていることがわかる。

また、同調査によると65歳以上の者のいる世帯は2558万4000世帯（全世帯の49.4％）となっている。その世帯構造をみると「夫婦のみの世帯」が827万世帯（65歳以上の者のいる世帯の32.3％）で最も多く、次いで「単独世帯」が736万9000世帯（同28.8％）、「親と未婚の子のみの世帯」が511万8000世帯（同20.0％）となっている。さらに65歳以上の者のいる世帯のうち、高齢者世帯の世帯構造をみると、「単独世帯」が736万9000世帯（高齢者世帯の49.5％）、「夫婦のみの世帯」が693万8000世帯（同46.6％）となっており、高齢者の孤立・孤独死、老々介護などの問題につながっている。

2 家族関係による課題

1 ドメスティック・バイオレンス

❶ドメスティック・バイオレンスの定義

ドメスティック・バイオレンス（domestic violence：DV）に明確な定義はなく、日本では「配偶者や恋人など親密な関係にある、又はあった者から振るわれる暴力」という意味で使用されることが多い。「暴力」には、身体的なもの、精神的なもの、性的なものとさまざまな形態が存在し、これらのさまざまな形態の暴力は単独で起きることもあるが、多くは何種類かの暴力が重なって起こっている[3]と述べられている。

❷ドメスティック・バイオレンスの現状

警察庁の調査[4]によると、DV等の相談等件数は継続して増加しており、2019（令和元）年は8万2207件（前年比＋4725件、＋6.1％）となっている。また、配偶者からの暴力事案等に関連する刑法犯・特別法犯の検挙は、2019（令和元）年は9090件（前年比＋73件、＋0.8％）であり、継続して増加している。そのうち暴行が5384件と半数以上で、次いで傷害が2784件である。さらに件数は少ないが殺人（未遂）110件や、殺人（既遂）に至ったものも3件生じており、DVは命を脅かす危険性があることがわかる。

同調査では、「配偶者」には、婚姻の届出をしていないいわゆる「事実婚」を含み、男性、女性の別を問わない。また、離婚後（事実上の離婚を含む）も引き続き暴力を受ける場合を含む。

被害者の性別では、男性は21.7％であるのに比べ、女性は78.3％と圧倒的に多い。また、被害者の年齢をみると、20歳代は23.6％、30

歳代は27.6％、40歳代は24.0％。50歳代では11.0％である。突出してどの年代が多いという状況ではなく、幅広い年代における課題であることがわかる。

　また、被害者と加害者との関係をみると婚姻関係（元を含む）は6万2119件（75.6％）、内縁関係（元を含む）は6174件（7.5％）、生活の本拠を共にする交際をする関係（元を含む）は1万3914件（16.9％）である。最も多いのは婚姻関係であるが、いわゆる同棲状態でもDVが発生していることがわかる。また結婚前の恋人間での暴力であるデートDVなども生じていることから婚姻有無を問わず、生涯における課題でもある。

❸ドメスティック・バイオレンスの支援

　2001（平成13）年4月に「配偶者からの暴力の防止及び被害者の保護に関する法律」が制定され、その後改正を繰り返し、2014（平成26）年1月に配偶者からの暴力の防止及び被害者の保護等に関する法律（DV防止法）が施行され、暴力の防止および被害者等の保護が行われている。

　内閣府男女共同参画局による「STOP THE 暴力5)」によると、暴力を受けた後の支援は、「相談」「援助」「保護」に分かれる。

★配偶者暴力相談支援センター
p.69参照。

　「相談」には、配偶者暴力相談支援センター*や警察がある。さらに、さらなる暴力により、生命または身体に重大な危害を受けるおそれが大きい場合については、裁判所に申し立て、加害者に対し保護命令を出すことができ、被害者等への接近禁止命令を行うことができる。

■2 ひきこもりの長期高齢化

❶8050問題

　8050問題とは、80歳代の親と50歳代の子どもの組み合わせによる生活問題である。その背景には、急速な高齢化とひきこもりの長期化が指摘され、親子の社会的孤立や生活困窮につながっている。

❷ひきこもりの実態

　内閣府の「生活状況に関する調査（平成30年度6)」によると、40〜64歳（4235万人）のうち、広義のひきこもり（6か月以上の外出の状況より判定）は61万3000人と推定される。

　対象者の同居の状況を見ると、母との同居が圧倒的に多く、ひきこもり群以外では23.8％であるのに対し、ひきこもり群では53.2％を占めている。また、対象者が生計を立てている状況は、ひきこもり群以外で

は52.2％を占めているのに対し、ひきこもり群では29.8％であり、母や父が生計を立てている割合が、ひきこもり群では多いことがわかる。

❸支援の実際

春日によると[7)8)]、独身の子と同居する高齢者が元気な間は、生活・経済の両面で親が子を援助し保護する生活が可能であるが、親が要介護状態に陥ると、親子双方が危機に陥り孤立無援の状態におかれやすい。

なぜなら、一人暮らしや高齢者夫婦世帯の場合は、民生委員や地域住民の見守り対象とされ、緊急時の支援リストにも登録され、十分とはいえないものの社会的孤立を防ぐ手立てがあるが、こうした世帯は見守りの対象からはずされることが多い。

さらに、ひきこもり群に現在の状態について、関係機関に相談したいか聞いたところ、「非常に思う」と答えた者の割合は10.6％、「思う」は8.5％、「少し思う」は27.7％、「思わない」は53.2％となっており[9)]、本人から相談につながるのは難しいのが実際である。

ひきこもりに特化した一次相談窓口としては、**ひきこもり地域支援センター**★が都道府県、指定都市に設置されている。2018（平成30）年度からは、生活困窮者自立支援制度との連携を強化し、訪問支援等の取り組みを充実させ、ひきこもり地域支援センターのバックアップ機能等の強化を図っている。

しかしながら、対象者や家族から相談することは難しいと思われるため、民生委員や地域保健にかかわる保健師、社会福祉士、精神保健福祉士、学校関係者などが連携し、必要に応じ、それらの機関につなぐ役割が必要である。

Active Learning

ひきこもり状態にある人やその家族を支援する際に、精神保健福祉士はどのような留意をすることが必要でしょうか。考えてみましょう。

第3章 家族に関連する精神保健の課題と支援

★**ひきこもり地域支援センター**
p.70参照。

◇引用・参考文献
1）櫻井しのぶ編『看護学実践 看護学 改訂版』ピラールプレス，p.11，2017.
2）厚生労働省「2019（令和元）年 国民生活基礎調査」 https://www.mhlw.go.jp/toukei/saikin/hw/k-tyosa/k-tyosa19/index.html
3）内閣府「ドメスティックバイオレンスとは」 http://www.gender.go.jp/policy/no_violence/e-vaw/dv/index.html
4）警察庁「令和元年におけるストーカー事案及び配偶者からの暴力事案等への対応状況について」 https://www.npa.go.jp/safetylife/seianki/stalker/R1_STDVkouhoushiryou.pdf
5）内閣府「STOP THE 暴力 ——配偶者からの暴力で悩んでいる方へ 平成28年度改訂版」 http://www.gender.go.jp/policy/no_violence/e-vaw/book/pdf/stoptheboryoku.pdf
6）内閣府「生活状況に関する調査（平成30年度）」 https://www8.cao.go.jp/youth/kenkyu/life/h30/pdf-index.html
7）KHJ全国ひきこもり家族会連合会：長期高齢化する社会的孤立者（ひきこもり者）への対応と予防のための「ひきこもり地域支援体制を促進する家族支援」の在り方に関する研究〜地域包括支援センターにおける「8050」事例への対応に関する調査〜報告書，2019.
8）春日キスヨ『変わる家族と介護』講談社，2010.
9）前出6）

出産・育児をめぐる精神保健

学習のポイント

● 現代日本の結婚・妊娠・出産の現状について学ぶ
● 妊娠・出産に伴う現代的課題である「不妊症」について理解する
● 育児を取り巻く状況と育児不安や育児困難、児童虐待の実態を理解する

1 出産に関する精神保健

1 妊娠・出産を取り巻く状況

　平均初婚年齢は年々上昇傾向を続けており、令和元年度少子化社会対策白書（内閣府）[1]によると、2017（平成29）年では、夫が31.1歳、妻が29.4歳であり、晩婚化が進行している。また、出生時の母親の平均年齢は、第1子が30.7歳、第2子が32.6歳、第3子が33.7歳であり、同様に上昇傾向である。このように、結婚、妊娠・出産、育児は、かつては20代で多くの者が経験するライフイベントであったが、近年は30代となっている。

　また、我が国の年間出生数は第2次ベビーブーム期（1971（昭和46）～1974（昭和49）年）には約210万人であったが、その後、緩やかな減少を続けている。人口動態統計によると、2017（平成29）年の出生数は、94万6065人である。1人の女性が一生の間に生む平均の子どもの人数を示す合計特殊出生率は、第1次ベビーブーム期（1947（昭和22）～1949（昭和24）年）には4.3を超えていたが、2017（平成29）年では1.43となっており、少子化の一途をたどっていることがわかる。

2 妊娠・出産に伴う現代的課題

　妊娠・出産を取り巻く状況は多様であり、子どもをもつことを望まない夫婦、望まない時期に妊娠し悩みを抱えている夫婦、妊娠時点で配偶者がいない母親などが存在する。

　不妊症を抱える夫婦も増加しており、不妊治療を受けている者も多く存在する。日本産科婦人科学会によると「生殖年齢の男女が妊娠を希望

し、ある一定期間、避妊することなく通常の性交を継続的に行っている
にもかかわらず、妊娠の成立をみない場合を不妊という。その一定期間
については1年というのが一般的である。なお、妊娠のために医学的介
入が必要な場合は期間を問わない」と述べている。

　第15回出生動向基本調査（2015年[3]）によると、不妊を心配したこ
とがある夫婦の割合は35.0％、実際に不妊の検査や治療を受けたこと
がある（または現在受けている）夫婦は18.2％であり、前回（2010年）
の調査にくらべて、不妊の検査や治療経験のある夫婦の割合が上昇傾向
にある。かつては10組に1組といわれていた不妊症であるが、現在日
本では5〜6組に1組が不妊症であり、妊娠の課題の一つになっている。

　夫婦で共働きをしながら不妊治療を継続する場合も多く、林谷ら
（2009[4]）によると、「妻が就労者の場合、予測のつかない治療の日や時期、
診察時間の制約があり、仕事か治療かの選択がせまられることもある」
と報告している。不妊治療を続ける夫婦は、妊娠・出産への期待と、い
つまで続くのか出口のみえない不安をもちながら、治療と就労とを同時
に行っている。経済的、身体的な負担とともに、精神的負担も非常に大
きく、現代社会の妊娠を取り巻く重要な課題である。

2 育児に関する精神保健

1 育児を取り巻く状況

　2019（令和元）年国民生活基礎調査[5]によると、2019（令和元）年6
月6日現在で児童のいる世帯の構造は、核家族世帯が925万2000世
帯と82.5％を占め、その割合は年々上昇する一方、三世代世帯は
13.3％と年々減少している。特に核家族のなかでも、ひとり親と未婚
の子のみ世帯は、1989（平成元）年には4.1％であったが、2019（令和
元）年では6.5％となっている。

　このように現代の日本では、拡大家族の減少により、大部分の家庭は
祖父母等との同居をしておらず、夫婦のみもしくはひとり親で子育てを
している。子育てを取り巻く環境として、従来得られていた祖父母等か
らの支援は日常的に得られず、また地縁組織などの社会のつながりも希
薄となっており、身近に相談する人や、手助けをしてもらったりする人
がいないなかで、1人で子育てをしている母親も多い。

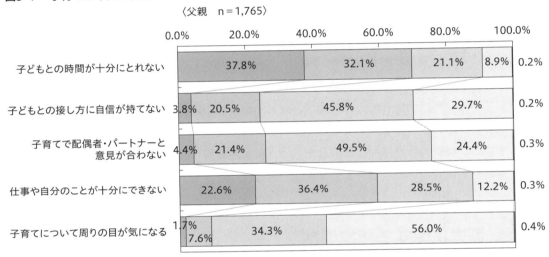

2 育児不安

Active Learning

育児に対して不安を抱えている母親やその家族に対して、精神保健福祉士はどのような支援をすることが必要でしょうか。考えてみましょう。

「妊産婦に対するメンタルヘルスケアのための保健・医療の連携体制に関する調査研究報告書」によると、妊娠・出産・産後期間に感じた不安や負担は、どの時期においても、自分の体のトラブル、妊娠・出産・育児による体の疲れ、十分な睡眠がとれないことが多くを占めていた。

就園前の父母を対象とした調査では、子育ての不安や悩みとして、父親では「子どもとの時間が十分にとれない」が37.8%と最も多く、母

図3-1　子育ての不安や悩み

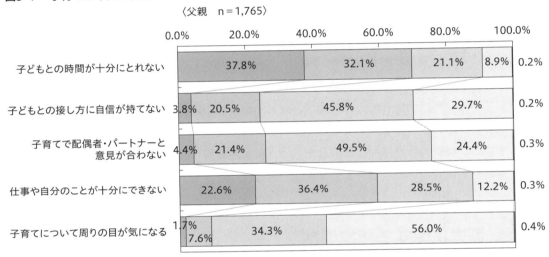

〈父親　n＝1,765〉

子育ての不安や悩み	そう思う	ややそう思う	あまりそう思わない	そうは思わない	無回答
子どもとの時間が十分にとれない	37.8%	32.1%	21.1%	8.9%	0.2%
子どもとの接し方に自信が持てない	3.8%	20.5%	45.8%	29.7%	0.2%
子育てで配偶者・パートナーと意見が合わない	4.4%	21.4%	49.5%	24.4%	0.3%
仕事や自分のことが十分にできない	22.6%	36.4%	28.5%	12.2%	0.3%
子育てについて周りの目が気になる	1.7% / 7.6%	34.3%		56.0%	0.4%

■そう思う　□ややそう思う　□あまりそう思わない　□そうは思わない　■無回答

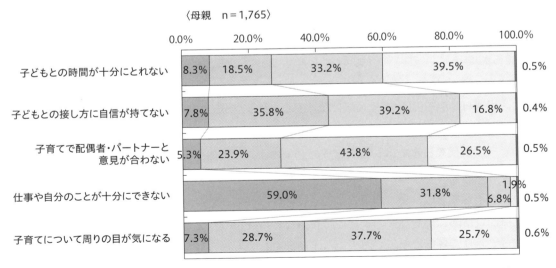

〈母親　n＝1,765〉

子育ての不安や悩み	そう思う	ややそう思う	あまりそう思わない	そうは思わない	無回答
子どもとの時間が十分にとれない	8.3%	18.5%	33.2%	39.5%	0.5%
子どもとの接し方に自信が持てない	7.8%	35.8%	39.2%	16.8%	0.4%
子育てで配偶者・パートナーと意見が合わない	5.3%	23.9%	43.8%	26.5%	0.5%
仕事や自分のことが十分にできない	59.0%		31.8%	6.8% / 1.9%	0.5%
子育てについて周りの目が気になる	7.3%	28.7%	37.7%	25.7%	0.6%

■そう思う　□ややそう思う　□あまりそう思わない　□そうは思わない　■無回答

出典：「子育て支援策等に関する調査研究報告書（厚生労働省雇用均等・児童家庭局委託調査）」UFJ総合研究所，p.24，2003．

親では「仕事や自分のことが十分にできない」が59.0％と最も多い。また、「子どもとの接し方に自信が持てない」「子育てについて周りの目が気になる」は、父親よりも母親のほうに多い（**図 3-1**）。特に母親は、妊娠・出産を機に仕事を辞め専業主婦になる場合も多く、子育ての時間的課題や育児不安を抱えながら子育てをしていることがわかる。

3 児童虐待

児童虐待防止法によると、児童虐待とは、保護者または保護者以外の同居人が18歳未満の児童に対して与える不適切な行為のことで、身体的・性的・心理的虐待とネグレクトに分類される[8]（**表 3-1**）。厚生労働省によると、平成30年度児童相談所での児童虐待相談対応件数（速報値）[9]は 15 万 9850 件と前年度比 119.5％であり過去最高となっている。

児童虐待の内容は、**表 3-1** に示す通りであるが、児童相談所での虐待相談の内容別件数の内訳は、心理的虐待が55.3％と最も割合が多く、ついで身体的虐待が25.2％、ネグレクトが18.4％、性的虐待が1.1％である。児童虐待による死亡事例では、2017（平成 29）年度は、65人である。

虐待の背景は多様であるが、厚生労働省によると虐待に至るおそれのある子ども側の要因の一つとして「障害児」「何らかの育てにくさを持っている子ども」が挙げられている[10]。

発達障害者支援法によると、発達障害は「自閉症、アスペルガー症候群その他の広汎性発達障害、学習障害、注意欠陥多動性障害その他これに類する脳機能障害であってその症状が通常低年齢において発現するもの」と定義されている。

Active Learning

各統計データの出典をあたって、最新の数値を調べてみましょう。

表3-1　児童虐待の種類と内容

虐待の種類	内容
身体的虐待	殴る、蹴る、投げ落とす、激しく揺さぶる、やけどを負わせる、溺れさせる、首を絞める、縄などにより一室に拘束する　等
性的虐待	子どもへの性的行為、性的行為を見せる、性器を触る又は触らせる、ポルノグラフィの被写体にする　等
ネグレクト	家に閉じ込める、食事を与えない、ひどく不潔にする、自動車の中に放置する、重い病気になっても病院に連れて行かない　等
心理的虐待	言葉による脅し、無視、きょうだい間での差別的扱い、子どもの目の前で家族に対して暴力をふるう（ドメスティック・バイオレンス：DV）　等

出典：厚生労働省「児童虐待の定義」　https://www.mhlw.go.jp/stf/seisakunitsuite/bunya/kodomo/kodomo_kosodate/dv/about.htmlを一部改変

2012（平成24）年文部科学省調査によると、小・中学校の普通学級に在籍している「発達障害の可能性のある子ども」は6.5％程度と報告されている。発達障害で、「育てにくさがある子ども」が適切な教育や療育につながっておらず、育児困難から児童虐待に至る場合が示唆される。

4 育児を取り巻く課題

医療技術や衛生状態の改善により、周産期死亡や乳児死亡は激減し、特に乳児死亡率に関して日本は有数の低率国となっている。しかしながら、児童虐待による死亡や母親の育児孤立・不安による精神疾患など課題は山積している。それらの背景には、未成年での妊娠・出産や望まない妊娠・出産、母親自身の身体的な病気や精神疾患、知的障害等により、育児が困難な場合もみられる。

望まない妊娠で出産した新生児や、事情により育てられない新生児を託す場所（通称、赤ちゃんポスト）も近年、日本国内外で展開されている。日本では唯一、熊本県にある慈恵病院でドイツのモデルを参考にした「こうのとりゆりかご」（慈恵病院では赤ちゃんポストとは呼ばれていない）が設置されている。預けられた新生児はその後、乳児院や里親、特別養子縁組などにつなぎ、子どもと母親をサポートする取り組みとなっている。[11]

◇引用・参考文献
 1）内閣府「令和元年版 少子化社会対策白書」 https://www8.cao.go.jp/shoushi/shoushika/whitepaper/measures/w-2019/r01webhonpen/index.html
 2）日本産科婦人科学会「不妊の定義について」 http://www.jsog.or.jp/modules/diseases/index.php?content_id=15
 3）国立社会保障・人口問題研究所「第15回出生動向基本調査（結婚と出産に関する全国調査）」 http://www.ipss.go.jp/ps-doukou/j/doukou15/NFS15_reportALL.pdf
 4）林谷啓美・鈴井江三子「不妊治療を受ける夫婦の抱える問題と支援のあり方」『川崎医療福祉学会誌』第19巻第1号，pp.13–23，2009.
 5）厚生労働省「2019（令和元）年 国民生活基礎調査」 https://www.mhlw.go.jp/toukei/saikin/hw/k-tyosa/k-tyosa19/dl/02.pdf
 6）三菱UFJリサーチ＆コンサルティング「妊産婦に対するメンタルヘルスケアのための保健・医療の連携体制に関する調査研究報告書」2018. https://www.murc.jp/uploads/2018/04/koukai_180420_c1.pdf
 7）UFJ総合研究所「子育て支援策等に関する調査研究（第2章 未就学児父母調査結果）」2003. https://www.mhlw.go.jp/houdou/2003/05/dl/h0502-1c3.pdf
 8）厚生労働省「児童虐待の定義」 https://www.mhlw.go.jp/stf/seisakunitsuite/bunya/kodomo/kodomo_kosodate/dv/about.html
 9）厚生労働省「平成30年度 児童相談所での児童虐待相談対応件数（速報値）」 https://www.mhlw.go.jp/content/11901000/000533886.pdf
10）厚生労働省「子ども虐待対応の手引き」 https://www.mhlw.go.jp/seisakunitsuite/bunya/kodomo/kodomo_kosodate/dv/130823-01.html
11）医療法人 聖粒会 慈恵病院 http://jikei-hp.or.jp/

第3節 介護をめぐる精神保健

学習のポイント

● 在宅介護者や施設介護者のストレスとは何かを理解する
● ストレスからくる精神症状を発見できるようにする
● 介護ストレスを減らすための支援の在り方を理解できる

　内閣府の報告によれば、介護保険制度における要介護と要支援の認定を受けた65歳以上の人は2007（平成19）年度末には437.8万人だったが2016（平成28）年度末では618.7万人となり、180.9万人増加している[1]。要介護者の増加は、当然のことながら介護者や介護家族が増加していることを意味している。

　介護負担が社会的に注目されるようになったのは2000年代で、「がんばらない介護」「アラジン」「ケアする人のケア」といった介護者支援団体が各地に立ち上がった。また、マスメディアでは芸能人の介護問題がしばしば取り上げられた。

　介護者はアメリカではケアギバー（care giver）と呼ばれ、英国ではケアラー（career）と呼ばれている。日本では英国の介護者支援モデルが普及しており、2010（平成22）年には日本ケアラー連名が設立され、介護者支援の社会的認知は広がった。本章では介護をめぐる精神保健について述べる。

1 ストレスにかかわる問題

1 介護とストレス

　介護者のストレスについての先駆的研究はゲイナー（Gaynor, S.）[2]の介護疲労についての報告である。介護する高齢の妻87名に対して、介護経験に関する面接調査を実施したところ、大多数は支援をある程度受けることで大きな問題を体験せずに初期の2年間を乗り越えていたが、介護歴が3年目に近付いてくると、ストレスを訴える妻たちが増加していた。介護が4年目になると大多数の妻が体調不良を訴え、抗不安薬等の処方薬を使用するようになり、健康維持のための時間をもてる介

護者はほとんどいなかったと報告している。

　人は回復可能な短期間の看病には比較的適応が可能だが、長期的な介護が必要となった場合にはストレスが高まる。家族は「100m走」のような急性期の看病に対しては一時的なエネルギー放出で対処できるし回復も早い。しかし「マラソン」のような長い介護生活へ対応することには多大のエネルギーを費やし、心身に不調が生じやすくなる。

　介護行為には食事介助、排泄介助、車椅子への移乗、ベッドへの移乗、入浴介助、着替え、清拭、痰の吸引などさまざまな行為が含まれる。日常生活のなかにこうした介護行為が加わるため、生活の活動量は増える。介護者が高齢であったり、病気をもっていたりすれば、身体的疲労は強くなる。

　介護ストレスは要介護者特性、介護者特性、環境特性から構成されているが[3]、介護者における第一の心理的原因は「緊張」である。慣れない人には食事介助でも緊張を強いられる。気管切開部からの痰の吸引などの医療行為は、不慣れな高齢者には緊張感が高い。介護行為以外でも緊張は生ずる。急変する可能性がある人の場合には気を休めることができない。認知症の場合には、徘徊、夜間不穏、突然の暴力など、行動に予測ができないため、日々の緊張感は高まる。

　第二の心理的原因は「喪失」である。健康だった人が疾患や障害をもったとき、介護者は、健康だった頃の家人のイメージ、健康だった頃の生活、時間的余裕など、多くの事を失う。突然生じた脳卒中などでは喪失感が強いし、がん患者では常に「死」が意識させられる。喪失体験は怒り、落胆、悲しみを生み、うつ病にも移行しやすい。

■2 介護者の不安障害とうつ病

　介護ストレスが継続すると精神的問題が生じてくる。介護者にかかわる人は、在宅介護者に生じやすい不安障害とうつ病のサインを見逃さないことである[4]。

❶不安障害のサイン

　不安障害の生涯有病率は9.2％とされている[5]。緊張や不安が継続すると病的不安（コントロールできない激しい動悸や発汗、嘔気などの自律神経症状や、手の震えなどを伴うことがある）が出現し、「あの場面やあの介護で不安が出るに違いない」という「予期不安」が続いて生ずる。しかし、介護者は「介護」から逃げられないことが多く、不安の回避は難しい。

不安障害のサイン

> 1. 常に不安を経験しており、落ち着けない感覚
> 2. 2週間以上続く落ちこみ
> 3. 食行動の問題（過食や食欲低下）
> 4. 呼吸をしても息が入ってこない感じ
> 5. 睡眠障害
> 6. 激しい動悸や胸の痛み
> 7. 長く続くイライラ
> 8. 過剰な発汗

❷うつ病のサイン

うつ病の生涯有病率は、3~16%である[6]。うつ病の症状は「抑うつ気分」「喜びの喪失」「意欲低下」であり、こうした状態が2週間以上続くと診断が確定される。

介護者の多くは、自分の健康にあまり関心が向いていない。また「自分が頑張らなくてどうする」といった拘束感によって治療から遠ざかってしまう。介護者を休ませるためには、ほかの家族メンバーが代行したり、要介護者を一時的に専門家に任せたりするような下地をつくりつつ、介護者を休ませることである。

うつ病のサイン

> 1. 介護から離れることに罪悪感を感じ、余暇や自分のための活動を避けてしまう
> 2. 要介護者の診断、治療、将来への不安が常に頭に浮かんでいたり、悪夢をみたりする
> 3. 不眠
> 4. 激しい疲労感
> 5. 緊張感
> 6. 集中力の低下や忘れっぽくなる
> 7. 身体的問題のない不安発作
> 8. 介護の経験について他人に話をすることができない
> 9. 要介護者の今後についての予期不安（~なったらどうしよう）
> 10. 楽しい活動を楽しむことができない
> 11. 自分には価値がなく、生きるに値しない、死にたくなる
> 12. 慢性的なイライラ

3 施設介護とストレス

慢性的な人手不足、認知症利用者の増加、人間関係の問題などの多様なストレス要因が介護施設には存在する。利用者のニーズに対応するために、労働基準（毎週1回の休日、あるいは4週で4回の休日、1週間40時間、1日8時間という労働時間制限）を守らない、あるいは無理な残業、休日出勤、連日の夜勤などを強いる介護施設が問題になっている。離職する人が増えると残された介護職員は、さらにストレスが高まるという悪循環が生じ介護の質は低下していく。

Active Learning

介護施設において不適切な介護や不適切なケアの発生を予防するためには、どのような対策が必要か考えてみましょう。

第**3**章 家族に関連する精神保健の課題と支援

45

現場の多忙さとストレスは「不適切介護・不適切なケア」を生じさせることがあり、岡本らは先行文献を検討し不適切なケアについての26項目を選定し因子分析をした。その結果、「不当な言葉遣い」「施設・職員の都合を優先した行為」「プライバシーに関わる行為」「職員の怠慢」「自己決定侵害」などの項目が見出されたと報告している。

　こうした不適切介護の背景にも、介護職員のストレスが関係していることは否めない。

2 高齢者虐待

1 在宅介護における高齢者虐待

　厚生労働省が1741市町村を対象に行った平成30年度調査[8]では、養護者（在宅で介護する人）による虐待の相談・通報件数は3万2231件、虐待判断件数は1万7249件であった。調査が始まった平成18年度は相談・通報件数は1万8390件、虐待判断件数は1万2569件であり、その数は増加しつづけている。

　虐待の発生要因は「虐待者の介護疲れ・介護ストレス」が25.4%、「虐待者の障害・疾病」が18.2%であった。虐待の種別は「身体的虐待」が67.8%、「心理的虐待」が39.5%、「介護等放棄」が19.9%、「経済的虐待」が17.6%であった。被虐待高齢者の性別では女性が76.3%を占め、年齢では「80〜84歳」が24.4%、「75〜79歳」が20.5%であった。

　被虐待高齢者における虐待者との同居・別居の状況については、「虐待者のみと同居」が50.9%で最も多かった。虐待者の続柄は、「息子」が39.9%で最も多く、次いで夫が21.6%、娘が17.7%であった。

2 施設における高齢者虐待

　養介護施設における虐待の相談・通報件数は2187件、虐待判断件数は621件であった。調査が始まった平成18年度は、相談・通報件数は237件、虐待判断件数は54件で、右肩上がりに増加している。

　相談・通報者2506人のうち、「当該施設職員」が21.6%で最も多く、次いで「家族・親族」が19.7%であった。虐待の発生要因は「教育・知識・介護技術等に関する問題」が58.0%で最も多く、次いで「職員のストレスや感情コントロールの問題」が24.6%、「倫理観や理念の欠

如」「人員不足や人員配置の問題及び関連する多忙さ」がそれぞれ10.7％であった。虐待の種別では「身体的虐待」が57.5％で最も多く、次いで「心理的虐待」が27.1％、「介護等放棄」が19.2％であった。

3 介護と精神保健

1 介護のレジリエンス

　レジリエンス（resilience）とは危機的状況からの回復力である。レジリエンスの高い介護者は、介護に対して「他人からやらされている体験」から「私が提供する体験」へ、「消極的姿勢」から「積極的姿勢」へ、「付与された過酷な体験」から「新しい発見のある体験」へ、「私だけの介護」から「皆で協力する介護」へと、介護について認知やストーリー変換が成功している人たちである。このような介護者は、困難な状況を克服し、積極的に活動する姿勢をもち続けることができる。

　ジェイコブス（Jacobs, B. J.）は「介護に意味を見いだす」ことについて着目している[9]。介護を悲観的で受動的な活動から意味のある積極的活動に変容させることが重要になるという。

　１．自身における介護の「意味」を考えてみる

　→あなたは何故、介護しているのだろう。何故、介護職を選んだのだろう？

　２．意識されていない介護の信念や目的をできる限り意識化し修正していく

　→あなたが介護を続けるのはどんな思いがあるからですか？

　３．意識的で積極的で現実的ビリーフ（信念）がレジリエンスを高める

　→あなたは母親に育てられた、その恩返しをしているのでは？

---

2 介護の精神保健にかかわる人に必要なこと

❶介護者・介護従事者との対話

　介護に携わる人の感情が周囲に理解されていることが大切である。どのような感情が彼らを支配しているのかを対話を通じて明確にしていく。充実感や達成感といったポジティブな感情なのか、不全感、怒り、悲しみ、落胆などのネガティブな感情なのかに着目する。そうしたことを心に留め、一人ひとりの介護体験に耳を傾けて、その苦悩や葛藤を聞いていくのである。

介護者と家族の関係性を理解することも大切である。息子や娘の協力を得ないのはなぜなのか、なぜ一人だけで介護を引き受けているのか、要介護者と介護者の以前の関係性が現在どのように介護に影響しているのか、等が傾聴できるとよい。

　介護従事者の場合には先に述べた「介護の意味」を一緒に考えていくことである。個人的な介護の歴史が仕事に影響を与えることが多い。介護について管理者が求めることと、介護従事者の価値観の違いが、ネガティブな感情を生じさせることも少なくない。こうした点を正直に話し合える環境づくりが大切になる。

❷協働的ケアの推進

　協働的ケアとは介護保険に関係するさまざまなスタッフ（医師、ケアマネジャー、訪問看護師、ヘルパーなど）の対話を促進することである[10]。自分の役割や職務だけに焦点をあてていたのでは協働的ケアは推進しない。すべてのメンバーがほかの人の役割を知っていて、そのうえで自分が行えることを提供する姿勢が重要である。

　職務には重なる部分も多く、連携が上手に行われないと職種間の葛藤が生ずることもある。「役割の他人まかせ」「役割の奪い合い」といった問題も起きるであろう。互いをよく知ることが大切である。互いをよく知るためには「対話」を行うことである。チームで欠落した役割を自然に補い合うような姿勢が大切になる。

◇参考・引用文献
1）内閣府「令和元年版 高齢社会白書」 https://www8.cao.go.jp/kourei/whitepaper/w-2019/zenbun/pdf/1s2s_01.pdf
2）Gaynor, S.,'When the caregiver becomes the patient', *Geriatric Nursing*, 10(3), pp.120-123, 1989.
3）渡辺俊之編「介護はなぜストレスになるのか」『現代のエスプリ』519, 2010.
4）Anxiety and Depression Association of America https://adaa.org/resources/caregivers#Depression
5）厚生労働省「みんなのメンタルヘルス（専門的な情報）」 https://www.mhlw.go.jp/kokoro/speciality/index.html
6）同上
7）岡本健介・山本まき恵・谷口敏代「障害者支援施設における『不適切なケア』の因子構造」『岡山県立大学保健福祉学部紀要』第24巻第1号, pp.49-57, 2017.
8）厚生労働省「平成30年度『高齢者虐待の防止、高齢者の養護者に対する支援等に関する法律』に基づく対応状況等に関する調査結果」 https://www.mhlw.go.jp/stf/houdou/0000196989_00002.html
9）Jacobs, B. J., ENHANCING RESILIENCE IN CAREGIVERS http://www.rosalynncarter.org/UserFiles/JACOBS.pdf
10）Wynne, L. C., McDaniel, S. H., Weber, T., *Systems Consultation: A New Perspective for Family Therapy*, The Guilford Press, 1986.

第4節　社会的ひきこもりをめぐる精神保健

学習のポイント

● ひきこもりの精神医学的背景について学ぶ
● ひきこもり問題に関する実態調査の結果について学ぶ
● ひきこもりに伴う暴力が問題となっていることを学ぶ

1　ひきこもりケースの精神医学的診断

　ひきこもりは、厚生労働省の『ひきこもりの評価・支援に関するガイドライン[1]』においては、我が国におけるひきこもり問題に焦点をあて、「様々な要因の結果として社会的参加（義務教育を含む就学、非常勤職を含む就労、家庭外での交遊など）を回避し、原則的には6か月以上にわたって概ね家庭にとどまり続けている状態（他者と交わらない形での外出をしていてもよい）」と定義されている。

　ガイドラインの作成にあたって Kondo ら[2]は、5か所の精神保健福祉センター（こころの健康センター）の相談ケース337件のうち、本人が来談した183件を対象として、DSM-Ⅳ-TR（DSM第4版、新訂版）に基づいて精神医学的診断を調査した。183件のうち、147件で診断が確定し、いずれの診断基準も満たさないと判断されたケースは1件のみであった。診断保留とされたケースには、幻覚妄想状態や重篤な強迫症状などのために速やかに医療機関につなげたため、精神保健福祉センターにおいては確定診断に至らなかったケースのほか、広汎性発達障害が強く疑われたものの、乳幼児期の発達歴が聴取できなかったケースが多く含まれており、十分な情報が収集できていれば、何らかの確定診断に至っていたものと推測された。

　また、診断の確定したケースについて診断と治療・支援方針までを含めて分類すると、統合失調症や気分障害、不安障害などを主診断とし、薬物療法が必要であると判断されたものが49件、広汎性発達障害や軽度知的障害などの発達障害を主診断とし、発達の遅れや偏りを踏まえた支援を必要とするものが47件、パーソナリティの問題や神経症的な性格傾向を踏まえた心理療法的アプローチや生活・就労支援が中心になる

ものが51件という結果であり、これらの三群がほぼ3分の1ずつであった。

2 ひきこもりの現状

1 ひきこもり問題に関する疫学調査

世界保健機関（WHO）の主導による国際的精神・行動障害に関する疫学研究プロジェクトの一環として実施された世界精神保健調査では、2006（平成18）年3月現在の住民基本台帳に基づく我が国の総世帯数（5110万2005世帯）の0.5％にあたる25万5510世帯にひきこもり状態の若者がいるという推計値が示された。その後、内閣府は、若者のひきこもりに関する調査を2回実施している。[4)5)]これらは15歳から39歳の若者を対象としており、2010（平成22）年の調査では、ひきこもり者は全国で69万6000人、2016（平成28）年の調査では56万3000人という推計値が示された。

しかし、2016（平成28）年度調査の後、中高年のひきこもり事例が把握されていないという指摘を受け、2019（平成31）年に40歳から64歳を対象とした調査を実施した。この結果は「生活状況に関する調査報告書」[6)]として公表され、ここでは、40歳から64歳の年代で61万3000人がひきこもり状態であるという推計値が示されている。

2 生活状況に関する調査から

この調査は全国の市区町村に居住する満40歳から64歳の人に、無作為に質問紙を郵送して回答を得るという方法で実施された。配布数は5000件、そのうち有効回収数は3248件（65％）である。3248件のうちひきこもり状態にあった人は47人、有効回収数に占める割合は1.45％であり、2018（平成30）年時点での総務省の人口推計によると40歳から64歳人口は4235万人であり、その1.45％に相当するのが61万3000人という推計である。

この調査で把握された結果の一部だけをみると、高齢になるほどひきこもりの年数も長期化しているようにもみえるが、5歳きざみで年代別にみると結果にばらつきが大きく、47件のみの分析では何ともいえないと判断すべきであろう。

その一方で、この47人の生活実態は意外に多様なようである。たと

えば、両親とではなく、配偶者と一緒に住んでいるという回答、生計を立てているのは自分自身または配偶者であるという回答、家の暮らし向きや物質的な生活水準について「中の下」以上という回答も多く、必ずしも両親のもとで生活し、経済的に困窮・切迫しているケースばかりではないようである。ただし、これらについても、もっとサンプルを増やしてみれば、何らかの傾向に集約されるかもしれない。

3 地方自治体の調査結果から

　地方自治体で実施した調査には、ひきこもっている人の年齢層やひきこもり年数について、もう少し明確な実状が把握できるものがある。たとえば長野県や山梨県では、県内の民生委員・児童委員が担当地区において把握しているひきこもりケースについてアンケート調査を実施している。

　これらの調査は、厚生労働省による「ひきこもりの評価・支援に関するガイドライン」で示された定義を踏襲して、「社会的参加（仕事・学校・家庭以外の人との交流など）ができない状態が6か月以上続いており、自宅にひきこもっているか、ときどき買い物などで外出する程度の人」を対象としている。対象年齢については両県で少し差があり、山梨県は「おおむね15歳以上の者」として年齢に上限を定めていないが、長野県は上限を65歳未満としている。この方法によって把握された人は山梨県では825人、長野県では2290人である。

　年代別にみると、山梨県では40歳代の27.5％が最も多く、次いで30歳代が22.9％、60歳代が16.8％という順である。「6か月以上ひきこもっている人」は262人（31.8％）、「ひきこもっているが買い物程度の外出はする人」が524人（63.5％）という結果も示されており、上限を定めていないために60歳代以上の高齢者で自宅に閉じこもりがちな人も多く含まれていることが結果に影響しているように思われる。長野県では同じく40歳代が28.5％で最も多く、その他は50歳代が22.9％、30歳代21.1％という順である。いずれも40歳代がピークであることと同時に、ひきこもりはあらゆる年代で生じ得る問題であることにも留意すべきであろう。

　また15歳から39歳までの「若年層」と40歳代以上の「中高年層」に分けてみると、「若年層」は山梨県では324人（39.6％）、長野県では825人（36.9％）、「中高年層」はそれぞれ494人（60.4％）、1412人（63.1％）となっている。両者はほぼ同じような比率であり、件数

としては中高年層の方が多いことが窺われる。

　「ひきこもり等の状態にある期間」については、山梨県では「3年以上」（「5年未満」や「10年未満」も含む）が全体の76.0%、「5年以上」は60.2%、「10年以上」が39.3%であった。年代別にみると、40歳代では6割以上、50歳代では約半数が10年以上ひきこもり等の状態にある。長野県でもほぼ同じような傾向で、30歳代からは「10年以上」が最も多くなっている。これらと同様の調査はほかの自治体でも実施されており、それらの結果からも、中高年層の長期化事例が少なくないことは間違いのない事実といえよう。

▌4 地域包括支援センターが把握した中高年のひきこもり

　このほか、15か所の精神保健福祉センターがそれぞれの自治体で開設されている地域包括支援センターを対象にした調査がある。[10] 調査では、410か所から回答を得て247か所（60.2%）のセンターがひきこもり者と同居している高齢者の相談・支援を経験していることがわかった。把握されたひきこもり者は784人で、50歳代が320人（40.8%）、40歳代が227人（29.0%）であった。このうち支援状況について把握できたのは378ケースで、「現在、相談・支援を受けている人」が143人（37.8%）、「過去に受けたが今は受けていない人」が70人（18.5%）、「相談・支援は受けていない人」が165人（43.7%）であった。

　同居している高齢者に対する介護保険サービスに対して「協力的である」は18.1%、「無関心である」は34.5%、「不都合が生じている」は24.2%であった。不都合が生じているもののなかでは介護保険サービスへの拒否が大半を占め、一部には虐待・介護放棄という回答もあった。高齢者支援の領域では、高齢者虐待が問題になり始めた頃から、「虐待者」とされる人たちのなかに長年のひきこもり状態のまま中高年に至った人が少なくないという指摘があった。「無関心」と回答されたケースのなかにもネグレクト事例が含まれている可能性もあり、この調査によって、虐待状況に至っていながらも支援が届きにくいケースの存在が明らかになったといえる。

▶3 暴力を伴うケース

　2012（平成24）年7月31日の毎日新聞では、姉を殺害したとして

殺人罪に問われた 42 歳の男性に対して、大阪地裁が求刑 16 年を超える懲役 20 年を言い渡したことが報じられた。男性は小学 5 年生で不登校となり、以後、自宅閉居の状態が続いていたという。判決において、男性がアスペルガー症候群と認定されたこと、家族は保健所に相談し、事件直前には医療機関への受診を勧められていたが、それが実現する前に事件が起きたことが注目された。

さらにその後も同様の事件が散見されている。朝日新聞長野県版によると、2018（平成 30）年 2 月 10 日の早朝に、子どもの暴力に耐えかねた 69 歳の父親が居間で寝ていた長男（当時 43 歳）を金槌で殴って殺害した事件が起きており、ここでも家族が保健所や病院に相談していたことが報じられている。

さらに 2019（令和元）年には、通学中の子どもを含む 20 人の死傷者を出した川崎市における刺傷事件、76 歳の父親が 44 歳の息子を刺殺した事件が生じており、いずれも 40～50 代のいわゆる「ひきこもり者」を巡って生じた事件であったことが報じられた。

家族内の殺人事件に至るようなケースのなかには、これまでにも保健所や精神保健福祉センターなどの公的相談機関を利用していたものがあった。とくに保健所には精神保健福祉法に基づく危機介入の役割が期待され、ハイリスク・ケースの相談が寄せられることが少なくないが、実際にはかなり困難な課題でもある。

◇引用・参考文献

1）厚生労働省「ひきこもりの評価・支援に関するガイドライン」2010. http://www.ncgmkohnodai.go.jp/pdf/jidouseishin/22ncgm_hikikomori.pdf
2）Kondo, N., Sakai, M., Kuroda, Y., et al., 'General condition of *hikikomori* (prolonged social withdrawal) in Japan: Psychiatric diagnosis and outcome in the mental health welfare center', *International Journal of Social Psychiatry (in press)*, 59(1), 2011.
3）Koyama, A., Miyake, Y., Kawakami, N., et al., 'Lifetime prevalence, psychiatric comorbidity and demographic correlates of "hikikomori" in a community population in Japan'. *Psychiatry Research*, 176(1), pp.69–74, 2010.
4）内閣府政策統括官（共生社会政策担当）「若者の意識に関する調査（ひきこもりに関する実態調査）報告書」2010年7月
5）内閣府政策統括官（共生社会政策担当）「若者の生活に関する調査報告書」2016年9月
6）内閣府政策統括官（共生社会政策担当）「生活状況に関する調査報告書」2019年3月
7）長野県健康福祉部・県民文化部『『ひきこもり等に関する調査』の結果」2019年6月
8）山梨県福祉保健部「ひきこもり等に関する調査結果」2015年10月
9）前出1）
10）辻本哲士・原田豊・福島昇他「平成30年度地域保健総合推進事業 保健所、精神保健福祉センターの連携による、ひきこもりの精神保健相談・支援の実践研修と、中高年齢層のひきこもり支援に関する調査報告書」2019年3月

家族関係の課題

- 現代に特有な家族関係を理解する
- 代表的な家族関係の問題を理解する
- 家族関係の課題への対処について理解する

　今日的問題となっている、虐待、ドメスティックバイオレンス、ひきこもり、介護心中などの背景には家族の問題が存在している。それゆえに、家族関係を理解するという姿勢は精神保健福祉士にとって必須なものとなる。

　家族を理解するという視点がないと、家族と支援者との間に溝が生まれ、家族と支援者側は対立し、患者、障害者、高齢者、子どもといった本来の対象者の幸福にはつながらない。

　今日の医療、看護、介護、福祉、教育、保育の専門職に求められている共通のニーズは、対象者のみならず家族関係の特性に配慮した介入を行うことである。家族に関与する役割が多い社会福祉士、精神保健福祉士は、家族関係を理解し支援するための知識と技術が不可欠である。

1 家族関係への影響要因

❶少子高齢化

　年少人口（14歳以下）は1950（昭和25）年は2979万人であったが、2000（平成12）年に2000万人を下回り、2010（平成22）年は1680万人、2019（令和元）年には1521万人と、少子化には歯止めがかからない。高齢化は今後も進展する課題であり、老年人口（65歳以上）は2019（令和元）年では28.4％となり、生産年齢人口（15〜64歳）は59.5％にまで減少した[1]。

　家族の構成員は縮小し、三世代世帯は減少して単独世帯、夫婦のみの世帯、ひとり親と未婚の子のみの世帯が増加している。少子高齢化が顕著で、独居高齢者、高齢者夫婦、未婚の子どもをもつ高齢者の増加も目立つようになった。こうした背景が介護における精神的問題や孤独死の

増加を引き起こしている。

　7040 問題、8050 問題とは、10 代、20 代からひきこもり、自立していない息子や娘が 40 代、50 代になった時に、世話をしていた親が 70 代、80 代になって身体的問題が生じたり、時には認知症になったりするなど、家族が危機的になる状態である。

❷多様化

　戦後の高度経済成長期に生まれ育った親世代、バブル期を体験している親世代、失われた十年の不景気な時代に育った親世代と、それぞれ家族における価値観は異なる。親たちが経験してきた「親イメージ」「家族イメージ」「教育観」を、子世代に当てはめ強要することで軋轢が生ずる。

　今日では、国際結婚、シングルマザー、未婚の子どもと老親の同居、同棲、内縁関係、同性カップルなど家族形態自体は多様化している。

　精神保健領域における家族への支援と理解で重要なことは、対象とする家族の特徴を歴史性、地域特性、構造と機能といった観点から理解することであろう[2]。具体的にはジェノグラム（家族関係図）などを活用し、対象となる家族はどのように形成されてきたのか（歴史）、どのようなことに価値観（ビリーフ）をおいているのか、経済的側面、夫婦関係や親子関係などはどのような状況なのか、個別的な理解と介入が大切である。

❸インターネット

　スマートフォンが急速に普及して人々の生活に完全に入り込み（2018（平成 30）年には 79.2％の世帯が所有[3]）、コミュニケーションスタイルや文化や政治も変え始めている。私たちはどこでもインターネットを活用できるようになった。これまで知らなかった世界を手元で容易に知ることができるようになり、世界のなかでの自分の位置づけや立場を瞬時に理解できるようになった。個人の意見や思想が世界に伝わり、支援者に呼びかけることも可能になった。

　ネット配信動画やネットゲームは家にひきこもる青少年や不登校の子ども達に多大な影響を与えている。子どもが部屋に閉じこもり、一晩中ネットゲームに夢中になり学校に行けないといった状態を嘆く親は少なくない。現実的な境界である部屋のドアは閉じておき、ネットを通した世界は開いているという状態は健全とはいえない。

❶ケアする機能の低下

　障害をもつ子どもの増加、認知症の増加、在宅ケアの増加に比べて、家族のケアする機能が追いついていない。ケアする機能が低下した理由には、ケアが外注化したことも関係するし、核家族モデルを生きてきた家族が、新たなケアのニーズに追いついていないことにも関係する。

　戦後の核家族モデルでは、受験競争に勝ち、安定した会社に就職し、生活水準を高めることが目的であった。こうした核家族モデルのなかで価値観を培った両親は、子どもが発達障害と診断を受け支援を受けることや、認知症になった親の介護を行うことは、家族としてはできれば遠ざけておきたい問題になりがちである。子どもを不登校からひきこもりになるまで何もしなかったり、一人暮らしの老親が家事で火傷してはじめて認知症になったことに気づくような事態が発生しているのが現状である。

❷家族の高齢化

　老老介護とは65歳以上の高齢者を同じく65歳以上の高齢者が介護している状態のことで、「高齢の妻が高齢の夫を介護する」「65歳以上の子どもがさらに高齢の親を介護する」などの事例がある。2019（令和元）年国民生活基礎調査では、在宅介護している世帯の59.7%が老老介護の状態にあった。[4]

　認知症の要介護者を認知症の介護者が介護していることは認認介護といわれている。2010（平成22）年の山口県の調査と推計では、山口県内の在宅介護を行っている世帯の10.4%が認認介護状態であった。[5]

　孤独死は孤立死とも呼ばれ、一人暮らしの人が誰にも看取られることなく、病気や事故などで助けを求めることもできずに亡くなっている状況である。2003（平成15）年の東京23区内の孤独死は1451人であったが、2018（平成30）年には3882人と倍以上に増えている。[6] 60歳以上の独居高齢者の5割が孤独死を身近な問題として感じている。東京都監察医務院の報告では、遺体発見までの平均日数は男性で死後12日、女性で6日である。

❸発達障害の家族関係

　自閉症スペクトラム障害（ASD）、学習障害（LD）、注意欠如・多動障害（ADHD）などの発達障害児と家族関係や親子関係は相互作用を

Active Learning

孤独死を予防するために、精神保健福祉士はどのような実践をすることが必要でしょうか。考えてみましょう。

もたらす。ほかの子どもとのコミュニケーションが上手にできなかった
り、言語発達や聴覚理解が弱い子や、多動でいうことがきけない子ども
に対して親は過剰に過保護になったり支配的になったりする。ADHD
などのしつけに疲弊して手が出てしまうなど、発達特性を理解していな
い親は知らない間に虐待的な行動をとり、子どもの精神発達に二次的な
影響が出ることもある。

　ASDをもつ相手と結婚した配偶者が、心身の不調をきたす状態は「カ
サンドラ症候群」と呼ばれる。配偶者は、コミュニケーションがうまく
いかず、相手から理解してもらえないことに自信を失う。パニック障害、
うつ状態、身体的問題など、生じる精神症状はさまざまである。最近で
はカサンドラ症候群の会のような自助グループやネットでの情報共有も
盛んになってきている。ASD者との夫婦関係を維持するためには、発
達障害の特性を踏まえたコミュニケーションが必要となるため、夫婦関
係を理解できる専門家の支援が必要になることが多い。

❹依存症と家族

　アルコール依存、ギャンブル依存などの大人の依存症の家族関係の特
性は「共依存」である。共依存は、相手を世話することが自分のアイデ
ンティティに結びついていることで、相手から依存されることに無意識
的に自分の存在価値を見出すようになる。その結果、無意識に相手をコ
ントロールし、自分の望む行動を取らせてしまう。

　夫のアルコール依存症に悩む妻が、酒のつまみをつくってしまった
り、酒を買ってきたりしてしまう。「これが最後ね」と言いながら何度
もギャンブルに使うお金を渡す。こういった行動に代表される。

　「世話をする―世話を受ける」という共依存関係は、無意識に「支配
―被支配」といった関係性が存在するのである。共依存者は、非意図的、
無意識的に患者の回復活動を妨害し、自立させないようにしている場合
があり、こうした家族はイネイブラーと呼ばれる。

　DSM-5では「インターネットゲーム障害」を精神疾患に加えた（第
2章第4節 pp.30-31 参照）。一晩中ゲームに熱中して不登校になった
り、ゲームで負けたイライラを親にぶつけたりするなど、家族関係にも
影響を与えている。ADHDの衝動性とも結合しやすく、ゲームだけに
没頭している子どもも少なくない。また、アルコール依存やギャンブル
依存と同様、親が子どもの自立を妨げるイネイブラーになっていること
もある。

❺ドメスティック・バイオレンス

ドメスティック・バイオレンス（domestic violence：DV）とは「配偶者や恋人などの親密な関係にある、またはあった者からふるわれる暴力」という意味で使用される。身体的暴力（殴る、蹴る、髪をひっぱる、引きずりまわす、物を投げつけるなど）、精神的暴力（大声で怒鳴る、他人とのつきあいを制限する、無視する、大切な物を壊したりする、生活費を出さない、脅すなど）、性的暴力（いやがる性行為を強要する、中絶を強要する、見たくないポルノなどを見させるなど）に分類される。

DVをする男性は自己中心的で独占欲が強く、支配を押しつけることがある。また、パートナーの女性から見捨てられることを異常に恐れている男性もいる。

暴力を振るった後に、男性が急に優しくなったり、愛情を示したりして寛大な態度で関係を回復しようと努める。こうした変わりように女性は困惑し混乱した結果、ときには「外傷性の絆」と呼ばれる強い結びつきが生じて、DVの関係から逃れられなくなる。

DVのある家族で育った子どもたちの心的外傷の問題についても配慮が必要であろう。

3 誰がどのようにして家族関係の課題にかかわるか

家族はすべての疾患や障害と密接に結びついているため、医療、福祉、介護、教育など対人援助に関与する人は家族関係の課題を把握しておく必要がある。家族の理解と支援、家族療法を牽引している一般社団法人日本家族療法学会[7]の会員は医師、看護師、公認心理師・臨床心理士、ソーシャルワーカー、介護職、教員、養護教諭、保育士などの多職種から構成されている。各領域で患者、クライエント、利用者、学生、子どもに関係する対人援助者は、まず自分自身の家族理解を高めることが必要であり、ジェノグラムワークなどの研修が行われる[8]。

市役所などに設置されている子ども・家庭支援課、家庭裁判所、社会福祉協議会などの公的機関を活用することも推奨される。こうした場所のスタッフも現在は家族理解について研鑽してきている。またスクールカウンセラー、養護教諭、保育士、ソーシャルワーカーなどでも家族の問題を相談できる人もいる。医療現場には家族支援専門看護師がいて、家族の相談に乗ってくれる。保健師や助産師も家族支援についての知識

をもっている。DV などの問題の場合には、警察、都道府県や市町村の配偶者暴力相談支援センター、民間の女性シェルター、精神保健福祉センターなどに相談するのがよい。

　専門的な家族療法が必要と判断された場合には、家族療法が行える医師、心理士・公認心理師、社会福祉士・精神保健福祉士、家族支援専門看護師に依頼するのがよい。

◇引用・参考文献
　1）内閣府編『少子化社会対策白書 令和 2 年版』2020.
　2）日本家族研究・家族療法学会編『家族療法テキストブック』金剛出版，2013.
　3）総務省『令和元年版 情報通信白書』 https://www.soumu.go.jp/johotsusintokei/whitepaper/ja/r01/pdf/n3200000.pdf
　4）厚生労働省「2019（令和元）年 国民生活基礎調査」 https://www.mhlw.go.jp/toukei/saikin/hw/k-tyosa/k-tyosa19/index.html
　5）全日本自治団体労働組合山口県本部「在宅介護における認認介護の出現率──組合員 2 万人及び介護事業所507ヶ所調査結果」 http://www.jichiro.gr.jp/jichiken_kako/report/rep_aichi33/05/0519_ron/index.htm
　6）内閣府編『高齢社会白書 令和 2 年版』2020.
　7）日本家族療法学会ホームページ https://www.jaft.org/
　8）同上

グリーフケア

学習のポイント

● 人間は「自らの死、他者の死」を意識して生きているとは限らない

● 近年さまざまな災害、人災に見舞われ、死は身近なテーマになりつつある

● グリーフワークの理解はカウンセリング、ケースワークにおいて不可欠である

1 その定義と重要性

精神医学事典[1] によれば「グリーフワーク」は次のように定義される。

> **対象喪失：**［英］object loss
>
> 　対象喪失とは、①愛情や依存の対象の喪失（相手との別離、失恋、死、母親離れ、子離れ……）、②暮し慣れた社会的・人間的環境や役割からの別れ（引っ越し、昇進、転勤、海外移住、転職、退職…）、③自己の所有物の喪失、などをいう。
>
> 　特に医療場面では、外科手術に伴う身体器官とその機能の喪失、あるいは病気による社会的、職業的地位の喪失、愛情、依存対象の喪失などが問題になる。（中略）
>
> 　対象喪失に伴う悲哀の心理過程をフロイト（S. Freud）は悲哀の仕事（mourning work）と呼んだ。
>
> 　フロイトによれば、一方で対象が現実に喪失されているのに、内的な幻想の世界では、依然としてその対象に対する思慕の情が続くことによって生ずる苦痛が悲哀であり、この失った対象に対する思慕の情を最終的に断念し、対象に対する備給を解消する過程が悲哀の心理過程であり、その心的な作業が悲哀の仕事である。

　この記述からわかるように「グリーフワーク」とは、喪失体験に対する心の援助であり、人間の存在にとって大きな意味をもつ。というのも、よく考えてみれば「喪失」は生の常態であり、人は死に向かって生きている存在ともいえるからである。

　人間の成長と発展とは脱皮と変化の過程、すなわち喪失体験の繰り返しであり、さらに、不安と外傷体験に満ちたこの世に生を受けたという事実は、私たちにとって喪失体験は避けて通れない課題ということを教

えている。つまり、生きることは喪失体験と表裏一体の関係にある。

　そして、これらの外傷体験の根底には、「喪失反応」が横たわっているゆえに、グリーフワークは、現代を生きる人々の普遍的テーマといえる。

2　悲嘆のプロセスとその意味

　悲嘆のテーマは人間存在にとって避けて通れない問題であるが、そのプロセスの理解もまた大切である。というのも、人々のこの喪失体験に対する反応はさまざまであり、一人ひとりが再生・再出発に向かって営まれるべき回復過程が、内的・外的条件によって必ずしも円滑に営まれないことが多く、そこにさまざまな病理症状を呈することが少なくないからである。

　そこで、まずはこの分野の先駆け的働きをした人物の、知見のいくつかを概観して述べてみたい。[2)]

❶フロイト

　まずこの点に関し、注目した研究としてよく知られているものはフロイト（Freud, S.）のそれである。フロイトは、正常な悲哀の心理過程と、病的なメランコリー（悲哀）の過程を比較し、両者の対象喪失とその反応の違いを論じ、うつ病の場合には対象喪失が即自己喪失（ego loss）になる場合があると考えた。

　つまり、正常な悲哀の過程の場合には、失った対象と自己の分化が成立した精神水準における対象喪失であり、そのレベルで初めて悲哀の仕事が可能である。

　これに対してメランコリーの場合には、対象と自己が対象喪失以前に情緒的に未分化であり、対象喪失が自己喪失になる点に、その病理の根源があると考えた。

❷ボウルビィ

　次に、ボウルビィ（Bowlby, J.）は、対象喪失によって生ずる悲哀の心理過程を、

❶　客観的には対象喪失が起こっているが、死後1週間の無感覚状態で必ずしも心のなかの対象の放棄には至らない段階、つまり失った対象を取り戻そうとし、対象喪失を否認し心のなかに対象を再び探し出し、保持しようとする段階、さらに対象喪失を認めまいとする抗議

（protest）の段階。

❷　対象喪失の現実を認め、対象へのあきらめが起こると、それまで失った対象との結合によって成立していた心的態勢が解体し、激しい絶望と失意が襲う段階。そしてこれは不穏、不安、やがてはひきこもり、無力状態に突入する。抑うつ（depression）、絶望（despair）の段階である。

さらに健康な悲哀の場合には、

❸　失った対象に対する断念に基づく新しい対象の発見と、それとの結合に基づく新しい心的態勢の再建が起こる段階が訪れる。この段階をボウルビィは失った対象からの離脱（detachment）の段階と呼んだ。

❸リンデマンの悲嘆反応

1944 年アメリカのリンデマン（Lindemann, E.）は「急性悲嘆症候学」という論文を発表した。これは、その後急速にグローバル化した世界に頻発するさまざまなおぞましい事件（戦争・殺人・テロリズム・交通災害など）が、人体に及ぼす悲嘆反応の影響を明らかにするうえで大切な研究である。その概略は以下のようなものである。

1942 年 11 月、米国史上最悪の火災がボストン市街のナイトクラブで起こり、その被害者は 492 人に及んだ。リンデマンの挙げた急性悲嘆の特徴は以下のようなものであった。

❶　破滅的な心身の苦痛：呼吸困難・食欲不振・疲労感

❷　非現実感：眼前の世界にも周囲の人とも何か隔たりを感じる（これは後述するキューブラー = ロスの現実否認のように現実に直面するのに耐えられないゆえに、人間の示す一種の防衛反応といえる）

❸　罪悪感：遺族の心に生じる後悔という苦悩や、生き残った罪悪感

❹　苛立ちや怒りの感情：当然ながら自責感と並ぶ怒りの感情

❺　落ち着きのない焦燥感：まとまった行動パターンの喪失

これらの観察結果から、リンデマンは病的な悲嘆反応（morbid grief reaction）を 2 つに区分した。悲嘆反応が直後に顕在化しない場合（反応遅延）と、悲嘆がこじれた場合（歪んだ反応）である。そしてこれらの観察結果は、やがて心的外傷後ストレス障害（PTSD）の概念や、臨死患者の死を受容する過程の研究に応用されるに至る。

❹キューブラー = ロスの 5 段階説

たとえば、この分野でよく知られているものは、スイスの女性精神科医、キューブラー = ロス（Kübler-Ross, E.）の 5 段階説である。

彼女は自己の死を予期することによる悲哀（anticipatory

mourning）の過程について、

❶　否認：自己の死を確実なものと知り、そのショックによって無感動、無感覚、感情麻痺の状態に陥る段階

❷　怒り：自己の死について怒り、助けを探し求め、自分の死を改めて否認し、奇跡を願う段階

❸　取引：さらにひとりぼっちの孤独と不安に襲われ、親密な「看取り手」を求め自分の死を受け入れるための取り引きを試みる段階

❹　抑うつ：自分の死についてあきらめ、絶望状態に陥り、気力を失い、抑うつ的になる段階

❺　受容：以上の各状態を交互に繰り返しながら、最終的に死を受容し、死と和解する状態に達する段階

などを明らかにした。

❺複雑性悲嘆（病的悲嘆）

　通常の範囲の喪の過程ではなく、専門的な手助けが必要となるような困難な喪の過程をたどるのが、複雑性悲嘆（悲嘆の機能不全）である。これらは「病的悲嘆（morbid grief）」「遷延化された悲嘆」「外傷性悲嘆」とも呼ばれる。

　複雑性悲嘆に対応する英語は complicated grief であるが、complication には合併症という意味もあるから、合併症を起こした悲嘆という意味合いも含まれている。

　山本は悲嘆の機能不全を三つの範疇で捉えた。

❶　悲嘆反応が欠如したり、抑圧されたり、遅れて生起する場合

❷　悲嘆の程度が激しく、長期化し慢性的になる場合

❸　喪失体験が誘因となって、さまざまな心身の疾患を合併した場合

の三つである。

　また、複雑性悲嘆に陥るリスクファクターとして、①突然の予期しない喪失、（未成年の）子どもの死、②故人との関係が依存的でかつアンビバレント（愛憎併存）であった場合、③深刻な喪失が繰り返される場合（多重喪失）、④周囲のサポートが得られない場合、⑤人格的な弱さや精神疾患を抱えている場合、などがあるという。

1 感情の抑圧

　まず、この項目の重要性を考えるにあたって覚えておかねばならないのは、日本人のメンタリティには長年「感情表出」に対する抵抗があったということである。

　たとえば、徒然草には「もの言わぬは、腹ふくるるわざなり」という表現がある（不満、怒りを抑圧していたら、それが代理症状としての胃腸症状に現れるの意味）。

　また、日本人の美意識には、それらを表に現すことに何らかのてらいがあったのだろうか「腹芸の文化」と呼ばれることもあった。

　つまり外国人との交渉においては、日本人は本心で何を考えているのかわからない、という戸惑いである。

　また、日本人の性格には、「一致団結」とか「一丸となって」とか「滅私奉公」などという表現にみるように、個人的な心情を抑圧する全体主義的なところがある。さらには高度経済成長期の名残りとして、今でもガンバレ、ガンバレという叱咤激励型の精神主義が一般的である。

　これらに共通しているのが弱さの排除であり、涙を見せることへの抵抗である。さらに近年、性的マイノリティーの問題が明らかにしたのは「らしさ」のテーマがある。「男らしさ」「女らしさ」という問題、人前で弱さや涙を見せてはならない文化の問題である。

　そして、そうした抑圧や歪みが今日のいじめ問題、子どもの虐待、殺人、大学の運動クラブの暴力、大手広告会社のパワハラ事件…などの問題行動の温床になっていることは明らかである。つまり悲しみの排除である。

　かつて臨床の世界では、これらは小此木によって「悲哀排除症候群」と命名され、大きな社会病理と目された。[3]

　つまり、日本人の自然な感情表現の発露を抑圧する構造や否定・否認が、重大な病理を引き起こす土壌をつくっていたのである。

2 ケアの文化の到来

　一方、長年日本の医療はキュアに傾いていたからして、医療は治らない病気に対して冷淡であり、無関心であった。それがためか、臨床の現場では、がんや統合失調症などの病名を本人にも家族にも伝えられな

かった、という歴史を背負っている。

　しかし、1970年代になってスイス生まれの女医キューブラー＝ロスによって、死にゆく人々への心理的援助の必要が明確になり、そしてこの流れはイギリスのナースであり、PSWで後に医師となったシシリー・ソンダース（Saunders, C.）によって、緩和ケアにひきつがれることになった。

　キュア★はできなくてもケア★はできるという文化の到来である。

　かくして日本人も一人ひとりの生き方を尊重するQOLの時代を迎えたのである。勿論こうした進展の背景には、日本人の2人に1人はがん死という現実や認知症患者の急増という事実がある。

　次いで頻発するさまざまな天災、人災の到来によって、人々は悲しみの声を上げ始めた。その結果、今やグリーフワークは、緩和ケアの世界やカウンセリングの世界から、当事者間の分かち合い、支え合いのレベルへと発展した。

★キュアとケア
キュア（cure）は治癒・治療の意。ケア（care）は世話・配慮と訳される。日本の医療では、長年「治すため」の医療（延命治療）が主流を占めたため、不治の病や難病は敬遠されてきた。ところが、1970年代からQOL（生活の質）の視点が注目され、ケアの文化が到来し、医療もサービス業に位置づけられた。

4　グリーフワークが必要とされるさまざまな分野

　以上、みてきたように今日ではさまざまな領域で「グリーフケア」が必要とされるが、近年よくみられる分野は以下のようなものである。

❶　悲嘆のカウンセリング（grief counseling）

　喪失体験に苦しむ人々に特化した心理療法で、最近はさまざまな「自助グループ」の活動が盛んである。

❷　災害時の被災者支援

　初期の文献として、ラファエル（Raphael, B.）の「災害の襲うとき[4]」がよく知られている。

❸　犯罪被害者支援

　性暴力や殺人、事故死の被害者遺族の支援も急増している。

◇引用・参考文献
1）小此木啓吾「対象喪失」加藤正明編集代表『新版 精神医学事典』弘文堂，p.513，1993.
2）山本力『喪失と悲嘆の心理臨床学──様態モデルとモーニングワーク』誠信書房，2014.
3）小此木啓吾『対象喪失──悲しむということ』中央公論新社，1979.
4）B. ラファエル，石丸正訳『災害の襲うとき──カタストロフィの精神医学』みすず書房，2016.

●おすすめ
・島薗進『ともに悲嘆を生きる──グリーフケアの歴史と文化』朝日新聞出版，2019.

学習のポイント

● 家族問題に対応する機関の名称や設置の根拠法について理解する
● 家族を支援する各機関に配置される担当者やその業務を理解する
● 多様化する家族に各機関がどのように対応できるか、課題は何かを考える

　精神保健の支援は、精神保健の問題を抱える本人のみならず、その家族への支援が求められることが少なくない。また、家族間の問題が本人の精神的な問題に影響していることもある。家族の抱える課題は、保健・医療・福祉をはじめ、教育や司法、労働といった多様な領域が重なり合っており、関連する多様な制度や機関の理解が必要である。

1　多様な支援機関

❶福祉事務所・市町村保健センター

　福祉事務所には、**母子・父子自立支援員**や**婦人相談員、家庭児童相談室**など家族に関連する相談の担当者や部局が、地域の状況に応じて配置されている。

　母子・父子自立支援員は、母子及び父子並びに寡婦福祉法に基づくもので、ひとり親家庭および寡婦が抱える問題を把握し、助言や情報提供、就業に関する相談など自立にむけた総合的な支援を行う。婦人相談員は、売春防止法に基づき、主に全国の婦人相談所に配置されているが、配偶者からの暴力の防止及び被害者の保護等に関する法律（DV防止法）においてDV被害者の相談に応じることが明記され、福祉事務所にも配置がすすんでいる。

　福祉事務所には家庭児童相談室が設置され、社会福祉主事と家庭相談員が応じ援助することとされている。不登校などの教育相談、非行相談、家族関係、子どもの心身の発達に関する相談などに応じている。

　住民に必要で利用頻度の高いサービスは、国や都道府県から市町村に

ⅰ　寡婦とは配偶者のない女性で、かつてひとり親世帯として児童を扶養していたことのある人をいう（母子及び父子並びに寡婦福祉法 第6条第4項）。

権限移譲される動きがすすんでおり、家族問題に対する相談窓口としての市町村役割はますます大きなものとなっている。母子保健法に定められた低体重児の届出、未熟児の訪問指導および養育医療も市町村が担っており、子育て支援を通して、児童虐待対策等をはじめ家族支援をすすめていくことが市町村の重要な役割となっている。

市町村保健センターは、乳幼児から妊産婦、高齢者までの幅広い健康問題に対する相談窓口として、医師や保健師や看護師、管理栄養士などの専門家から助言を得られる場を提供している。設置は任意となっているが、地域住民に身近で利用頻度の高い対人保健サービスの拠点と位置づける市町村は多く、保健福祉事務所や保健福祉部（局）として社会福祉事務所との業務統合も行われている。

❷ 子育て世代包括支援センター

核家族化や地域のつながりの希薄化によって孤立し、不安を抱える妊産婦への支援の強化を図っていくため、2014（平成26）年に妊娠・出産包括支援モデル事業が創設された。そのなかで、**子育て世代包括支援センター**は、妊娠から子育てにわたるさまざまな相談支援をワンストップで提供する拠点として位置づけられた。2016（平成28）年の児童福祉法等の一部を改正する法律では、2020（令和2）年度末までにセンターを全国展開するとされた。

設置主体は、市町村（特別区および一部事務組合を含む）で、市町村長等が認めた者へ委託することができる。各地域の実情を踏まえた中核となる事業内容に応じて、市町村保健センターや助産院、市町村役所などに附置される。対象者は、妊産婦および乳幼児とその保護者だが、地域の実情に応じて18歳までの子どもとその保護者についても対象とする等、柔軟に運用することができる。センターの職員には、コーディネーターとして保健師等を1名以上配置することとされ、保健師や助産師、看護師といった医療職に加えて、精神保健福祉士、社会福祉士、利用者支援専門員、地域子育て支援拠点事業所の専任職員といった福祉職を配置することが望ましいとされている。

子育て世代包括支援センターの必須業務は**表3-2**のとおりである。

---

ii 「子育て世代包括支援センター」は母子保健法第22条に定められている施設で、法律上の名称は「母子健康包括支援センター」となっている。

iii 「子育て世代包括支援センターの実施状況について」（平成28年6月20日厚生労働省総務課少子化総合対策室・母子保健課事務連絡）

第3章 家族に関連する精神保健の課題と支援

図3-2　子育て世代包括支援センターの活動イメージ

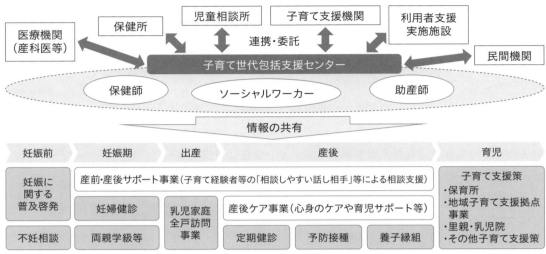

資料：厚生労働省「子育て世代包括支援センターの法定化・全国展開」

表3-2　子育て世代包括支援センターの必須業務

①妊産婦・乳幼児等の実情を把握すること
②妊娠・出産・子育てに関する各種の相談に応じ、必要な情報提供・助言・保健指導を行うこと
③支援プランを策定すること
④保健医療又は福祉の関係機関との連絡調整を行うこと

資料：厚生労働省「子育て世代包括支援センター業務ガイドライン」

❸保健所

　保健所では家族に関連する業務として、家族会、患者会、断酒会等の自助グループやボランティア団体等の諸活動に対して支援を行っている。医療保護入院、措置入院、応急入院、移送制度を所管する機関でもあり、本人や家族だけでは受診が困難な者に関する相談や危機介入を担っている。業務の詳細は第９章第４節 pp.267-268 参照。

❹精神保健福祉センター

　精神保健福祉センターは、家族や本人あるいは関連機関に対して、複雑または困難な事例に関する精神保健福祉相談や指導を行っている。心の健康相談から精神医療に関する相談、社会復帰相談をはじめ、アルコール依存などの嗜癖行動問題、思春期、認知症等の相談も含まれる。業務の詳細は第９章第４節 pp.268-269 参照。

❺児童相談所

　児童相談所の基本的機能には、必要に応じて子どもを家庭から離す一時保護機能、保護者への指導や子どもの児童福祉施設等への入所や里親委託を行う措置機能、援助指針を定め自らまたは関係機関等を活用し一

貫した子どもの援助を行う相談機能、市町村相互間の連絡調整、情報の提供その他必要な援助を行う市町村援助機能の四つがある。

　近年では、家庭にかかわる問題に総合的に対応するため、児童相談所を婦人相談所や福祉事務所をはじめとする保健福祉機関と統合して、「子ども女性センター」や「こども・女性・障害者支援センター」などとして実施する自治体もみられる。

❻児童家庭支援センター

　児童家庭支援センターは、児童福祉法第44条の2に定められた施設で、児童に関する家庭その他からの相談のうち、❶専門的な知識および技術を必要とするものに応じ必要な助言を行うこと、❷市町村の求めに応じて技術的助言その他必要な援助を行うこと、❸児童相談所からの委託を受けて施設入所までは要しないが要保護性があり、継続的な指導が必要な児童およびその家庭についての指導を行うこと、❹児童や家庭に対する支援を迅速かつ的確に行うため、児童相談所、児童福祉施設、学校等関係機関との連絡調整を行うこと、❺里親およびファミリーホームからの相談に応じることなどが主たる事業である。

　設置主体は、都道府県、指定都市、児童相談所設置市となっており、多くは、児童養護施設や児童自立支援施設、乳児院、母子生活支援施設等に附置されているが、単独設置も可能である。職員は、相談・支援担当者が2名、心理療法担当者が1名配置される。

❼配偶者暴力相談支援センター

　配偶者暴力相談支援センターは、DV防止法（第3条）に定められている配偶者からの暴力の防止および被害者の保護に関する相談窓口で、都道府県では婦人相談所、女性センター、福祉事務所や保健所、児童相談所などがその役割を果たし、市町村においては適切な施設においてその機能を果たすように努めるものとされている。

　センターの業務は、DV防止法（第3条第3項）に以下のように定められている。❶相談または相談機関の紹介、❷被害者の心身の健康を回復させるためのカウンセリングの提供、❸被害者および同伴者の緊急時における安全の確保および一時保護（一時保護は婦人相談所またはその委託先が実施）、❹被害者の自立生活促進のための情報提供その他の援助、❺保護命令制度の利用についての情報提供その他の援助、❻被害者を居住させ保護する施設の利用についての情報提供その他の援助。

　支援対象は、性別を問わない。また、法律上の婚姻関係にとどまらず事実婚や元配偶者からの暴力による被害者も含まれる。

　売春防止法（第34条）において、都道府県は婦人相談所を設置することが義務づけられている施設である（指定都市も設置できる）。現在では、女性の保護に関するさまざまな相談に応じており、DV防止法とストーカー行為等の規制等に関する法律（ストーカー規制法）が改正され、デートDVなど恋愛関係にある男女間の暴力や、経済的に困窮する女性からの相談にも対応する。また、一時保護施設も設置し、配偶者やその他の家族の暴力からの避難や、帰住先がない場合などの緊急対応を行う。

　日本に滞在する外国人が増加するなか、外国籍女性がDV被害者として保護されることもある。その数は、一時保護された人数全体の1割に満たないが、人口比率で日本国籍の女性と比べると、外国籍の女性のほうが高いと報告されている[1]。外国籍女性の保護にあたり、言葉や文化の違いに対する対応や在留制度に関する知識に加えて、保護された人の日本滞在に至る理解を深めていく必要がある。

❾ひきこもり地域支援センター

　ひきこもり地域支援センターは、2009（平成21）年度にはじまったひきこもり対策推進事業にもとづいて、都道府県、指定都市に設置されている。ひきこもりに特化した第一次相談窓口を明確にすることで、本人や家族を適切な支援に結びつけることを目的としている。

　社会福祉士、精神保健福祉士、公認心理師等のひきこもり支援コーディネーターを中心に、保健所、福祉事務所、教育委員会や学校に加えて、医療機関や若者サポートステーションといった地域における関係機関とのネットワークを構築して支援を行う。また、ひきこもり対策にとって必要な情報を提供する等、地域におけるひきこもり支援の拠点として

表3-3　ひきこもり地域支援センターの主な活動

窓口誘導の取り組み	センターについて市報に掲載、パンフレットを配布するなど相談窓口の情報を周知する。学習会や家庭訪問を通して支援対象者を発見する。
相談対応	来所や家庭訪問を通して、ひきこもり支援コーディネーターが本人や家族と面談し、早期に適切な機関へつなぐ。
家族への支援	ひきこもりに関する学習会、家族交流会の開催。
本人への段階的な支援	日常生活の自立から、社会的自立、経済的自立と本人の状況や意向を踏まえた目標に向けて段階に応じた支援を行う。本人の状態や意向はそれぞれ異なることから、経済的自立（一般就労）への支援がすべてではない。

の役割を担っている。

　センターの活動は、地域によって多様だが、**表 3-3** の四つの活動が基本といえよう。

❿地域包括支援センター

　地域包括支援センターは、高齢者の地域生活における保健・医療・福祉サービスにかかわる相談支援や成年後見制度の活用や高齢者虐待への対応、消費者被害の防止といった権利擁護の活動を行うとともに、高齢者の生活にかかわる関係者や機関の連携と協働の体制づくりなどを担っている。

　KHJ 全国ひきこもり家族会連合会の調査[iv2)]では、地域包括支援センターが支援する高齢者と中年のひきこもりの子が同居し、社会的孤立状態にある世帯が少なくないことが明らかとなっている。こうした世帯は、介護問題のみならず経済的困窮や高齢者虐待など、いわゆる8050問題とよばれる生活問題を抱えている。地域包括支援センターは、高齢者の介護を端緒として家族全体の問題を把握できる立場にあり、家族に関連する精神保健の課題に対して、関連する機関や団体の連携を起動させる役割を担っている。

⓫障害者相談支援事業所

　障害者相談支援事業所は、一般相談支援事業者および特定相談支援事業者、障害児相談支援者の三つの体系によって行われている。専従の相談支援専門員が配置され、障害（児）者やその家族からの相談に応じる。地域生活全般にかかる相談、福祉サービスの利用計画に関する相談、精神科病院や施設からの退院退所、地域定着にかかわる相談に応じている。

２ 家族会・当事者団体などのセルフヘルプグループ

　代表的なものに精神障害者、薬物・アルコールなどの依存症者の当事者団体や家族会（第 9 章第 6 節 pp.280-282 参照）があり、地域でのグループミーティングや相談会、学習会を定期的に行うほか、インターネットによる情報提供や電子メールや電話での総合的な相談窓口を設けている。

---

iv　本調査は、全国の844か所の地域包括支援センターに調査票を郵送し、回答があった３割強のうち８割を超える220か所のセンターで高齢者と無職の子どもとの同居事例に対応した経験があったことが報告されている。

セルフヘルプグループの活動は、専門家による支援や指導だけでは得られない効果が期待され、ひきこもりや高次脳機能障害、摂食障害、がんや難病、性的少数者（LGBTQ+）、自死遺族、犯罪被害者などさまざまな分野に広がっており、家族を支える欠かせない存在となっている。

◇引用・参考文献
　1）移住労働者と連帯する全国ネットワーク（移住連）女性プロジェクト「移住女性の民間シェルター利用状況調査報告書」2015.
　2）KHJ全国ひきこもり家族会連合会「地域包括支援センターにおける「8050」事例への対応に関する調査報告書」2019.

● おすすめ
・柏木ハルコ『健康で文化的な最低限度の生活』小学館.
・ウェルク（WERC）『在住外国人DV被害者支援支援員のためのハンドブック』2017.　https://www.werc-women.org/support-foreigners/guidebook2.pdf
・KHJ全国ひきこもり家族連合会「保健所等における「ひきこもり相談支援の状況」調査結果報告書『保健師さんのためのひきこもり支援実践ハンドブック』」2019.　https://www.khj-h.com/wp/wp-content/uploads/2018/04/KHJHealth2018.pdf

第4章

精神保健の視点から見た学校教育の課題とアプローチ

　我が国では、出生率の低下や地域構造の変化などによって、学校の役割が大きく変わってきた。不登校、いじめ、子どもの自殺が社会問題として取り上げられ、保護者や教員のストレスも話題になっている。

　本章では、学校教育における精神保健の全体的課題を知り（第1節）、教員の精神保健（第2節）、教育にかかわる職種、社会資源、法規の概要を学ぶ（第3節）。課題の解決には保健、医療、福祉、行政など学校外部との連携も必要である。スクールソーシャルワーカーの役割を詳しく知り（第4節）、事例を通じてケースワークの重要性を理解しよう（第5節）。

学校教育における精神保健的課題

● 学校教育における精神福祉的課題について学ぶ
● 不登校、いじめ、自殺、校内暴力、非行などの各課題について理解する

1 不登校

1 不登校の定義や特徴

　不登校とは、児童生徒が学校を長期に休み、それをめぐって何らかの葛藤が生じている状況を総称する概念である。学校を休む背景や理由は特定されるものではないが、明らかな病気によって休む場合は不登校とはされない。文部科学省における「不登校児童生徒」の定義は、学校不適応対策調査研究協力者会議が示した考え方をもとにしたもので、「何らかの心理的、情緒的、身体的あるいは社会的要因・背景により、登校しないあるいはしたくともできない状況にあるために年間 30 日以上欠席した者のうち、病気や経済的な理由による者を除いたもの[1]」となっている。

　不登校の原因や社会的背景は多様であるが、特に小中学校においては、いじめや友人関係等の問題と並んで、家庭の生活環境の急激な変化や親子関係をめぐる問題、家庭内等の不和などの家庭環境による要因を理由とするものも多い。さらには、児童生徒の保護者による虐待などによる**養育困難**が、児童生徒の不登校の背景にあることもある。不登校の背景には、親の都合で長期に義務教育を受けさせない状態もあり、これは虐待の一つであるネグレクトに含まれる。

2 不登校への支援

　近年、不登校の児童生徒数の増加に伴い、文部科学省における施策として、教員のカウンセリング能力等の向上のために専門的な研修を実施した。教員養成課程における生徒指導、教育相談に関する内容を充実させ、不登校等の問題にきめ細かい指導が必要とされる学校には教員定数を増やしてきた。また、学校、教育委員会、家庭、地域社会等が連携し

あった取り組みを推進し、学校に対するスクールカウンセラーの配置の拡充や、心の教室相談員を配置し、教育相談体制の充実を図った。不登校の児童生徒に対する柔軟な対応としては、学校復帰に向けた支援を行う適応指導教室の設置を推進するほか、地域ぐるみのサポートシステムを整備した。

　学校における取り組みとしては、学習習熟度別の指導や学ぶ意欲を育むための指導の充実、発達段階に応じたきめ細かい配慮、心の居場所や絆づくりの場としての学校づくり、養護教諭や特別教育支援コーディネーターを中心とした保健室・相談室等の環境・条件の整備、児童生徒の立場に立った柔軟なクラス替えや転学等の措置、校内・関係者間における情報共有のための個別指導記録の作成等、児童生徒に対するきめ細かく柔軟な対応が行われている。

2 いじめ

1 いじめの概要

❶いじめの定義

　いじめについて文部科学省は、1985（昭和60）年以来「自分より弱い者に対して一方的に、身体的・心理的な攻撃を継続的に加え、相手が深刻な苦痛を感じているもの」としてきたが、2006（平成18）年に「一定の人間関係のある者から、心理的・物理的な攻撃を受けたことにより、精神的苦痛を感じているもの[2)]」と変更した。

　2013（平成25）年に成立・施行されたいじめ防止対策推進法では、「児童等に対して、当該児童等が在籍する学校に在籍している等当該児童等と一定の人的関係にある他の児童等が行う心理的又は物理的な影響を与える行為（インターネットを通じて行われるものを含む。）であって、当該行為の対象となった児童等が心身の苦痛を感じているもの」と定義している。この法律では、いじめの判断は表面的・形式的ではなく、いじめられた児童生徒の立場に立つことの重要性や、いじめの認知は特定の教職員だけでなく、より組織的に行うことの重要性が強調されているのが特徴である。

❷いじめへの対応

　いじめに対応するためには、まず、いじめを認知することが必要である。しかしこれまでは、いじめを認知する件数に学校間・地域間で大き

な差が生じていた。そこで現在は、学校内に教員やスクールカウンセラーやスクールソーシャルワーカー等で構成されるいじめ対策組織の設置が義務づけられ、警察官や弁護士、医師などの専門家や、PTA、地域との連携が推進されている。また、校内の教育相談体制の整備として、生徒指導主任、学年主任、養護教諭、保健主事、特別支援教育コーディネーター、スクールカウンセラー、スクールソーシャルワーカー、ほかの学級の教員など、さまざまな役割をもった専門家による体制づくりがなされてきた。いじめの重大事態が発生した場合には、第三者委員会が設置される場合もある。

　いじめの予防には、学級担任自身が「いじめはどの学校でもどの子どもにも起こり得る」「いじめは人間として絶対に許されない」という認識をもつことが最も重要である。学級集団で良好な人間関係をつくりあげて、子どもたちの心理状態に常に配慮し、学習場面でも緊張を和らげ参加意欲を高められる教師の学級では、相互に親和的で協力的な特性を示し、いじめが生じにくいとされている。学級担任が子どもたちとの間にこのような良好な関係と雰囲気をつくりあげていくことが、いじめを予防し、たといじめが発生した場合でも、問題を解決しやすくする。また、いじめを防止する活動や、ピアサポートプログラムなどの指導をすることも有効である。さらに学級担任は、保護者とどのような関係が築けるのかも重要である。保護者会や個人面談などの機会を通して、担任が児童生徒の学校での様子を伝えたり、逆に家庭での様子を確認したり、相談できる関係を築いておくことが、いじめ等の対処や問題を解決していくうえでの重要な基盤となる。

　いじめや後述する校内暴力や非行などの問題行動への対応の遅れは、いわゆる**学級崩壊**（学級がうまく機能しない状況）の原因にもなる。

Active Learning

いじめに関する最近の報道について話しあい、対応を考えてみましょう。

■2 いじめへの支援

❶被害者に対する対応とサポート

　いじめが発生した場合、教師は被害者と速やかに個別面談を行う。また被害者がこれ以上被害に遭わないための安全を確保したうえで、被害者と接触のある友人や家族などから慎重に状況を確認していく。被害者に対しては、つらい気持ちに焦点を当てながら、その言い分をじっくり聞き、可能な限り具体的な事実を把握し、その事例がいじめに当たるか否かを的確に判断し、いじめである場合には、あくまでも被害者の希望を尊重しながら、有効な対応法を模索していく。特に、強い心理的ダメー

ジがある場合には、精神保健の専門家を紹介し、トラウマや心的外傷後ストレス障害（post-traumatic stress disorder：PTSD）へのケアを考えていかなければならない。

❷加害者に対する指導

　加害者への対応は、主に二つの視点からなされる。一つは、ルールと罰を用いた行動変容のプログラムを継続して行っていく視点で、もう一つは、被害者への想像力や思いやりを引き出し、被害者の状況が変わるようにするためにどう行動するかを、具体的に考えて実践させる視点である。

　加害者に対して、学校外の専門職が関与する場合、いじめは悪いことであるという毅然とした姿勢を保ちつつも、加害者の気持ちにも寄り添い、共感的に話を聞くことが重要である。学級や教員に対する不満、友人との人間関係などについて相談される場合もあり、加害者、被害者を含めたコミュニティ全体の問題解決につなげていく視点が重要である。

❸周囲の児童生徒への対応

　いじめの場合、それを取り巻く周囲の児童生徒への対応も忘れてはならない。いじめがあるという相談が寄せられた場合は、その児童らの勇気や行動を認めて教員が連携して対処するように努める。また、いじめが継続している場合には、周囲の児童生徒の受ける精神的なストレスにも留意する必要がある。

3　子どもの自殺

■ 子どもの自殺の特徴

　文部科学省「教師が知っておきたい子どもの自殺予防」（2009（平成21）年）では、子どもの自殺の危険因子として、自殺未遂歴（自らの体を傷つけたことがある）、心の病（うつ病、統合失調症、摂食障害など）、安心感のもてない家庭環境（虐待、親の心の病、家族の不和、過保護・過干渉など）、独特の性格傾向（完全主義、二者択一思考、衝動的など）、喪失体験（本人にとって価値あるものを失う経験）、孤立感（特に友だちとのあつれき、いじめ）、安全や健康を守れない傾向（最近、事故やけがを繰り返す）が挙げられている。

　このうち、自殺未遂歴は最も危険な因子である。自殺未遂のあと、適切な支援が受けられない状態が続くと、その行為は繰り返され、自殺に至る

危険性が高い。また、心の病（精神疾患）も危険因子として重要であり、特に子どものうつ病は、自殺念慮をもつ傾向が高いことが報告されている。

　子どもを取り巻く社会は、家庭や、学校の仲間集団という比較的狭い生活圏や対人関係のなかで成り立っている。このような限られた人間関係や社会のなかで何らかの問題が生じると、大人以上に大きなストレスが子どもを襲うことになる。そのため、学校における同世代の仲間との対人関係の失敗やいじめは子どもの心に大きく影響する。家庭においても、親の離婚や死別、病気等による親の不在、あるいは転居が多く学校に仲間がいない、近所付き合いがないなど、周囲からの十分なサポートが得られない状態も、子どもにとって危機的な状況になる。

　他者の死の影響については、子どもにとって重要な人物の死をどのように体験したかという点が重要である。他者の死を受け入れていくうえで、周囲からのサポートを十分に得られた子どもとそうでない子どもとでは、生じるストレスも異なってくる。

　また、虐待を受けた経験のある子どもは、「このような経験は、自分に落ち度があったからだ」と解釈し、自分自身を責めることがあるなど、自尊感情が低く、容易に抑うつ的・自己破壊的になりやすく、自殺に傾きやすい。直接的な虐待を受けていない者でも、適切な養育や監護者からの愛情を受けられなかったことが自殺の危険に関連していることも示唆されている。

子どもの自殺が起きやすい要因や、具体的な予防策について話しあってみましょう。

4 ▶ 校内暴力や非行

■1 校内暴力の定義と対応

　校内暴力とは、一般に、学校生活に起因する児童生徒の暴力行為を指し、対教師暴力、生徒間暴力および学校の施設・設備等の器物損壊が含まれる。

　校内暴力に対しては、信頼関係を基盤とした教育活動（学校秩序）を根底から揺るがす行為であるとの認識に立って対応し、「社会で許されないことは学校でも許されない」という毅然とした姿勢で指導を行う。被害に遭った教師や児童生徒の安全確保に努めて適切な治療や支援を行うとともに、加害児童生徒の心情をも汲み取り、行為の背景を慎重に見極める必要がある。指導の過程においては、加害児童生徒の人権に配慮し、行き過ぎた言動に及ばないよう配慮する。また、外部機関との連携

を図って問題の解決に努力する。

校内暴力等の問題行動が発生した場合、学校は問題行動の発生について把握し、現場で児童生徒に対する指導等の対応を行ったあと、学校長へ事態を報告する。学校長の指導のもと、校内においてプロジェクトチームを編成し、各種関係機関と連携しながら問題解決と加害・被害児童生徒への対応に当たる。

2 非行

我が国の少年法では、20歳未満を「少年」とし、さらに14歳未満の少年については刑事責任が問われないことが定められている。そして一般にいわれる非行少年には、犯罪少年、触法少年、虞犯少年の三者が含まれている。

❶犯罪少年とは、14歳以上20歳未満の罪を犯した少年、❷触法少年とは、14歳未満で刑罰法令に触れる行為をしたが、行為者が刑事責任年齢に達しないために刑法上の責任を問われない少年、❸虞犯少年とは、行為者のパーソナリティや取り巻く環境に照らして、将来、犯罪や刑罰法令に触れる行為をするおそれのある少年を指し、具体的には少年法の第3条第1項第3号で、「保護者の正当な監督に服しない性癖のあること」「正当な理由がなく家庭に寄り附かないこと」「犯罪性のある人若しくは不道徳な人と交際し、又はいかがわしい場所に出入すること」「自己又は他人の徳性を害する行為をする性癖のあること」が挙げられている。

非行は、虞犯を含めるために、犯罪よりもかなり広い概念となっており、また、これは少年にだけ適用される。もしも対象が大人であれば、純然たる法的規制で対応される。しかし、少年犯罪では虞犯というような多義的なものを含み、かつ犯罪であっても少年の場合には、その「行為」だけにではなく「行為者」という多面的で複雑な要因にも目が向けられる。また、対象が少年であるため、パーソナリティの発達あるいは変容において、まだ十分に可塑性をもっていることが、矯正教育ないしカウンセリングの対象となる理由である。また、非行少年のなかにむしろ被害者性を読み取らなければならないケースも少なくない点が、臨床の対象となるもう一つの大きな理由になっている。

◇引用・参考文献
1）文部科学省「児童生徒の問題行動・不登校等生徒指導上の諸課題に関する調査」各年
2）文部科学省「生徒指導提要」（平成22年3月）

教員の精神保健

学習のポイント

● 教員の精神保健について学ぶ
● 精神疾患による休職の状況、ストレス、バーンアウトなどを理解する

1 教職員の精神疾患による休職の状況

　文部科学省の調査（**図4-1**）によれば、精神疾患で休職した全国の公立の小学校、中学校、高等学校、中等教育学校、特別支援学校における教職員は、2014（平成26）年度から2017（平成29）年度までは5000名前後でほぼ横ばいであったが、2018（平成30）年度は5212名とやや増加した。また、20年前と比べると、現在は5倍ほどの人数になっている。この増加の理由には、保護者や地域住民の要望の多様化や、長時間労働、複雑化する生徒指導など、さまざまな要因が関係していると考えられる。

　精神疾患の種類としては、適応障害が最も代表的であり、気分（感情）障害や、適応障害以外の神経症性障害などが続く。教職員のストレスの要因は、校長や教員、事務職員など立場によって異なり、校長は学校経営、教員等は生徒指導、事務職員は事務的な仕事が、それぞれ代表的で

図4-1　精神疾患による教職員の病気休職者の推移

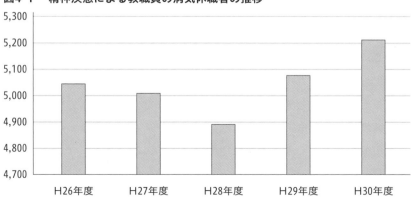

出典：文部科学省「平成30年度公立学校教職員の人事行政状況調査について」 https://www.mext.go.jp/a_menu/shotou/jinji/1411820_00001.htmより作成

ある。教員に関しては、このほかに事務的な仕事、学習指導、業務の質、保護者への対応などが、ストレスの要因として上位に挙げられている。

2 教員の勤務状況とストレス

教員のストレスは、生徒指導上の問題よりも、多忙感や、保護者対応などに代表される動機づけがあいまいな職務の増加[1]のほか、ほかの教員とのかかわり[2]などが原因になりやすいといわれている。一方、休息や睡眠は教員のストレスの軽減に重要[3]であるが、教員の時間外勤務は1か月で約40時間に及び、長時間の時間外勤務は減らず、勤務時間中にとれるはずの休息時間もほとんど誰もとっていないという報告[4]もある。教員に対するインタビュー結果でも、勤務時間については、「気がついたら夕方になっている」「年々きつくなっている」「毎日毎日つなわたり」「食事をする時間がない」「家に帰るとぐったりする」「休日は何もやる気がおきない」といった疲労感を訴えるものが多いことが指摘されている。

このほか、教員のストレスの原因には、生徒・同僚・保護者との人間関係や、教員としての力量不足などと関連した「指導困難性」と、「多忙・労働条件の悪さ」の2因子がある。「指導困難性」は中学校教員が、「多忙・労働条件の悪さ」は小学校教員がより多く経験するという報告[5]もある。勤務内容についてのインタビュー調査では、「昔の子どもに比べて手がかかる」「家庭のしつけが学校に回ってくる」「自立できない子どもが増えた」「集団活動ができない生徒が増えた」といった子どもの変化に言及するものが多く、また「以前に比べて事務処理が増大している」「評価活動に時間が割かれる」などの回答も多かった。

教員の仕事には、「これでよい」という明確な正解がなく、また、これまで通用したやり方が新たな子どもたちの前では通用しない。指導についての評価は、子どもの反応、保護者の満足度などとしてすぐに反映されるという難しい状況に立たされている。教員のメンタルヘルスを考えるうえでは、これまでみてきたように勤務内容だけでなく勤務時間と勤務内容に基づくストレスとの両者を考慮する必要があると考えられる。

Active Learning

ほかの職種と比べて教員のストレスの特徴を考えてみましょう。

第4章 精神保健の視点から見た学校教育の課題とアプローチ

3 ▷ 教員のバーンアウトに関連する諸要因

　教員のメンタルヘルスを考えるうえで、バーンアウト（燃え尽き症候群）やうつ病は最も注目されている症状である。これらがどのような要因と関係しているかについては、多くの研究がなされている。バーンアウトは、フロイデンバーガー（Freudenberger, H.）によって1974年に初めて指摘された心身の症候群であり、医師や看護師、教員など、さまざまな職種に生じる可能性がある。特に、高度なヒューマンサービスに携わる職種は、バーンアウトになりやすいといわれている。症状としては、著しい消耗感やサービスの対象者に対する無情で非人間的な対応、職務に対する有能感や達成感の喪失などが挙げられる。バーンアウトの状態が続けば、仕事に影響を及ぼすだけでなく、うつ病などの精神疾患を発症し、個人の生活全般に影響を及ぼすと考えられており、精神保健の領域でも重要な概念である。

　国内におけるバーンアウト研究は、1980年代から行われているが、主に個人的要因に焦点を当てたものと、職場環境・組織的要因に焦点を当てたものの二つに大別できる。教員に限定すると、個人的要因に関しては、教員自身の自己の能力への自信の喪失といった要因[6]や、教員個人がもつ教育上の方向づけや心情・信念[7]などが、ストレスに関係していると報告されている。一方、職場環境・組織的要因に関しては、教員と管理職との関係性が重要な要因であるという組織環境と関連づけた報告[8]があるほか、日本特有の自己犠牲的な教員文化の浸透の深さとの関係を指摘した報告[9]などがある。

　このように、教員を取り巻くストレスのさまざまな原因は、バーンアウトとも強く関係している。一方で、教員としての効力感や対処行動（ストレス・コーピング）から、教員自身や教員を取り巻く環境の構造を見渡すことが、バーンアウトの危険性を引き下げる緩衝要因になるという報告[10]もある。

4 ▷ 教員のサポートを主眼とした学校支援システム

　教員同士が構成する集団の特性について、淵上[11]は、お互いに働きかければそれに応えるが、通常は個々の独自性と分離性が保たれている状態

（疎結合システム）として説明している。これは教員自身が同僚との相互性を確立し、さらに校外の社会資源を導入した協働システム構築には困難が伴うことを示唆している。

　文部科学省が発表した「心と行動のネットワーク（2001）」では、「教職員がチームを組み、児童生徒の心の相談・指導を行う体制づくり」として、「行動連携」のシステムづくりを強調している。

◇引用・参考文献

1）高木亮「都道府県ごとの教師の精神疾患を原因とした病気休養『発生率』のデータ報告──平成18年度のデータを中心に」『中国学園紀要』第8号，pp.109-116，2009.
2）村上慎一「初任教師のストレス及びその対処法と，メンタルヘルスとの関わりに関する研究」『日本教育心理学会総会発表論文集（第50回総会発表論文集）』p.641，2008.
3）同上，p.641
4）岡田一秀「教員の多忙化と時間外勤務についての調査研究」『学校メンタルヘルス』第13巻第1号，pp.59-62，2010.
5）杉若弘子・伊藤佳代子「小・中学校教員のストレス経験──尺度の開発と現状分析」『奈良教育大学紀要』第53巻第1号，pp.55-62，2004.
6）伊藤美奈子「教師のバーンアウト傾向を規定する諸要因に関する探索的研究──経験年数・教育観タイプに注目して」『教育心理学研究』第48巻第1号，pp.12-20，2000.
7）羽鳥健司・小玉正博「教師のイラショナル・ビリーフとバーンアウトとの関連」『教育相談研究』第41巻，pp.13-19，2003.
8）八並光俊・新井肇「教師バーンアウトの規定要因と軽減方法に関する研究」『カウンセリング研究』第34巻第3号，pp.249-260，2001.
9）久冨善之「教師のバーンアウト（燃え尽き）と『自己犠牲』的教師像の今日的転換──日本の教員文化・その実証的研究(5)」『一橋大学研究年報．社会学研究』第34巻，pp.3-42，1995.
10）松井仁・野口富美子「教師のバーンアウトと諸要因──ストレッサー，効力感，対処行動をめぐって」『京都教育大学紀要』第108巻，pp.9-17，2006.
11）淵上克義『学校が変わる心理学──学校改善のために』ナカニシヤ出版，1995.

第3節 関与する専門職と関係法規

学習のポイント

● 学校に勤務する多職種の役割を理解する

● 学校と協働する関係機関の援助体系を学ぶ

● 学校精神保健にかかわる教育関連法規、児童福祉関連法規を知る

1 学校という場の特徴

　本節ではおおむね小学生から高校生年代までの子どもの精神保健に関する専門職と関係法規を中心に取り上げる。

　子どもの精神保健にかかわる専門職を考えるとき、学校に勤務する専門職とほかの機関に勤務する専門職との間には、子どもや保護者との出会い方に大きな違いがある。学校以外のほとんどの機関は、誰かからの相談があって初めて支援者の関与が始まる。それに対して学校は、子どもが教育を受ける場であって、支援を受けることを目的として通う場所ではない。何らかの問題を抱えている子どもも、そうでない子どもも所属し、教員をはじめとした大人と子どもが素朴に出会う場所である。ここに学校という場の大きな特徴がある。

　その観点からいうと学校という場は、精神保健に関する予防教育の場であり、子どもたちの精神保健課題の発見・対応の場でもある。つまり学校に勤務する教職員は、すべての子どもの精神保健にかかわっている職種なのである。

2 学校における専門職種

　今日、学校にソーシャルワークの視点が広がり始め、学校内での多職

---

i　18歳未満の子どもと、大人に適用される法律が異なるため本節では子どもに焦点を当てて述べる。ただし学校には、夜間中学校や定時制高校や大学等の高等教育機関に通う大人も在籍している。そのため、学校に在籍している大人の生徒・学生が抱える精神保健の課題への支援も子どもと同様に重要である。

種による**チームアプローチ**が始まっている。チームアプローチで、学校でできる支援とできない支援を見極めることによって、学校でできないことは、学校以外の支援機関に援助を求めることが可能になる。以下に、学校や教育委員会における支援者のうち、特に、学校精神保健の領域にかかわる専門職を挙げる。

① 養護教諭

主に保健室に常駐し、ケガや病気の子どもの救急処置を行う。ほかに、保健指導、健康診断の管理、健康相談活動、学校環境衛生調査などを行う。子どもたちは身体症状を訴えて保健室に来室することも多いため、その背景にある精神保健課題を発見しやすい立場にある専門職である。

② 学校医・学校歯科医・学校薬剤師

学校における保健管理に関する専門的事項に関し、技術および指導に従事する。健康診断、健康相談、環境衛生検査などを行う。

③ スクールソーシャルワーカー

主に、社会福祉士や精神保健福祉士の資格をもち、福祉に関する専門的知見を有する者がスクールソーシャルワーカーとして学校や教育委員会に配置されている。大学等の高等教育機関に所属する者は、キャンパスソーシャルワーカーという名称で雇用されていることが多い。

④ スクールカウンセラー

心理に関する高度な専門的知見を有する者が、スクールカウンセラーとして学校に配置されている。スクールカウンセラーは、児童生徒、保護者、教職員に対し、心理に関する専門的見地からカウンセリングやコンサルテーション等を行うことが求められる。

⑤ スクールロイヤー

学校で起こるさまざまな問題について、学校や教育委員会に対して助言を行う弁護士。

3 学校と協働する関係機関

図 4-2 は、学校で現れる諸問題と家庭が抱える問題に対応する機関の支援の方向性をイメージ図にしたものである。従来は子どもと大人を支援している機関の支援者同士の接点をもつことが難しく、それぞれ個別の支援を行っていた（**図 4-2（図 A）**）。

たとえば**児童相談所**は、児童福祉法第 12 条に基づく、児童福祉の専

図4-2 子ども・家庭に対する学校と関係機関の支援ネットワークのイメージ図

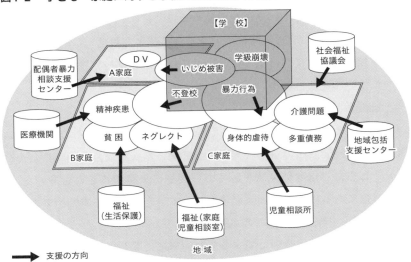

図A　機関ごとの援助体系

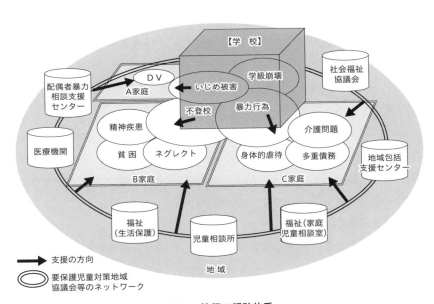

図B　協働の援助体系

出典：金澤ますみ『学校という場を通して見える子どもたちの生活とスクールソーシャルワーク──学校と地域をつなぐ』（博士論文），奈良女子大学大学院人間文化研究科，p.107，2010．を基に筆者作成

門機関で、都道府県と政令指定都市に設置義務がある。従来は、あらゆる児童家庭相談について対応することとされてきたが、児童虐待相談等の急増により、緊急かつより高度な専門的対応が求められている。そのため、身近な子育て相談ニーズについては、市町村をはじめ多様な機関による対応が求められるようになった。

2004（平成16）年の児童福祉法改正によって、**要保護児童対策地域協議会**（要対協）が法制化され、学校もほかの支援機関とネットワークをもちながら、子どもや家族にかかわる協働の援助体系のなかに位置づきはじめている（**図4-2（図B）**）。要保護児童対策地域協議会とは、各市町村等で要保護児童等として登録されたケースについて、関係機関内で守秘義務をかけて❶情報を共有し、❷アセスメントに基づいて、❸支援の方法を協議する協議会である。構成機関は自治体によって異なるが、保健機関、福祉機関、医療機関、教育機関等が基本的には含まれている。

4 関係法規

以下のとおり、学校精神保健に関与する専門職は教育関係法規はもとより、児童福祉に関する知識を有することが必要不可欠である。

① 教育基本法

教育の目的は、教育基本法第4条では、すべて国民は、能力に応じた教育を受ける機会を与えられ、差別されないとして、国や地方公共団体は、障害のある者には教育上必要な支援が講じられ、経済的理由によって修学が困難な者に対しては、奨学の措置を講じなければならないと明記している。そのうえで第6条第2項では、「学校においては、教育の目標が達成されるよう、教育を受ける者の心身の発達に応じて、体系的な教育が組織的に行われなければならない」と学校教育を規定している。

② 学校教育法

学校教育法において学校とは、幼稚園、小学校、中学校、義務教育学校、高等学校、中等教育学校、特別支援学校、大学および高等専門学校とされている。教育基本法第6条の法律に定める学校とは、学校教育法の定める学校制度を念頭に置いて規定している。なお、学校教育法上の学校以外に所属する子どもたちにも支援が必要な場合はある。ソーシャルワーカーはその視点も忘れてはならない。

③ 学校保健安全法

学校における児童生徒等および職員の健康の保持増進を図るため、学校における保健管理に関し必要な事項を定めるとともに、学校における教育活動が安全な環境において実施され、児童生徒等の安全の確保が図られるよう、学校における安全管理に関する必要な事項を定めている。

★要保護児童等
児童福祉法では、「要保護児童」とは保護者のないまたは保護者に監護させることが不適当であると認められる児童（被虐待児童・非行児童を含む）、「要支援児童」とは保護者の養育支援が特に必要と認められる児童、「特定妊婦」とは出産後の養育について出産前に支援を行うことが特に必要と認められる妊婦、のことをいう。

第4章 精神保健の視点から見た学校教育の課題とアプローチ

④　いじめ防止対策推進法

　2013（平成25）年にいじめ防止対策推進法が制定され、法律に「いじめ」が定義された（本章第1節 p.75 参照）。

⑤　児童福祉関連法について

★児童福祉関連法
児童福祉法、児童虐待
の防止等に関する法律
など。

　学校年代の子どもたちは、多くが18歳未満であることから、児童福祉関連法の改正は学校生活にも大きく影響する。近年の児童福祉関連法は、児童虐待対応をめぐる法改正が続いている。2019（令和元）年の児童福祉関連法の改正では、体罰禁止が明確化された。また、日本は国連で1989年に採択された児童の権利に関する条約を1994（平成6）年に批准しており、特に子ども領域の専門職はその具現化に向けた努力を常時行う義務と責任がある。

● おすすめ
・たばたせいいち『さっちゃんのまほうのて』偕成社，1985.
・ごとうひろし作，なすまさひこ絵『なんでバイバイするとやか？』石風社，2008.
・ジャクリーン・ウッドソン作，ラファエル・ロペス絵，都甲幸治訳『みんなとちがうきみだけど』汐文社，2019.
・『誰も知らない』，2004，是枝裕和

第4節 スクールソーシャルワーカーの役割

- スクールソーシャルワーカーの役割を理解する
- スクールソーシャルワーカーの配置形態や配置校種の違いによる活動内容を知る

1 学校現場のソーシャルワーカー

❶日本におけるスクールソーシャルワーカーの位置づけ

2008（平成 20）年度に文部科学省が調査研究事業として「スクールソーシャルワーカー活用事業」を実施したことによって、全国にスクールソーシャルワーカー（SSW）が誕生するきっかけとなった。2017（平成 29）年には、学校教育法施行規則において、学校の職員として位置づけられた。

文部科学省が 2017（平成 29）年 1 月に示した「SSW ガイドライン（試案）[1]」において、スクールソーシャルワーカー導入の背景を次のように説明している。「不登校、いじめや暴力行為等問題行動、子供の貧困、虐待等の背景には、児童生徒の心理的な課題とともに、家庭、友人関係、学校、地域など児童生徒の置かれている環境に課題がある事案も多い。その環境の課題は、様々な要因が複雑に絡み合い、特に、学校だけでは問題の解決が困難なケースも多く、積極的に関係機関等と連携して対応することが求められており、福祉の専門家であるスクールソーシャルワーカーの役割に大きな期待が寄せられている」

❷スクールソーシャルワーカーの選考

文部科学省の「スクールソーシャルワーカー活用事業」におけるスクールソーシャルワーカーの選考は、主に、都道府県や市区町村教育委員会などの実施主体が行っている。社会福祉士や精神保健福祉士等の福祉に関する専門的な資格を有する者から、実施主体が選考する。私立学

---

i 日本においては1990年代頃から、スクールソーシャルワーカーの活動が注目されるようになってきた。その前史は、以下参照。金澤ますみ「わが国のスクールソーシャルワークにおける課題——『学校』と『ソーシャルワーク』『カウンセリング』の関係史から」日本社会福祉学会『社会福祉学』第48巻第3号，pp.66-78，2007.

校では、独自の選考方法で採用している学校もある。

❸スクールソーシャルワーカーの役割

スクールソーシャルワーカーは、学校におけるソーシャルワーク実践の専門職である。

スクールソーシャルワーカーの役割は、子どもの人権や発達、教育の保障を妨げる環境要因を改善していくことにある。子どもの人権尊重においては、子どもの権利条約が実践の基盤となる。また、ソーシャルワークのグローバル定義には、「ソーシャルワークは、生活課題に取り組みウェルビーイングを高めるよう、人々やさまざまな構造に働きかける」とある。このことからも、スクールソーシャルワーカーには、教職員や学校に関与する以外の人々とも協働して、子どもたちの教育保障が実現されるためのあらゆる活動を行う使命がある。

そのときの権利主体は、あくまでも子ども本人であることを忘れてはならない。

❹スクールソーシャルワーカーの職務内容

SSWガイドライン（試案）には、「スクールソーシャルワーカーは、法律や制度を理解した上でソーシャルワークの技法を用いて、児童生徒と取り巻く環境に働きかけて、家庭、学校、地域の橋渡しなどにより児童生徒の悩みや抱えている課題の解決に向けて支援する福祉の専門家である」とし、以下の職務内容を示している。

あなたが通っていた学校において、スクールソーシャルワーカーはどんな活動ができるのか想像してみましょう。

1．不登校、いじめや暴力行為等問題行動、貧困、虐待等課題を抱える児童生徒と児童生徒が置かれた環境への働き掛け
2．学校内におけるチーム支援体制の構築、支援
3．関係機関とのネットワークの構築、連携・調整
4．不登校、いじめや暴力行為等問題行動、子供の貧困、虐待等を学校として認知した場合、自然災害、突発的な事件・事故が発生した際の援助

これらの職務内容のうち、実際にスクールソーシャルワーカーが担える活動は、担当エリアや担当校数、配置形態、配置校種によっても異なる。配置形態については、以下のような方式がある。

1．単独校配置方式：特定の学校にSSWを配置する
2．拠点校配置方式：SSWを拠点校に配置し、近隣校を巡回する
3．派遣方式　　　：SSWを教育委員会に配置し、学校からの要請に

| | 応じて派遣する |
| 4．巡回方式 | ：SSW を教育委員会に配置し、複数校を定期的に巡回する |

　また、スクールソーシャルワーカーとしての活動に最も大きく影響するものに勤務時間数がある。2020（令和 2）年現在、スクールソーシャルワーカーの勤務時間数に関する規定はない。そのため、正規雇用の専門職としてスクールソーシャルワーカーを採用している自治体や私立学校がある一方で、週 1 回、数時間程度の勤務条件の自治体もある。上記のような専門職としての職務を実行しようとしたとき、週に 1 回程度の勤務条件では、そもそもソーシャルワークが成立しない。「つなぐ」役割を期待され、子どもや保護者に必要な支援を継続して行うためのスクールソーシャルワーカーの勤務条件の整備は、今後の大きな課題である。

❺スクールソーシャルワーカーが相談を受けるルートの特徴

　スクールソーシャルワーカーも、ほかのソーシャルワーカーと同様に、支援対象者のアセスメントに基づいた支援計画を検討する。スクールソーシャルワーカーが相談を受けるというとき、表 4-1 のようなさまざまなルートがあることが学校におけるソーシャルワーク実践の特徴である。

　アは、学校便りなどでスクールソーシャルワーカーへの相談日や申し込み方法、相談できる内容例を周知している場合がある。小学校よりも高校で採用されている割合が高い。

　イは、給食時間や休み時間など、スクールソーシャルワーカーが子どもと一緒に過ごしているなかで、会話や子どもたちの行動から気づく場合である。いじめが疑われるような場面に遭遇したり、虐待が疑われるような発言などが聞かれる場合がある。子ども自身は、「相談」をしているつもりはないことも多い。配置方式の勤務形態の特徴でもあり、スクールソーシャルワーカーが予防段階からかかわることができる。

　相談ルートとして最も多いのは教職員からの相談である。そのうちキ[ii]についての相談が圧倒的に多い。たとえば、「不登校で、休んでいる理

---

ii　大阪府教育委員会市町村教育室児童生徒支援課『SSW配置・派遣校での活動と市町村での活用ガイド』2009.，安原佳子・大阪府教育庁教育振興室高等学校課『高校におけるスクールソーシャルワーカー（School Social Worker）の活動状況について──2016大阪府高等学校SSW活動報告』2017. などの実態報告による。

表4-1　スクールソーシャルワーカーが相談を受けるルート

子どもからSSWへの直接相談		ア	子どもがSSWに相談できる方法を周知しており、子ども自らが相談する場合
		イ	子どもと一緒に過ごす時間があり、そのなかでSSWが「支援が必要」と判断するような情報を得た場合
保護者からSSWへの直接相談		ウ	保護者がSSWに相談できる方法が周知されており、保護者が相談を申し込む場合
支援者からの相談	教職員からSSWへの相談	エ	子どもから教職員に相談があったケースについての相談
		オ	保護者から教職員に相談があったケースについての相談
		カ	他機関から教職員に相談があったケースについての相談
		キ	子どもからの相談はないが、教職員が支援の必要性をもっているケースについての相談
		ク	教職員との会話や校内会議の中で、SSWが「支援が必要」と判断するような情報を得た場合
	他機関からSSWへの相談	ケ	他機関にSSWの配置形態が周知されており、個別ケースへの関与依頼がある場合
		コ	要保護児童対策地域協議会等、関係機関が集まる会議の場で、SSWが情報を得た場合

筆者作成

由がわからない」、「遅刻が多く、朝食を食べてこないことが多いので、登校しても元気がない」、「諸費未納が続いている」、「けがが多い」など、その状態の背景に保護者からのネグレクトや家庭の経済状態が影響しているのではないかと推察されるケースも多い。

　また、「相談」には含まれないが、体罰のように大人から子どもへの人権侵害の場に居合わせることもあり得る。

　このようにみると、スクールソーシャルワーカーにとっては、アウトリーチからはじまる支援が圧倒的に多いのも特徴である。そのため、子ども自身の意見が尋ねられない段階から、いま学校内にある情報（出席・遅刻・早退、勉強面、発達面、クラブなどクラス以外の場での人間関係、友人関係、持ち物の有無、諸費納入状況など）を収集し、ストレングスの視点をもちながらアセスメントをしていく必要がある。その場合、子ども自身のニーズは、あくまでも「仮説」であることを教職員が共有し、子ども自身の気持ちや願いを知ろうとする関係づくりも支援計画のなかに位置づけていくことが重要である。保護者のニーズと子どものニーズが異なることがよくあることも、チーム内での共通認識としていきたい。

❻スクールソーシャルワーカーに求められる知識

以上のように、スクールソーシャルワーカーが相談を受けるケースには、児童虐待やネグレクトの問題が背景にある場合も少なくない。ネグレクトと貧困の問題は重なり合っていることも多い。また、これら保護者が抱える問題は、子育て支援環境の不備が影響していることが大きい。さらに、児童福祉施設から学校に通う子どももいたり、医療ケア児のように、障害のある子どもの教育を保障するための環境を整備するというような役割も期待される。

このことからも、スクールソーシャルワーカーには、精神保健に関する知識はもちろんのこと、児童福祉に関する知識がなければ学校でソーシャルワーク実践を展開することはできない。特に、児童虐待対応に関する知識については、教職員向けの研修を依頼される専門職であるという自覚が必要である。

また、スクールソーシャルワーカーの職に就いたあとは、教育関連の法改正や通知等については教育委員会や学校を通して知り得る機会がある。しかし、現在の雇用体制においては、福祉関連法の改正が学校現場に通知されないことも多く、スクールソーシャルワーカーがその知識を自ら得る努力をしなければならない状況にある。

---

2 スクールソーシャルワーカーの課題とこれから

❶スクールソーシャルワーカーの専門性をめぐる課題

以上のように、スクールソーシャルワーカーに期待される役割は多岐にわたるため、社会福祉士や精神保健福祉士の資格を有しているだけではその責務を果たすことは難しい。それは、これらの国家資格取得のプロセスには、学校教育制度や教育関連法規、教育相談体制や生徒指導体制における学校教職員のあり方を体系的に学ぶカリキュラムが含まれていないことがある。また、学校現場におけるソーシャルワーク実習も義務づけていない。さらに、社会福祉士は「精神保健」に関する科目が、精神保健福祉士は「児童福祉」に関する科目が必修となっていない。

これらの課題を踏まえ、一般社団法人日本ソーシャルワーク教育学校連盟では、「認定スクール（学校）ソーシャルワーク教育課程」を設置する学校において、スクール（学校）ソーシャルワーク実習を含めた上記のカリキュラムを設定している。この課程を修了し、かつ社会福祉士

や精神保健福祉士の資格を有している者が、「認定スクール（学校）ソーシャルワーク教育課程修了者」として修了証の交付を受けられる。

　加えて、スクールソーシャルワーカーの職に就いたあとも、その責務を果たしていくためには、研修やスーパービジョンは欠かせない。これらは、雇用体制の課題とも重なる課題であり、全国で実践されているさまざまな取り組みの調査研究も実施していく必要がある。

❷精神保健に関する予防教育の可能性

　2022（令和4）年度から高校の新しい学習指導要領が実施される。そのなかの保健体育の学習内容に「精神疾患の予防と回復」が追加された。高校では1980年代初めまで精神疾患に関する学習があったが1982（昭和57）年施行の指導要領から削られてから約40年ぶりに復活することになる。子どもが精神疾患について正しく学び、心の不調に気づくことができる力を養うことの意義は大きい。精神保健の専門職である精神保健福祉士が教員との協働というかたちで貢献できる可能性も高い。

◇引用文献
　1）文部科学省・教育相談等に関する調査研究協力者会議『児童生徒の教育相談の充実について
　　——学校の教育力を高める組織的な教育相談体制づくり（報告）』2017年1月

◇参考文献
　・門田光司『学校ソーシャルワーク実践——国際動向とわが国での展開』ミネルヴァ書房，2010.
　・日本社会福祉士養成校協会監『スクール（学校）ソーシャルワーク論』中央法規出版，2012.

●おすすめ
　・ジャニス・レヴィ作，クリス・モンロー絵，もん訳『パパのカノジョは』岩崎書店，2002.
　・新川てるえ作，山本久美子絵『会えないパパに聞きたいこと』太郎次郎社エディタス，2009.
　・安藤由紀『いいタッチわるいタッチ（だいじょうぶの絵本）』復刊ドットコム，2016.
　・川崎二三彦監，北原明日香絵『うちに帰りたくないときによむ本』少年写真新聞社，2019.

第5節 学校精神保健にかかわる社会資源

学習のポイント

● 子どもの教育を受ける権利が保障されていない状況がどのように発見されるのか、事例を通して知る
● 子どもの生活の視点に立って展開に必要な社会資源を探す視点を学ぶ

 ## 学校に在籍する子どもにとっての社会資源

　学校教育は、子どもたちに教育を受ける権利が保障されるべきであるという原点にたつ。しかし今、子どもの権利条約第28条および教育基本法第4条にある「教育を受ける機会の平等」が保障されていない状況が多く存在する。その大きな要因として、❶子どもたちは学校以外に教育を受ける物理的な場を保障されてこなかったこと、❷日本国憲法で「義務教育は、これを無償とする」と定められている義務教育でさえ、学校教育にかかる費用は保護者負担によって支えられている現実がある。

　このような仕組みのなかで、学校で生じたさまざまな問題は、学校のなかだけで解決をすることを求められてきた歴史がある。しかし、**スクールソーシャルワーカー**が学校においてソーシャルワーク実践を行うようになったことによって、学校にソーシャルワークの視点が広がり始め、学校内での多職種によるチームアプローチが始まっている。そして、学校でできる支援とできない支援を見極めることによって、学校でできないことは、学校以外の支援者に援助を求めることが可能になってきた。つまり、子どもたちの教育保障のために、さまざまな社会資源を活用するという視点が生まれてきたのである。

　さらにこのような実践を通して、子どもが過ごせる物理的居場所が圧倒的に不足している課題に焦点が当たるようになってきた。ソーシャルワーカーは、その現実から出発し、権利保障のために「必要なものを生み出す力」が求められているといえる。

では、子どもたちの精神保健課題にどのような社会資源の利用可能性があるだろうか。ここでは筆者が作成した架空事例の一例を示す。

❶児童相談所へのネグレクト通告が支援のきっかけとなった事例

事 例

　学校の夏休み期間中に、子ども食堂を主宰する地域住民から、小学6年生のＡ子について児童相談所にネグレクト通告があった。Ａ子は、小学1年の時に母と死別し、精神疾患のある父と二人暮らしである。通告内容は、「父の体調が悪く、Ａ子が世話をしながら家事を行っているが、食事も十分にとれていないようだ」とのことであった。

　児童相談所ではこの連絡を受け、市と協議を行った結果、要保護児童対策地域協議会（要対協）の個別ケース検討会議の開催が決まった。会議には、児童相談所の児童福祉司、Ａ子の小学校の校長、担任、スクールソーシャルワーカー、教育委員会の指導主事、父親の生活保護担当ケースワーカー、父親が受診している精神科クリニックの精神保健福祉士、主任児童委員、要保護児童対策地域協議会の調整機関にもなっている家庭児童相談室の家庭相談員が出席し、情報共有と今後の対応方針を検討した。そのなかで、Ａ子の家庭に紹介できる福祉サービスや社会資源の可能性が見えてきた。Ａ子の事例では、ヤングケアラーが抱える課題への支援という視点も重要となる。食事の支援については、近年、学校や学校区内での朝食支援をはじめる地域も増えてきている。また、小学6年生というと身体的な成長を伴う時期でもある。Ａ子の場合、生理の疑問や下着の選び方を相談する人がいなければ、心の問題に影響するかもしれない。心の問題を生活の視点から捉えることで、養護教諭やスクールカウンセラーの関与の可能性も広がるだろう。

Active Learning
この事例に不足していたかかわりや、利用できる社会資源を考えてみましょう。

❷高次脳機能障害の症状の可能性を視野に入れた支援を始めた事例

事 例

　中学2年生のＢ男は、現在の学校に2学期に転校してきた。父、母、弟（5歳）の4人家族である。Ｂ男は、授業中に居眠りをする、

A子のエコマップ

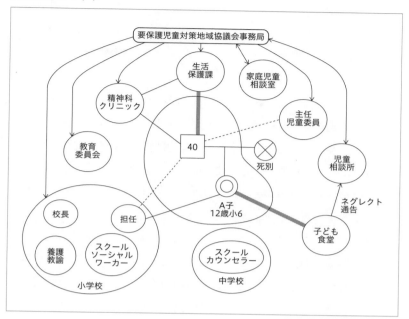

B男のエコマップ

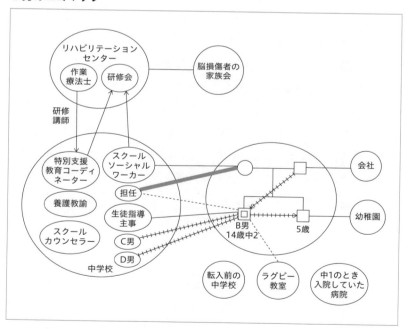

授業中に教科書を開かない、忘れ物が多いなど、やる気のない姿が続いていた。一方、スポーツはやる気があるが、勝負に負けたり、自分の思いが通らなかったりすると、突然プレーを中断させるため、他児との関係が悪化している。

　担任とスクールソーシャルワーカーは母親との面談から、Ｂ男は１年前に地元のラグビー教室での練習中に頭を強く打って脳挫傷を起こし、入院したことがあると知った。Ｂ男の身体症状は回復したが、レギュラーではなくなり、その頃から勉強もしなくなった。母親は「小学生の頃は成績もよく、弟思いの優しい兄だったが、人が変わってしまった」と悩みを打ち明けた。

　スクールソーシャルワーカーは、Ｂ男の行動は、外傷性脳損傷による高次脳機能障害の症状と重なることも多いと考え、その可能性も含めたＢ男の行動理解について校内委員会で資料を用いて説明した。教員からは一定の理解が得られたが、「初めて聞いた」という声も多く、まずは教職員が高次脳機能障害について学ぶ必要があるとの意見が出た。

　そこで、スクールソーシャルワーカーは特別支援教育コーディネーターと一緒に、リハビリテーションセンターが主催する、高次脳機能障害の研修会に参加し、その知見を教職員と母親とも共有した。母親は、「脳損傷者の家族会」の資料に目をとめ、「行ってみたいが不安もある」と話したため、スクールソーシャルワーカーが同行を申し出た。学校では先の研修会の講師である作業療法士を校内研修に招き、教職員研修を行った。この研修がきっかけとなり、教職員がＢ男の抱えている困りごとを理解し、できる支援から始めようとする体制が生まれつつある。

Active Learning

病気や障害特性を理解することの重要性や、情報を得る具体的な方法を考えてみましょう。

◇**参考文献**
・金澤ますみ・奥村賢一・郭理恵・野尻紀恵編著『新版 スクールソーシャルワーカー実務テキスト』学事出版，2019.
・中島恵子監訳，加賀令子訳『子どもたちの高次脳機能障害――理解と対応』三輪書店，2010.
・Sullivan, C., *Brain Injury Survival Kit: 365 Tips, Tools & Tricks to Deal With Cognitive Function Loss*, Demos medical pub, 2008.

●おすすめ
・The Ontario Brain Injury Association 他，中島恵子監訳，加賀令子訳『子どもたちの高次脳機能障害――理解と対応』三輪書店，2010.
・長谷川幹『リハビリ 生きる力を引き出す』岩波書店，2019.
・鈴木大介『「脳コワさん」支援ガイド』医学書院，2020.
・Cheryle Sullivan, 佐野恭子監訳『脳損傷サバイバル・キット』星雲社，2020.

第5章

精神保健の視点から見た勤労者の課題とアプローチ

　この章では、働くということと精神保健との関連、そして現状やその対策について理解する。

　まず、現代の日本の労働環境について、過重労働・過労自殺などの現状について学ぶ（第1節）。続いて、産業分野における精神保健の現状や課題およびその対策について、ストレスチェックや職場環境改善、職場復帰支援について学ぶ（第2節）。それらを踏まえて、職場での精神保健の維持・向上に向けた各種相談や、ハラスメントに関する相談、従業員援助プログラム（EAP）、企業内保健相談活動などについて学ぶ（第3節）。続いて、職場内における問題解決のための機関や関係法規について学ぶ（第4節）。

学習のポイント

● 過重労働や過労自殺に関するデータから労働環境の現状を知る

● 労働環境に対するさまざまな課題とその対策を学習する

1 「労働安全衛生調査（実態調査）」からみた労働環境

　厚生労働省が大規模に行っている本調査は、今後の労働安全衛生行政を推進するための基礎資料とすることを目的としている。同様の目的で2012（平成24）年度までは「労働者健康状況調査」を5年ごとに実施したが、2013（平成25）年度から現名称となり毎年の実施となっている。

　日本標準産業分類による多分野の民間企業に対する調査で、「事業所調査」と「労働者調査」に分かれている。前者は、常用労働者10人以上を雇用する民営事業所から、産業、事業所規模別に層化して無作為に抽出した約1万4000事業所に対して行っており、後者はその事業所で雇用されている常用労働者および受け入れた派遣労働者から無作為に抽出した約1万8000人に対して行っている。

　図5-1はメンタルヘルス対策に取り組んでいる事業所の割合の推移であるが、2018（平成30）年度が59.2％と10年以上前と比し増加しているものの60％程度でとどまる傾向がある。事業所の規模が大きくなるほどその割合が高くなっていて、100人以上の事業所はほぼ100％となっており、事業所数としては最多である小規模事業所の取り組みが今後の課題である。取り組み内容としては、❶ストレスチェックの実施が最も多く、次いで❷メンタルヘルス教育研修、❸相談体制の整備となっている。

　労働者調査の結果、仕事や職業生活での不安、悩み、ストレスについて相談できる人がいる労働者の割合は、2018（平成30）年度は92.8％と高値であった。これらについて相談できる相手（複数回答）に関する結果を図5-2に示す。「家族・友人」が79.6％と最も多く、次いで「上司・同僚」が77.5％と同レベルの高さとなっている。一方で、産業医・保健師・カウンセラー等への相談の数値は非常に低く、相談を受けた管

図5-1 メンタルヘルス対策に取り組んでいる事業場の割合

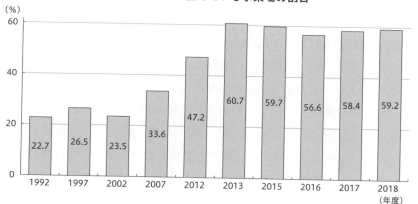

出典：厚生労働省「労働者健康状況調査＜事業所調査＞」（2012年まで）・「労働安全衛生調査（実態調査）＜事業所調査＞」（2013年～）より作成

Active Learning
図5-1、図5-2からわかることには、どのようなものがあるでしょうか。考えてみましょう。

図5-2 仕事や職業生活に関する強い不安、悩み、ストレスについて相談できる人の種類（複数回答）

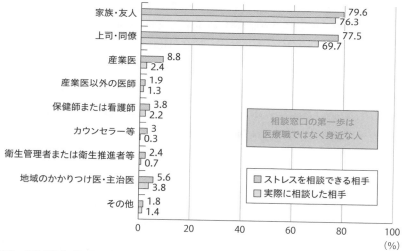

出典：厚生労働省「平成30年 労働安全衛生調査（実態調査）＜労働者調査＞」より作成

理者が適切に社内医療職に「つなぐ」という流れを構築することが現実的だと思われる。したがって、管理監督者向けのメンタルヘルス研修も重要である。

2 「過労死等防止対策白書」からみた労働環境

「過労死等防止対策白書」は、過労死等防止対策推進法の第 6 条に基づき、厚生労働省が国会にて毎年報告を行う年次報告書である。過労死

第5章 精神保健の視点から見た勤労者の課題とアプローチ

等防止対策推進法において「過労死等」は、①業務における過重な負荷による脳血管疾患・心臓疾患を原因とする死亡、②業務における強い心理的負荷による精神障害を原因とする自殺による死亡、③死亡には至らないが、これらの脳血管疾患・心臓疾患・精神疾患、としている。

　本白書には、総務省「労働力調査」のデータに基づいた1週間の就業時間が60時間以上の雇用者の割合の推移が示されている。週に60時間以上というのは、所定労働時間の週40時間に対し、1週間に平均20時間以上という長時間の時間外労働を指している。2003（平成15）年度と2004（平成16）年度の12.2％をピークとして減少傾向にあり、2018（平成30）年では6.9％となっている。2018（平成30）年7月24日閣議決定において変更された「過労死等の防止のための対策に関する大綱」（以下「大綱」という）では、2020（令和2）年度には週労働時間60時間以上の雇用者の割合を5％以下とすることを目標としているが、現時点での到達は難しそうである。

　厚生労働省「就労条件総合調査」のデータから年次有給取得率の推移も示されている。2004（平成16）年と2006（平成18）年の46.6％を底辺に、近年になるほど増減しながらも微増傾向にあり、2017（平成29）年には8年ぶりに5割を上回り51.1％となっている。なお、大綱において2020（令和2）年度までに年次有給休暇取得率70％以上を目標としているが、「働き方改革」によりその流れは速度を上げているものの、やはり到達は難しいようである。

　ちなみに、前述図5-1のメンタルヘルス対策に取り組んでいる事業所の割合について、大綱に目標が記載されており、2022（令和4）年までに80％以上を目標としているが、やはり目標にはまだ遠いのが現状である。

3 過労自殺

　我が国の自殺者数は、1998（平成10）年以降14年間連続して3万人を超えていたが、2010（平成22）年以降減少が続き、2018（平成30）年は2万840人となっている。しかしながら、過重労働などの「勤務問題」を原因・動機の一つとする自殺者の数は、以前からは減少しているものの、2017（平成29）年から連続増加しており、2018人となっている（図5-3）。つまり、全国の自殺者数が減っていることは、さま

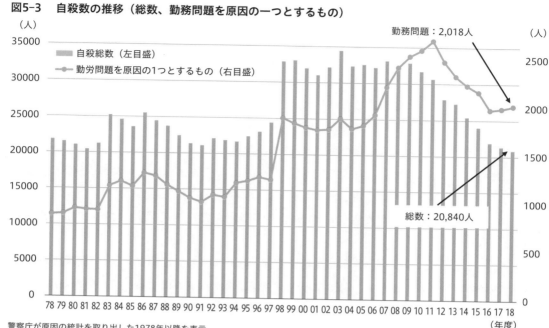

図5-3　自殺数の推移（総数、勤務問題を原因の一つとするもの）

警察庁が原因の統計を取り出した1978年以降を表示
注：2006年まで主たる原因1つ、2007年からは最大3つまで計上としたため、その前後での単純比較はできない。
出典：警察庁の自殺統計原票データに基づき厚生労働省作成

ざまな対策が効果を上げていると考えられるが、「勤務問題」について
は今後も対策を講じていく必要があると思われる。

4　労働者のメンタルヘルスに関する我が国の動向と対策

　労働者の受けるストレスは拡大する傾向にあり、心の健康問題が労働
者、その家族、事業場および社会に与える影響は、ますます大きくなっ
ている。こうした状況のなかで、産業現場におけるメンタルヘルス関連
の動向や対策の概要を以下に示す。

①　心理的負荷による精神障害の認定基準

　業務による**心理的負荷**を原因として精神障害を発病、あるいは自殺し
たとして労災請求が増加している状況に対して、厚生労働省により
1999（平成 11）年９月に「心理的負荷による精神障害等に係る業務上
外の判断指針」が策定された。さらに、業務による精神障害を発症した
事案の認定の迅速化を図るため、2011（平成 23）年に「心理的負荷に
よる精神障害の認定基準」（以下、「認定基準」という）が新たに定めら

れ、前述の判断指針は廃止された。認定基準のポイントとしては、以下のものが挙げられる。

❶ わかりやすい心理的負荷評価表（ストレスの強度の評価表）を定めた

❷ いじめやセクシャルハラスメントのように出来事が繰り返されるものについては、その開始時からのすべての行為を対象として心理的負荷を評価するものとした

❸ これまですべての事案について必要としていた精神科医の合議による判定を、判断が難しい事案のみに限定した

② 労働者の心の健康の保持増進のための指針（メンタルヘルス指針）

メンタルヘルス指針では、❶セルフケア、❷ライン（管理監督者）によるケア、❸事業場内産業保健スタッフ等によるケア、❹事業場外資源によるケア（医療機関やEAP*を含む相談機関など）といった「4つのケア」と呼ばれるものを継続的かつ計画的に行うことが重要であるとしている（本章第2節 p.106 参照）。

③ 過重労働による健康障害防止のための総合対策*

長期間の疲労の蓄積を業務の過重負荷として考慮することを基本として厚生労働省が定めた対策であり、「過労死と過労自殺の防止」のために、労働時間の管理とそれに対する産業医等による助言指導等についての措置を示している。

④ 心の健康問題により休業した労働者の職場復帰支援の手引き*

前述の「メンタルヘルス指針」による対策の一環として厚生労働省から発表された、心の健康問題により休業した労働者の職場復帰支援のための事業場向けマニュアルとなる手引きである。心の健康問題で休業していた労働者が、職場復帰して間もないうちに再燃・再発を繰り返すケースが多いという実態に基づき、円滑な復帰を目的に、休業の開始から通常業務への復帰までの流れをあらかじめ明確にしている。職場復帰直後は状態の悪化・再発が多くみられるため、自殺予防としても重要な支援となり得る。

⑤ 労働施策総合推進法*

法律の公布そのものは古いが、働き方改革の一環として多様な働き方の促進を目的として2019（令和元）年に改正された。パワーハラスメントやセクシャルハラスメントの防止も規定され、その対策が事業者の義務となった。

★労働者の心の健康の保持増進のための指針
労働者の心の健康の保持増進のための指針について（2006（平成18）年3月31日基発第0331001号）

★EAP
従業員援助プログラム p.118参照

★過重労働による健康障害防止のための総合対策
過重労働による健康障害防止のための総合対策について（2006（平成18）年3月17日基発第0317008号）

Active Learning
過労死や過労自殺の現状について調べてみましょう。そして、予防のために精神保健福祉士に求められる役割について考えてみましょう。

★心の健康問題により休業した労働者の職場復帰支援の手引き
2004（平成16）年10月発表後、2009（平成21）年3月、2012（平成24）年に改訂が行われた。

★労働施策総合推進法
労働施策の総合的な推進並びに労働者の雇用の安定及び職業生活の充実等に関する法律（1966（昭和41）年法律第132号）

⑥ 健康経営銘柄、健康経営優良法人認定制度

経済産業省は 2014（平成 26）年度から東京証券取引所と共同で、従業員等への健康投資・管理を経営的な視点で考え、戦略的に取り組んでいる企業を「健康経営銘柄」として選定して公表し、企業の健康経営の取り組みが株式市場等において、適切に評価される仕組みづくりに取り組んでいる。「銘柄」は東京証券取引所上場会社のなかから 1 業種 1 社が原則である。2019（平成 31）年度から一定の基準を上回る企業がある業種については、1 社という原則枠を超えて選定されている。2016（平成 28）年からは上場企業に限らず、保険者と連携して優良な健康経営を実践している大企業や中小企業等の法人を顕彰する「健康経営優良法人認定制度」が開始されている。

⑦ 働き方改革、働き方改革関連法*

首相官邸のホームページ上には、「多様な働き方を可能とするために、働く人の立場・視点で取り組む」と示されている。加えて、働き方改革の実現を目的とする実行計画の策定等に係る審議に資するため、「働き方改革実現会議」が設置され（2016（平成 28）年）、議長を安倍晋三首相内閣総理大臣が務め審議された。同年の大手広告代理店における過労自殺労災も重なり、社会的にも議論が加速したと思われる。2018（平成 30）年には「働き方改革を推進するための関係法律の整備に関する法律」いわゆる「働き方改革関連法」が制定された。これに伴い「治療と職業生活の両立支援」や「仕事と家庭の両立支援」の促進も望まれている。

⑧ 障害者雇用促進法、障害者差別禁止法*

「障害者雇用促進法」により、精神障害者を法定雇用率の算定基礎に加える事項などが改正されている。また両法律により働く場での「合理的配慮」について明示された。「合理的」には、個々の事情を有する障害のある者と事業主との「相互理解」のなかで提供されるべき性質のものという意味合いが含まれる。

第5章 精神保健の視点から見た勤労者の課題とアプローチ

★働き方改革関連法
働き方改革を推進するための関係法律の整備に関する法律（働き方改革一括法）(2018（平成30）年法律第71号)

★障害者雇用促進法
障害者の雇用の促進等に関する法律（1960（昭和35）年法律第123号)

★障害者差別禁止法
障害を理由とする差別の解消の推進に関する法律（2013（平成25）年法律第65号)

● 職場のメンタルヘルス対策における４つのケアとは

● メンタルヘルス不調の職場復帰が可能な状態とは

● 「職場復帰支援の手引き」における５つのステップとは

● ストレスチェック制度の目的は何か（主に二つ）

 「４つのケア」に基づくメンタルヘルス対策

　産業保健活動のなかで、メンタルヘルス対策に限らず、以下の３点が重要である。

　　１．職場環境の把握と改善：場の成長

　　２．情報提供、教育研修：人の成長

　　３．相談窓口の設置：それでも問題がある時の窓口

　メンタルヘルス対策については、前節の「労働者の心の健康の保持増進のための指針」（本章第１節 p.104）でも述べた「４つのケア」を進めるために、まず事業者が中長期的視点にたち継続的かつ計画的に行う「心の健康づくり計画」を策定する必要がある。その計画には、❶心の健康づくりの体制の整備、❷事業場における問題点の把握、❸必要な人材の確保、❹労働者のプライバシーへの配慮、などが含まれる。これらの計画に基づいて、以下の４つのケアという柱を太くし、柱と柱の連携を強化することが望まれる。

① 　セルフケア

　労働者によるストレスへの気づき、ストレスへの対処、自発的な相談が行いやすい環境づくり、となる。事業場はセルフケアの促進に必要な情報や教育研修の場を提供する。また、労働者の家族向けの情報提供も合わせて行うことが望ましい。

② 　ラインによるケア

　職場にはセルフケアでは解決が困難なさまざまなストレス要因がある。たとえば、仕事の量的な負荷、仕事の質的な負荷、人間関係の問題などである。実際の業務負荷の検討や本人の負担について、直属の上司、

管理監督者、人事担当者などが連携することで組織的に行うメンタルヘルスケアをラインによるケアという。事業場はラインによるケアの促進に必要な情報や教育研修の場を提供することが重要である。

③ 事業場内産業保健スタッフ等によるケア

産業保健スタッフとは事業場所属の産業医、保健師、看護師、衛生管理者、衛生推進者のほか、「心の健康づくり専門スタッフ」として非常勤であっても精神科医、心理職、精神保健福祉士等も含める。「等」には人事労務担当者が含まれ、職場復帰支援や適正配置など職場環境改善に関する活動に、産業保健スタッフと協働するうえで重要としている。

④ 事業場外資源によるケア

具体的なケースマネジメントにおいて、事業場外資源（医療機関・相談機関など）との連携は非常に重要であるが、連携は容易ではない。一般に臨床医は産業保健に関する知識や理解がまだ不十分である。また事業場外資源が対応をする際に、その連携に要する時間・手間への対価が支払われるシステムが構築されていないことも課題である。

2 「職場復帰支援の手引き」による支援の実際

図5-4 はうつ病などの精神疾患によって長期休業する労働者の休業率の推移である。一般財団法人地方公務員安全衛生推進協会による報告

図5-4　精神疾患による長期病休者率の推移

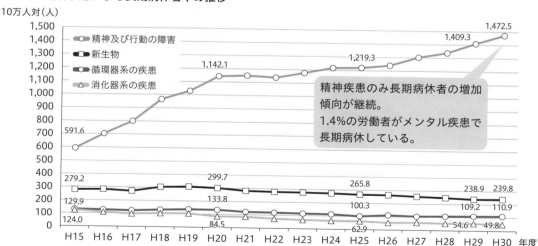

注：職員10万人当たりの主な疾病分類別 長期病休者率の推移
出典：一般財団法人地方公務員安全衛生推進協会「地方公務員健康状況等の現況（平成30年度）の概要」一部改変

であるが、身体疾患による長期休業が微減傾向であるのに比し、精神疾患による長期休業は継続的に増加傾向がみられている。そのため職場復帰に支援も重要な事項となっている。

　うつ病などのメンタルヘルス不調によって休業中の労働者の多くは、「以前のように仕事をすることができるのだろうか」「職場のみんなは自分をどう思っているのだろうか」「こんなに休んでいたらクビになるのではないか」と焦りと不安のうちに療養生活を送ることが少なくない。精神科の主治医はこのような療養中の労働者の心情も汲み、本人が「もう大丈夫なので、仕事に出たい」という意思を示せば、「復帰可」という診断書を比較的容易に発行する場合がある。

　しかしその一方で、回復不十分での復帰により再発・再燃を起こし、短期のうちに再度療養となってしまうことが珍しくない。本人や家族にとっては失敗体験が増え、職場にも負担をかけ、結果的に本人と職場、双方に大きなダメージを与えてしまうことになる。また、休復職を繰り返すたびに、本人の立場や居心地を悪化させてしまうため、復帰のタイミングは本来慎重な検討を要する。

　職場復帰が可能であるとする目安としては、

❶　医学的：就業に耐え得る状態である（完治は必須ではない）

❷　本人：職場復帰の意思があり、準備も整っている

❸　職場側：職場復帰を支援する準備が整っている

という３点が挙げられる。これらの条件がそろえば円滑な職場復帰が可能になるが、主治医には、少なくとも❶と❷が満たされていることを確認してもらう必要がある。そのため休業中の患者本人の再発防止やストレス耐性の向上を目指した職場復帰支援のリワーク・デイケア施設（本章第4節 p.117参照）を併設する医療機関も増えてきている。

　しかし実際は、❶の判定は難しい。なぜなら、実際に復職して就業してみたわけではない以上、予報的推測にほかならないからである。しかも復帰する職場の環境（業務内容、責任、立場など）に関する情報も乏しければ、当然、推測の精度も落ちる。

　❷の判定をするためには療養生活のなかで、①睡眠・食欲のリズム確保、②日常生活動作（ADL）の回復、③興味や関心（楽しめる能力）の回復、④通勤ストレスへの対処、⑤これらの継続が可能な状態、といった条件を満たすことが必要である。

　こうした観点からも、主治医と職場側の連携が、職場復帰のタイミングの良し悪しを決めるカギを握っている。しかし、主治医と職場側では

Active Learning

自分の住む都道府県にあるリワーク・デイケアについて調べてみましょう。（所在地、プログラム、スタッフなど）また、リワーク・デイケアにおける精神保健福祉士の業務を調べてみましょう。

図5-5　心の健康問題により休業した労働者の職場復帰の手引き

| STEP1 病気休業開始及び休業中のケア | ▶労働者からの休業についての診断書提出
▶労働者が療養に専念できるよう、休業期間の制度の説明　など |

| STEP2 主治医による職場復帰可能の判断 | ▶社員からの職場復帰の意思表示
▶社員からの職場復帰可能の診断書の提出
▶産業医等による精査
▶主治医への情報提供　など |

| STEP3 職場復帰の可否の判断及び
職場復帰支援プランの作成 | ▶社員の復帰意思確認
▶産業医による診断、情報の収集と評価
▶職場復帰支援プランの作成　など |

| STEP4 最終的な職場復帰の決定 | ▶就業上の措置等に関する産業医意見書の作成
▶事業者による最終的な職場復帰の決定　など |

職場復帰

| STEP5 職場復帰後のフォローアップ | ▶復帰後の健康状態の確認
▶勤務状況及び業務遂行能力の評価
▶職場復帰支援プランの評価と見直し
▶職場環境改善
▶管理監督者、同僚への配慮　など |

出典：厚生労働省・労働者健康安全機構「改訂 心の健康問題により休業した労働者の職場復帰の手引き」2019. より作成

立場が違えば意見も異なることがあり、医療機関もしくは職場内の精神保健福祉士の活躍の場はここにあると思われる。

　具体的な職場復帰の進め方としては、厚生労働省「心の健康問題により休業した労働者の職場復帰支援の手引き」を参考に、5つのステップに分けて、事業場にあった復職支援制度の策定を行う（**図5-5**）。主治医からの「復帰可」の診断書だけでなく、職場内の多職種の連携と医療機関などの外部との連携を軸に、一つひとつのケースに対し復帰支援プランを作成し、復帰後もフォローアップするなど丁寧な対応を重視している。

3　ストレスチェックと職場環境改善

　過重労働の問題、心理的負荷による精神障害の増加、精神疾患による休業者の増加という現状から、2014（平成26）年6月の労働安全衛生法が改正になり、2015（平成27）年12月からストレスチェック制度＊が実施され、常時50人以上の労働者を使用する事業場の事業者に対し実施を義務づけている。

　本制度は、労働者のストレスの程度を把握し、❶労働者自身のストレ

★ストレスチェック制度

心理的な負担の程度を把握するための検査（ストレスチェック）およびその結果に基づく面接指導の実施を事業者に義務づけること等を内容とした制度（p.120参照）。

スへの気づきを促すとともに、❷職場改善につなげ、働きやすい職場づくりを進めることによって、労働者がメンタルヘルス不調となることを未然に防止すること、つまり一次予防を主な目的としたものである。検査や面接を通して、二次予防（早期発見・早期治療）につながるケースも実際生じると思われるが、本制度は労働安全衛生法に基づいて実施されている。この法律を紐解くと第1条には「職場における労働者の安全と健康を確保するとともに、快適な職場環境の形成を促進することを目的とする」と記載があり、法の目的が一次予防であることがわかる。義務化されて5年以上経過する今でも、ストレスチェックはストレス症状を早めに把握するための検査と誤解している事業者が珍しくない。

制度上、事業者は個々の労働者のストレスチェックの結果を知り得ない仕組みとなっている。前述したように本制度の目的は、事業者が個々の労働者のストレス症状を把握することではなく、最終的には集団ごとの集計を分析することにより、職場環境改善につなげることであるため、労働者が上司をはじめとする評価者、人事管理者、事業者の目を気にすることなく、正直に答えられる環境を準備する必要がある。

そのため実施者になれる職種を限定し、個人情報の扱いを心得ている専門職としている。具体的には、❶医師、❷保健師、❸検査を行うために必要な知識についての研修であって厚生労働大臣が定めるものを修了した歯科医師・看護師・精神保健福祉士・公認心理師とし、「検査を受ける労働者について解雇・昇進・異動に関して直接の権限を持つ監督的地位にある者は、検査の実施の事務に従事してはならない」としている。

• おすすめ
・労働者健康安全機構勤労者医療・産業保健部産業保健課「職場における心の健康づくり──労働者の心の健康の保持増進のための指針」2020. https://www.johas.go.jp/Portals/0/pdf/johoteikyo/mental_health_relax202007.pdf

第3節 職場のメンタルヘルスのための相談

学習のポイント

- 雇用情勢や職場環境が働く人のメンタルヘルスに及ぼす影響について理解する
- 職場におけるメンタルヘルス不調者を支援する制度や支援策について学ぶ
- 職場において精神保健福祉士が担うメンタルヘルス対策の対象や方法を学ぶ

1 職場のメンタルヘルス課題の捉え方

1 働くこととメンタルヘルス

　ストレス社会といわれて久しい昨今、雇用形態の多様化や、うつ病、発達障害などの増加、精神障害者の雇用促進等により、精神保健福祉士を EAP（employee assistance program：従業員援助プログラム）の提供のために雇用したり、医療機関や EAP 会社等と契約して社員のメンタルヘルス対策を講じる企業は増加している。

　人の生活は過去からの連続性をもっており、就職するまでの経歴や生活環境に影響された職業選択のうえで、さまざまなめぐりあわせを経て就労に至るが、自分の適性や嗜好と合わない職場で働き続けることや、望まない人間関係をも円滑に結ばなければならない場面に遭遇し、心身に影響を受けることも珍しくない。それがメンタルヘルス不調につながる場合もあり、精神保健福祉士等のメンタルヘルスの専門家による支援の必要性は増している。こうした状況のなかで、気分障害等による受診者数は年々増加しているが、その反面、専門治療に結びつかない精神疾患の罹患者への介入や発生を防止するための対策が講じられている。

2 雇用情勢が社会に与える影響

　希望しても職に就くことができない者や、非正規雇用などの不安定な形態の就労、また一時期ニートという呼称で課題視された就労しない生き方をする人の存在など、学校卒業後の人生において所属先を確保できない人々が増えている。平成の不況下では新規採用を控える企業の増加や、IT の進歩なども一因であったと考えられるが、こうした人々が自分の人生に目標を見つけ、生き方を積極的に決められるよう本人の気持

ちに寄り添った共感的理解と支援が必要とされている。また、就労は本人やその家族の経済的安定に直結する課題でもあることから、経済的な支援策の充実も求められている。

　同時に、このことが、国民皆保険制度をもつ日本において、年金や健康保険料の不払い問題、少子化の加速、稼働年齢層の不就労による企業の弱体化など、将来の日本社会に対する不安要因になり得ることも考慮すると、個別支援のみならず政策提言を要するソーシャルワークの課題として捉え直すことも必要である。

２　職場におけるメンタルヘルス相談の概要

1 メンタルヘルス不調の予防や早期発見

　頭痛や倦怠感、下痢や便秘、めまい、動悸などの身体的な症状を訴える来談者のなかには、精神疾患に気づいていない者も少なくない。また、「うつかもしれない」と考えることはあっても、専門機関への相談や受診に至るまでに時間がかかることも多い。そのため、早期発見・早期治療がなされにくく、問題の長期化により周囲からの無理解や、結果として職場での孤立といった環境的な問題も生じやすい。

　こうした場合には本人の気づきや自覚を促す必要がある。睡眠状態や仕事のパフォーマンス、仕事量や心理的負荷、家庭環境や休日の過ごし方など、生活状況と勤務状況を多面的に聞き取ってアセスメントすることや、その過程で本人がメンタルヘルス不調に気づけるよう支援することが望ましい。なお、改正労働安全衛生法（2014（平成26）年6月）では、事業者に対して従業員のストレスチェックと心理的負担軽減のための措置が義務づけられ、ストレスチェックの実施者として精神保健福祉士も規定されている。

2 精神科医療機関への受診や受療の援助

　不調が長引いたり症状が生じている場合は、専門医による診断を受けることが望ましい。本人の生活上の問題解決のためには精神科医療の利用が有効であることを理解できるように支援し、地域の適切な医療機関に関する情報提供や受診勧奨を行う。

　本人以外に職場の上司や家族が異変に気づき、相談に至る場合もある。その際は相談者の心配している気持ちや困っている現実を共感的に

理解しつつ、状況を正確にアセスメントすることが不可欠であり、安易に医療機関を紹介する方法のみに傾くことは避ける。また、本人の辛さを理解し、意向を尊重すべきであることはいうまでもない。

本人が安心して療養できる環境をつくるため、主治医等との連携のもとに療養中の社会保障制度の活用を支援したり、職場や生活環境を調整する目的で、本人の同意を得てプライバシーに配慮しつつ、上司や家族に対して療養上の配慮事項等に関する情報提供や助言を行うこともある。特に、治療を受けながら業務に就く際は、主治医の意見や産業医の判断のもとに、時間短縮勤務や残業禁止、休日出勤や出張、転勤の制限など必要な措置を講ずるための調整を担う。

3 生活問題への介入と支援

職場でみられるメンタルヘルス不調の代表例であるうつ病は、自殺の要因ともなり、病気を長引かせないためには症状に対する治療に加え、罹患した人々が抱える生活問題の早めの解決や、療養環境を整えるための支援を担う。自殺企図・未遂者や死にたい気持ちを抱える人も存在することに留意し、自殺予防も視野に入れながら借金等の経済問題や、不安定就労および劣悪な労働環境などの雇用上の問題、家庭内のトラブルや健康不安などの心理的問題に対して、地域の社会資源を活用し多職種と連携して生活環境の安定を図りながら問題解決への支援を行う。

その他、必要に応じて主治医等の医療関係者や職場の上司等とも連携するほか、不安・焦燥感を軽減するための時間の保障、自己卑下や自信喪失、自責の念などを和らげるためにありのままの本人を受容すること、本人をかけがえのない存在として肯定すること、問題への対処法の可能性を増やし、希望をもてるよう根気よく支援する姿勢が求められる。

4 ハラスメント相談への対応

パワーハラスメントやセクシャルハラスメントをはじめとして、あらゆるハラスメント行為は、あってはならないことである。しかし、メンタルヘルス不調の原因に職場内でのハラスメントがあったり、なかには不快感を体験していても、それがハラスメントであると自覚できない者もいる。これらは、相談場面で勤労者本人を取り巻く状況を確認するなかで見えてくることもある。

長い月日に渡りハラスメントを受けていると、本人は自己否定感を強め、うつ症状などと相まって自責の念が強まり問題を的確に捉えること

★産業医
厚生労働省令に定められる要件を満たした医師のことで、事業場において労働者が健康で快適な作業環境のもとで仕事が行えるよう、専門的立場から指導・助言を行う医師を指す。特に2019（平成31）年4月施行の労働安全衛生法改正では、産業医の機能が強化され権限が明確化された。

Active Learning
ハラスメントについて詳しく調べてみましょう。また、ハラスメントの防止策としてどのようなことが効果的か考えてみましょう。

第5章 精神保健の視点から見た勤労者の課題とアプローチ

ができにくくなる。ハラスメントの状況を把握した場合は、まず、本人は悪くないことを伝えて安心できる場に逃げてよいことや、組織的に対応することを保証する。ハラスメント問題には、刑法や民法などに抵触する行為として事業者の責任で対応する必要があり、ハラスメント対応の専門職員を配置したり専門部署を設けているところもある。これらの関係者と連携して職場の環境改善に向けた介入を、本人への支援と並行して行うことも重要である。また、企業の顧客や取引先からの迷惑行為については、一般的に職場内のハラスメントとは区別されるが、事業主には労働者の心身の健康を守る安全配慮義務があるため、適切な対応を求める必要がある。

　ハラスメントについて、「被害者」「加害者」という捉え方をすることも必要であるが、一方で、職場内では両者が今後も同じ職場で働き続けることを考え、被害にあった人がさらなる不利益を被ることのないようプライバシーを保護しながら対応することや、加害側にも支援を要する課題がある可能性を考慮に入れる。

　なお、職場におけるいじめや、いやがらせによる心理的負荷により発病した精神障害は、労働者災害補償保険法に基づく保険給付の対象となる場合があるため、当事者に情報提供し、請求の意思があれば支援する。

■5 休職、復職における支援

　休職や復職の要否は主治医や産業医が判断するが、受診受療状況を確認して必要な場合は休職中の過ごし方について助言したり、各種社会資源の紹介を行い、本人が安心して療養できるように支える。また、復職前のリハビリテーションや復職直後の支援として、産業医や保健師等と連携し、職場における合理的配慮の提供や心理的負荷の軽減のために本人の意向確認や上司等との調整などを就業規定の適用と合わせて行う。残業や休日出勤・不規則勤務などの制限、時間短縮勤務の措置など就業に関する配慮をはじめ、職場の理解と協力を得ることが欠かせない。また、傷病手当金や休業補償給付などの各種社会保障制度に関する情報提供を行い、当然の権利としてこれらを申請できるよう必要に応じて働きかける。

　職場ストレスの軽減のためには、本人の力量や希望に見合った職位や業種であるかどうかを本人とともに再検証することや、見合っていないと思われる場合であっても、環境や状況を改善するための道筋の模索など、キャリア形成のための支援をすることもある。また現実場面でスト

レスに対処できる力量（ストレスコーピング*）を身につけることを目的として、心理教育やカウンセリング、アサーショントレーニング*やリラクゼーション法などを取り入れたグループワークも有効である。このようなかかわりは、その人が働きやすく、あるいは希望をもって就労し続けられるように支援することを目標とする。そのほか、時には転職を含めた本人の職業の再選択に寄り添うこともある。

3 企業内保健相談活動

1 コンサルテーションや教育活動

　IT化が進みテレワークや在宅勤務*が可能となるなど、勤務形態の多様化に伴い上司や同僚・部下等との対面によるコミュニケーションの機会は減少している。加えて、精神疾患や障害に対する知識不足から、罹患者に対してどう接してよいかわからず、警戒するあまり放置されてしまうケースも見受けられる。このような場合、保健医療スタッフによる個別の事例に応じたコンサルテーションや、未然防止のために管理職に対するラインケア（本章第2節 p.106参照）のあり方、職場環境の改善、社員のパフォーマンスの向上、職場内コミュニケーションの促進などに関する研修が求められる。

2 普及啓発活動

　正しい知識の普及や、メンタルヘルス不調に関する意識改革の取り組みは、精神疾患や障害に対する誤解や偏見の改善にも寄与する。また、罹患者の孤立を防ぎ、復職を支援するうえで有効であるとともに、メンタルヘルス不調の発生予防にも役立つ。精神保健及び精神障害者福祉に関する法律（精神保健福祉法）では、法の目的を「国民の精神的健康の保持及び増進に努めること」「国民の精神保健の向上を図ること」（第1条）としており、精神保健福祉士もその役割を担う一専門職である。予防的観点に立ち、精神疾患や障害の状態にない国民をも広く相談や支援の対象者として意識する必要がある。その意味では、職場にいるすべての人がメンタルヘルス対策の対象といえる。

　精神疾患における一次予防の観点からは、自己の悩みやストレスについて内省したり言語化したりして自覚し、その対処法を考えることによって精神的健康を保てるような啓発活動が求められる。終身雇用制の

★ストレスコーピング（stress coping）
アメリカの心理学者ラザルス（Lazarus, R. S.）が、認知行動理論のなかで提唱したストレス対処理論に基づき、ストレスの原因（ストレッサー）に働きかけたり、自分自身の感じ方や受け取り方を変えること、リラクゼーションや周囲に支援者を増やすことなどによりストレスを軽減する対処法のこと。企業においては、社員のメンタルヘルス対策の一環として研修等が行われている。

★アサーショントレーニング（assertion training）
人とのコミュニケーションにおいて、相手を尊重しながらも自己の感情や要求を適切に主張したり交渉したりできるように訓練すること。自己のコミュニケーションパターンへの気づきや、ロールプレイを用いて表現力を身につけるトレーニング。

★テレワークや在宅勤務
テレワークとは、インターネットなどのICT（情報通信技術）を活用して、勤務場所や勤務時間にとらわれず柔軟に働く方法の総称であり、職場に出勤せず、または自営等により外出先やサテライトオフィスなどで業務を行う。在宅勤務は、企業に雇用されているが、出勤せず自宅でICTなどを活用して業務に従事することで、育児や介護などをしながら就労を継続することができる。

減少に伴い、人が職業に求めるものは多様化している。また、稼働年齢層である青年期早期・成人期〜壮年期・中年期においては、家族形態の変化（親元からの独立や結婚、子どもの誕生と巣立ち、親の加齢など）と、それに伴う家庭内での役割の変化も経験する。こうしたライフイベントと職業を通した自己実現のあり方とのバランスを図ることは、人が生き生きと暮らすためには重要である。

日々の暮らしや社会生活において自身が果たす役割のあり方や、自らの人生において「仕事」をどのように位置づけ、どの程度の時間を充てるか（ワークライフバランス）などを考える機会の提供も重要である。

3 連携と守秘義務

事業場における健康管理スタッフは、産業医をはじめ、保健師や精神保健福祉士、臨床心理士や公認心理師など多職種が勤務している。それ以外にも、産業カウンセラーや職場の労務担当者、上司・同僚等がメンタルヘルス不調者の支援に当たる。こうした人々の連携をコーディネートする役割は精神保健福祉士や保健師が担うことが多い。

さらに、本人にかかりつけ医がいれば、職場外に位置づく主治医等の医療スタッフは、本人の就業環境や職場での様子の実態を知り得ないため、職場内外をつなぐ役割も必要となる。そこで、精神保健福祉士や保健師には、職場内外のチームをコーディネートする連携の要の役割や、必要に応じて本人の家族等と連絡を取ることが求められる。このような場合、特に本人のプライバシーへの配慮が重要課題となり、保健医療スタッフ以外との情報共有には本人同意を厳守する。

特に、人事・労務担当者や職場上司などへの情報提供には細心の注意が必要である。本来あってはならないが、精神疾患や障害にまつわるエピソードは、時として本人の職位や待遇等に不利益をもたらす要因となることがあるリスクをもつことを考慮する。

Active Learning

職場内外のチームと連携する際、あるいはコーディネートをするときに、どのようにしてプライバシーへの配慮をしたらよいでしょうか。具体的な方法を考えてみましょう。

◇参考文献
・厚生労働省・労働者健康安全機構『改訂 心の健康問題により休業した労働者の職場復帰支援の手引き』2019. https://www.mhlw.go.jp/content/000561013.pdf
・高齢・障害・求職者雇用支援機構『職場復帰支援（リワーク支援）――ご利用者の声』
・田村綾子「企業における精神保健福祉士の役割」日本精神保健福祉士協会『精神保健福祉』通巻67号第37巻第3号，2006.
・日本EAP協会WEBサイト　http://eapaj.umin.ac.jp/guideline.html

●おすすめ
・日本精神保健福祉士協会監，田村綾子編著，上田幸輝・岡本秀行・尾形多佳士・川口真知子『精神保健福祉士の実践知に学ぶソーシャルワーク① ソーシャルワークプロセスにおける思考過程』『同② ソーシャルワークの面接技術と記録の思考過程』中央法規出版，2017.

第4節 職場内の問題を解決するための機関および関係法規

学習のポイント

- 職場内のメンタルヘルス問題を解決するために精神保健福祉士が連携することの多い機関について学ぶ
- 職場内のメンタルヘルス問題を解決するために精神保健福祉士が活用することの多い関係法規について学ぶ

1 メンタルヘルスに関する職場内の問題解決のための機関

❶医療機関

医療機関では、精神疾患の診断や通院・入院による治療を提供する。薬物治療以外にもカウンセリングやリワーク・デイケア★をはじめ、ストレスケア病棟を併設している機関もある。また、治療継続と再発予防の観点から、病気に対する知識提供や助言等を行うほか、職場の求めに応じて就業に関する医学的見地からの意見を提示する。

リワーク・デイケアは、多職種によるリハビリテーションとして、認知行動療法を取り入れたグループワークや、自律訓練法、ストレスコーピングの力の向上や、アサーショントレーニングによる対人関係のスキル習得を支援し、職場復帰後の生活スタイルを改善させ、病状の回復と再発防止を目的としている。休職中は自宅療養などにより、就業中の生活スタイルとのギャップが大きくなることから、毎日定刻にデイケアへ通所することで、体力回復や規則正しい睡眠と食事摂取など、生活の基本的な部分を維持・改善させる目的もある。復職後、円滑に業務につけるようパソコン作業や文書作成のプログラムなども用意されている。

これら通院医療の利用には、要件を満たせば障害者総合支援法に基づく自立支援医療が適用できる。

❷保健所や精神保健福祉センター

医療機関と同様に、精神疾患や障害に関する正しい知識の習得、ストレスコーピングや対人関係のスキル習得を目指してグループワークを中心としたリワーク・プログラムを実施しているところがある。主治医がプログラムへの参加を承認することを要件とすることも多く、医療機関

★リワーク・デイケア
精神科デイケアのうち、うつ病や発達障害等による休職者や離職者を主な対象とし、復職（リワーク）や再就職を目指す人の支援に特化したもの。診療報酬上は、精神科デイケアの形態をとり、費用負担には各種医療保険および障害者総合支援法による自立支援医療が適用される。

との連携のもとでの活用が望ましい。また、地域内の専門医療機関に関する情報提供なども行っているほか、市民を対象として専門家によるストレスコーピング等の講演会なども開催されている。

❸地域障害者職業センター

障害者の雇用の促進等に関する法律の規定により、厚生労働大臣が、障害者の職業生活における自立を促進するために設置している機関の一つとして、地域障害者職業センターがある。センターは各都道府県に1か所以上（47都道府県＋5支所）設置されており、厚生労働大臣が指定する講習会を修了した障害者職業カウンセラーが配置されている。

主として、❶障害者の職業評価や指導、訓練、❷事業主への障害者の雇用管理に対する援助、❸職場適応援助者（ジョブコーチ）の養成、❹精神障害者と事業主に対する専門的・総合的な支援、❺事業主に雇用されている知的障害者等に対する職場適応に対する助言、指導など、障害者の就労に関する全般的な支援を行っており、利用者のかかりつけの医療機関や職場との連携のもとにリワーク支援も行っている。

❹EAP機関

EAP（employee assistance program：従業員援助プログラム）とは、1940年代からアメリカで、主に従業員のアルコールや薬物依存などを解決する目的で企業に導入され、現在はその対象がメンタルヘルス全般に拡大したもので、日本でもうつ病等の休職者の増加を受けて広まった。

形態は、❶企業内にEAPスタッフが常駐や巡回する内部型、❷企業から業務委託を受けたEAP会社やEAPを提供する部門をもつ医療機関等のほか、保健所や地域障害者職業センター等による外部型、に大別される。人事評価や査定との関係からは外部型のほうが利用しやすいとされ、内部型の場合でも人事評価等とは区別し、健康管理支援の部門として設置されることが望ましい。企業内にEAPの専門スタッフを配置できない企業は、外部のEAP会社と契約を結ぶことが多い。

❺労働基準監督署

都道府県労働局の指揮監督を受けて労働基準法に基づく監督指導や相談、職場の安全や健康の確保に関する技術的な指導などを行う厚生労働省の第一線機関で全国に321か所ある。労働災害による精神疾患や障害の被災者や遺族からの請求に基づき、関係者からの聞き取り、実地調査、医学的意見の収集などを行い、必要に応じて事業場に対する指導等や労働者災害補償保険法による保険給付を行う。

★リワーク支援
本人に対しては、生活リズムの立て直し、集中力の向上、体調の自己管理・ストレス対処法等の適応力の向上を支援し、事業主に対しては、職場の受け入れ体制の整備、社内啓発、復帰後の雇用管理に関する助言等について、主治医等との連携のもとに行われている。

Active Learning

EAPについて詳しく調べてみましょう。従業員のメンタルヘルスの維持・向上にどのような役割を果たしているでしょうか。

2 ▶ 労働者のメンタルヘルスの問題を 解決するための関係法規

1 労働基準法

労働基準法は、日本国憲法第 27 条第 2 項＊に基づき 1947（昭和 22）年に制定された。**労働組合法**、**労働関係調整法**と合わせて労働三法と呼ばれる。

労働条件について「労働者が人たるに値する生活を営むための必要を充たすべきものでなければならない」として労働条件の最低基準を定め、これを低下させてはならないことや向上を図るように努めなければならないことが定められている（第 1 条）。また、労働条件は、労働者と使用者が対等の立場で決定すべきものであることを定め（第 2 条）、労働時間等について、使用者は、労働者の国籍、信条または社会的身分を理由とした賃金や差別的取り扱いをしてはならないことを定める（第 3 条）など、労働者の権利を守るために罰則を伴う義務規定を多く含んでいる。

2019（平成 31）年の改正により、❶労働時間の上限規制、❷年 5 日間の有給休暇取得を企業に義務づけ、❸月 60 時間超の残業の割増賃金率引き上げ（中小企業は 2023（令和 5）年以降の適用）、❹「フレックスタイム制」の拡充、❺「高度プロフェッショナル制度」の創設、がなされた。

★**日本国憲法第27条 第 2 項**

「賃金、就業時間、休息その他の勤労条件に関する基準は、法律でこれを定める」と規定されている。

2 労働安全衛生法

労働基準法とともに、労働安全衛生法（1972（昭和 47）年制定）には、労働災害の防止や責任体制の明確化などが明記されており、職場における労働者の安全と健康を確保するとともに、快適な職場環境の形成を促進することを目的としている。

2005（平成 17）年の法改正に伴い、衛生委員会等の調査審議事項に「労働者の精神的健康の保持増進を図るための対策の樹立に関すること」（労働安全衛生規則第 22 条）が追加され、2006（平成 18）年には、**過重労働・メンタルヘルス対策**としての医師による面接指導制度の導入、事業者による自主的な安全衛生活動の促進のための危険性・有害性の調査の努力義務化などが施行された。さらに、2008（平成 20）年からは常時 50 人未満の労働者を使用する事業場においても、長時間の時間外・休日労働を行った者に対する医師による面接指導の実施が義務化された。

すべての事業場では、長時間労働者に疲労の蓄積が認められるときは、本人の申出を受けて、医師による面接指導を行わなければならない。また、医師は労働者の勤務状況や疲労の蓄積、その他メンタルヘルス面を含む心身の状況について確認し、本人に必要な指導を行うほか、事業者に対しても必要な措置について意見を述べることとされている。事業者は、医師の意見を勘案し、必要に応じて本人の就業場所の変更、作業の転換、労働時間の短縮、深夜業の回数の減少等をしなければならないと定めている。

2014（平成26）年の法改正では、精神疾患による労災認定件数が増加していることもあり、事業者に労働者の心理的な負担の程度を把握するための検査（ストレスチェック）の実施を義務づけ、職場環境改善による精神疾患の予防の強化が図られている（労働者数50名未満の事業場は当面努力義務）。これにより、事業者は、❶労働者に医師等による検査を受けさせ、❷結果は医師等から本人に通知、❸本人の希望があれば医師による面接指導を実施、❹このことによって労働者に不利益な取扱いをしてはならず、❺医師の意見を勘案し、労働者の健康を保持するために必要な措置（作業転換や労働時間の短縮等）を講じなければならない（本章第2節 pp.109-110 参照）。

さらに、2018（平成30）年の改正により、❶労働時間の客観的な把握を企業に義務づけ、❷産業医、産業保健機能が強化され、企業による労働者の健康確保の強化が求められている。

▌3 労働者の精神疾患等に関する判断のための指針

1999（平成11）年に心理的負荷による精神障害等に係る業務上外の判断指針が策定されて以降、精神障害に起因する労災請求件数は年々増加している。

心の健康問題は、労働者のみならず家族や社会に与える影響が大きいことを踏まえ、2000（平成12）年には「事業場における労働者の心の健康づくりのための指針」が策定された。しかし、その後も精神疾患による休業者は増加し、事業場におけるメンタルヘルス対策の適切かつ有効な実施を推進するための見直しが行われ、2006（平成18）年には労働者の心の健康の保持増進のための指針（メンタルヘルス指針）が新たに示された。その後、厚生労働省は、2011（平成23）年に新たに心理的負荷による精神障害の認定基準を定め、1999（平成11）年の旧判断指針を廃止した。

★精神障害に起因する労災請求件数
令和元年度の「過労死等の労災補償状況」によると、精神障害事案の請求件数は2060件で前年度比240件の増、支給決定件数は509件で前年度比44件の増となっている。精神障害の発症の要因と考えられる事象は「（ひどい）嫌がらせ、いじめ、又は暴行を受けた」「仕事内容・仕事量の（大きな）変化を生じさせる出来事があった」「悲惨な事故や災害の体験、目撃をした」の順に多い。

4 過労死等防止対策推進法

　過労死は、1980年代から問題視され、1990年代後半以降、精神疾患による自殺について企業に**安全配慮義務**違反を理由とした損害賠償責任を認める判決が出されたことを契機として、使用者は労働者の業務遂行に伴う疲労や心理的負荷等に留意する必要があると認識されるようになってきた。しかし、精神疾患による労災認定請求をみると、仕事に起因した精神疾患の発症には、職場の人間関係のトラブルやハラスメントなどをはじめ、長時間労働や仕事の質・量の大きな変化などさまざまな出来事が原因となっている[1]。

　過労死等防止対策推進法は、過労で家族を失った遺族や弁護士等による働きかけにより、調査研究の実施とともに過労死等の防止対策を推進し、仕事と生活を調和させて健康に働き続けることができる社会の実現を目指すことを目的に施行された（2014（平成26）年）。

　この法では過労死等を、「業務における過重な負荷による脳血管疾患若しくは心臓疾患を原因とする死亡若しくは業務における強い心理的負荷による精神障害を原因とする自殺による死亡又はこれらの脳血管疾患若しくは心臓疾患若しくは精神障害」と定義し、11月を過労死等防止啓発月間として規定して国民への自覚の促進や関心と理解を深める取り組みを行うこととしている。

　また、国が過労死等防止対策の大綱の策定や調査研究、啓発、相談体制の整備などを行うことを規定し、大綱策定のための意見を聴く機関として、遺族や使用者代表者らも参加する過労死等防止対策推進協議会が厚生労働省内に設置されている。

　この法制定は過労死の防止対策を国の責任で行うと規定した点で、過労死の解消に向けた大きな前進であるものの、働き過ぎを直接規制する条文はなく、非正規社員の増加や不安定な職場環境の根本的な解決には至らなかった。そこで、働き過ぎによる精神疾患の罹患を防ぎ過労死等の防止対策を効果的に推進するため、2015（平成27）年に「**過労死等の防止のための対策に関する大綱**──過労死をゼロにし、健康で充実して働き続けることのできる社会へ」が閣議決定された。将来的には過労死等をゼロとすることを目指し、各種調査研究及び実態把握を行いながら、教育と職場関係者への啓発、相談体制の整備、民間団体の活動支援などが進められており、2018（平成30）年には数値目標の追加や充実を含む見直しなどが図られている（本章第1節 p.102）。

＊　　　　　　＊

職場におけるメンタルヘルス問題に対応する精神保健福祉士として、連携する機関や関係法規について概観した。これらを、各クライエントや支援目的および精神保健福祉士が所属する機関の特性に応じて使い分けることが必要となる。また、関係法規は本節で示したように度々見直しや改正が行われていることから、常に最新の情報を取得できるよう専門職団体や産業ソーシャルワーク分野の精神保健福祉士のネットワークなども活用することが望ましい。

◇引用文献
　1）令和元年度「過労死等の労災補償状況」厚生労働省　https://www.mhlw.go.jp/stf/newpage_11975.html

◇参考文献
　・厚生労働省・労働者健康安全機構『改訂 心の健康問題により休業した労働者の職場復帰支援の手引き』2019.　https://www.mhlw.go.jp/content/000561013.pdf
　・厚生労働省・都道府県労働局・労働基準監督署「労働基準監督署の役割」　https://www.mhlw.go.jp/new-info/kobetu/roudou/gyousei/dl/131227-1.pdf
　・厚生労働省「令和元年度 過労死等の労災補償状況」　https://www.mhlw.go.jp/stf/newpage_11975.html
　・厚生労働省「令和元年度版 過労死等防止対策白書」　https://www.mhlw.go.jp/wp/hakusyo/karoushi/19/index.html

第6章

精神保健の視点から見た現代社会の課題とアプローチ

　近年の異常気象に伴う豪雨災害や経済的な不況に伴う生活不安とストレス、LGBT支援や自殺予防対策、8050問題、貧困問題など、さらには新型コロナウイルス感染拡大と、生活の急激な変化はますます拡大し、私たちの心の健康にも多くの社会的・心理的な苦痛をもたらしている。

　本章では、精神保健福祉士が今後求められる現代社会の課題にどう取り組んでいくのか、まずは基礎的な知識を身につけ、これらの現実的な課題の本質と社会的な背景にある実態把握をし、その課題に対する具体的な支援や対応方法を学んでいただきたい。

第1節 災害被災者の精神保健

学習のポイント

● 災害被災者の精神保健に関する現状と課題について学ぶ
● 災害支援についてのさまざまな活動について把握する
● 支援者のストレスケアについて理解をする

1 大規模災害時におけるメンタルヘルスの課題

1 災害被災者のメンタルヘルス

災害発生後の精神保健の課題は二つの側面から捉える必要がある。一つは被災体験によって生じた被災者の精神保健の問題であり、もう一つは災害発生以前から精神保健の課題を抱えていた被災者の問題である。つまり、大規模災害時の心のケアの対象者は、被災者である一般住民と精神障害を抱える者である。

大規模災害は、被災者に日常生活で経験するストレスをはるかに超えたストレスをもたらす。多くの一般住民は、過度のストレス状況下においても柔軟な適応力（レジリエンス）を示す。こういった人々には、早い段階で安全安心な環境を提供し、基本的な生活が再開されるような援助が必要とされる。

災害を契機として、急性ストレス反応（acute stress reaction）や心的外傷後ストレス障害（post-traumatic stress disorder：PTSD）を発症したり、うつ、喪失反応、アルコールや薬物の乱用、不定愁訴といった精神症状を呈する者もいる。さらには避難所や仮設住宅でのストレスなどから精神的不調の訴えもみられる。災害時要援護者（災害弱者）になりやすい障害者、高齢者、乳幼児・子ども、旅行者、外国人等だけではなく、普段の生活には支障がなかった者であっても環境の激変から、配慮を必要とする者になり得る。精神障害を抱えた者では、重症精神障害者（入院中や専門的治療を必要とする者）、避難所生活に適応不全を呈する患者、治療の中断により症状が再燃する患者、アルコール（違法薬物）の離脱症状を呈する者等が挙げられる。いずれの場合も、専門家の適切な治療と関係者の支援が必要である。

Active Learning

災害時要援助者とは、災害時に自力での避難が通常の者より難しく、避難行動等に支援を要する人であるが、どのような配慮を必要とするか考えてみましょう。

被災者のみならず、十分な訓練を受けているスタッフである自衛官、消防士、警察官、医療保健福祉従事者等の救援者においても、メンタルヘルス上の直接的な予防は困難であり、深刻なメンタルヘルスの課題を抱えることがある。さらに、非常に大きなストレスを抱える救援者として、自分自身が被災しながら、支援者として救援活動に当たる者がいる。

■2 被災による心理的変化と支援のポイント

災害後の一般的な心理変化は時間経過を伴って以下の経過をたどる（図6-1）。

「茫然自失期」では、誰しもショックを受け、茫然自失の状態になる。気分は消極的、抑うつ的で、個人差はあるが、災害時から数時間〜数日続く。「ハネムーン期」では、被災者が被害の回復に向かい、一丸となって、積極的な気分になる。一見、元気に見える時期が数日〜数週間または数か月続くが、生活ストレスは増大する。「幻滅期」では、災害後、数週間以降になると混乱が収まり始め、被災者の間にも被害や復旧の格差が出始める。無力感や疲労感が高くなり、取り残された人は虚脱感、怒り、うつ気分などが出る。「再建期」では、復旧が進み生活のめどがつき始める。現状を受け入れ、気分が安定し、将来のことを考えられるようになる。時期に応じてニーズも変化していくので、それに合わせながらこころのケアを行っていくことがポイントとなる。

破滅的な災害から奇跡的に生還した人のなかには、周りの人々が亡くなったのに自分が助かったことに対して、罪悪感（サバイバーズ・ギルト：survivor's guilt）を抱える者もいる。被災後は、一人ひとりが抱

図6-1 被災者の心理状態の変化

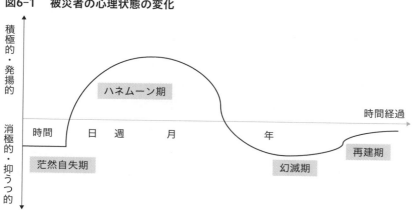

出典：岩井圭司，金吉晴編『心的トラウマの理解とケア 第2版』じほう，p.66，2006．より改変

える情況はさまざまであることを念頭におかなければならない。

2 災害支援の実践的活動

1 こころのケアチームから DPAT へ

1995（平成7）年の阪神淡路大震災以降、大規模な地震・火山噴火・集中豪雨などによる災害が続発し、多くの死傷者や被災者が出た。これらの災害によって、引き起こされた人的・物的な損害は、社会生活を構成する集団や組織といった環境面に大きな影響を与えた。それらは、市民や支援者双方に惨事ストレスや心的トラウマなどによるメンタルヘルス上の課題を発生させた。

2001（平成13）年には、池田小学校事件があり、犯罪・事故等人為的な災害における迅速なこころのケアの必要性があらためて認識された。2003（平成15）年、各自治体の統一的活動の方針が「災害時地域精神保健医療活動ガイドライン」により示された。2011（平成23）年3月11日に発生した東日本大震災では、岩手県、宮城県、福島県および仙台市から、厚生労働省に災害対策基本法第30条に基づき、長期間、複数県にまたがった最初の「こころのケアチーム」の派遣要請がなされた。多職種チームとして、医師、保健師、看護師、精神保健福祉士、薬剤師、事務職員等が支援活動を行った。

精神科医療や精神保健活動の支援を行う災害派遣精神医療チーム（Disaster Psychiatric Assistance Team：DPAT）が位置づけられ、初めての DPAT 活動マニュアルが2014(平成26)年1月に定められた。

2 DPAT と CRT

自然災害や犯罪事件・航空機・列車事故等の災害発生時には、当該地域の精神保健医療福祉機能が一時的に低下し、さらに災害ストレス等によって精神的問題が生じ、精神保健医療福祉への需要が急激に増大する。そのため、被災地域における地域住民の精神保健医療福祉のニーズの把握、各種関係機関との連携とマネジメントが必要となる。そのため DPAT は、専門性の高い精神科医療の提供と精神保健活動の支援を行うために都道府県によって組織される専門的な研修・訓練が実施され、必要に応じて、更新されている。DPAT の主な活動内容は表6-1のとおりである。

表6-1　DPATの主な活動内容＝災害精神医療

DPATとは自然災害や航空機・列車事故、犯罪事件などの集団災害の後、被災地域に入り、精神科医療および精神保健活動の支援を行う専門的なチーム

本部活動〜情報収集とアセスメント〜

1　災害によって障害された地域精神保健医療システムの支援
- ・災害によって障害された地域精神保健医療システムの支援
- ・避難所や在宅の精神疾患をもつ被災者への医療的支援

2　災害のストレスによって新たに生じた精神的問題を抱える一般住民への医療的対応
- ・災害のストレスによって心身の不調をきたした住民または事故などに居合わせた者への対応
- ・今後発生すると思われる精神疾患、精神的不調を防ぐように対応

3　地域の支援者への支援
- ・地域の医療従事者、被災地支援を行っている者への対応

連携と医療的バックアップ

1　心理・社会的支援活動（広義のこころのケア）

出典：厚生労働省委託事業DPAT事務局「リーフレット」2018. をもとに作成

　CRT とは、**クライシスレスポンスチーム**（Crisis Response Team）のことである。「コミュニティの危機に際し、支援者への支援を中心に、期間限定で精神保健サービスを提供する多職種の専門職チーム」と定義されるこころの緊急支援チームで、児童・生徒に関する災害に際し、学校に派遣される。派遣要件としては、初期対応に特化している。学校コミュニティの中規模危機に対応し、学校や教育委員会からは独立した外部チームで、多職種の専門家による構造化されたチームであり、「児童・生徒の多くにトラウマ*（心的外傷）を生じかねないような事故・事件等が発生した場合に、二次被害の拡大防止とこころの応急処置を行う。学校に駆けつける『こころのレスキュー隊』」として説明されている。

3　支援者のケア

　被災地支援を行う支援者は、深刻なメンタルヘルスの課題を抱えることがある。特に地元の支援者には、被災地内外からの支援者やボランティアの受け入れ（受援）も負担になると理解しておくことが必要である。地元支援者は、自らも被災していることがある。さらに、支援活動で過重労働が重なっても、地域住民の目が気になり、休みを取りづらく、メンタルヘルス課題のハイリスクである。

　被災地で住民のかなわぬ願いや、遺族からの話を聞き続ける支援者に対して、協働する視点をもちたい。同じ支援者である精神保健福祉士が、支援者が行ってきた支援を無条件で肯定し、その気持ちを理解するサ

★トラウマ

外的内的要因により、肉体的および精神的な衝撃（外傷的出来事）を受けたことで、その体験が過ぎ去ったあとも記憶に残り、精神的な影響が続きとらわれた状態や、否定的な影響をもっていることを指す。その精神的な後遺症を特に心的なトラウマと呼ぶ。また、トラウマによる精神的な変調をトラウマ反応と呼ぶ。トラウマ反応は「異常な状況に対する正常な反応」である。多くは自然治癒する。一部は慢性化し、社会機能の低下を招く場合がある。

第**6**章　精神保健の視点から見た現代社会の課題とアプローチ

Active Learning

地域の受援力を高めておくためには、どのようなことをしたらよいのか考えてみましょう。

ポートが求められる。地元の支援者の健康なしには、被災地の復興はない。災害支援の際に、困難な状況に適応し、回復する力を意味する「レジリエンス」という言葉には、自らの長所を伸ばす、柔軟性、忍耐力、楽観性などのほかにも、人と人とのつながりも関係しているといわれており、支援者のケア★はその一助となる。

★支援者のケア
働くためにはしっかり休み、軽めの運動、音楽、入浴など、自分に合った方法でエネルギーを回復させる必要がある。また、親しい人との時間を大切にすることも大切である。

◇参考文献
・厚生労働省委託事業DPAT事務局「リーフレット」2018.　https://www.dpat.jp/images/dpat_documents/1.pdf
・金吉晴編『心的トラウマの理解とケア 第2版』じほう，2006.
・高橋晶・高橋祥友編『災害精神医学入門』金剛出版，2015.

第2節 犯罪被害者等の支援

学習のポイント

● 犯罪被害者等の置かれている状況を理解しよう

● 犯罪被害者等が呈するPTSDやその対応について理解しよう

● 犯罪被害者支援で行われていることや、その課題を把握しよう

1 犯罪被害の現状

1 犯罪被害者等とは

「犯罪被害者等」とは、犯罪等により害を被った者およびその家族または遺族を指す。「犯罪等」とは、犯罪およびこれに準ずる心身に有害な影響を及ぼす行為を指しており、凶悪犯（殺人・強盗、強制性交等罪、放火等）、粗暴犯（暴行・傷害等）、窃盗犯（侵入盗等）、知能犯（詐欺、偽造、汚職）、風俗犯（賭博、わいせつ等）等さまざまである。加えて、ドメスティック・バイオレンス（domestic violence：DV）、児童虐待もその対象とされている。

2018（平成30）年の刑法犯認知件数は約81万7000件となっており、少子化の影響等で減少傾向にあるものの、犯罪の認知件数1件に対して、その家族・遺族が被害者の数となるため、実際の被害者の数は何倍にも膨らむ。また、警察への通報率は近年の調査で、交通事故（91.1％）、殺人・傷害（48.8％）、児童虐待（5.0％）、DV（9.6％）、性的な被害（20.1％）とわかっており、潜在的な被害者が多数本邦には存在している状況にある。

犯罪被害者等は、事件や事故に遭ったあと、被害者についての無理解や偏見などが原因となって、被害者がその心身に傷を受ける「二次被害」に遭ったり、（一次）被害の加害者から再び被害を受ける「再被害」に遭うことも知られており、被害後、何重にも苦悩を強いられている。

2 犯罪被害者等の置かれている状況

犯罪被害者等に事件後起こることとしては、心身の不調、生活上の問題、周囲の人の言動による傷つき、加害者から受けるさらなる被害、捜

査・裁判に伴うさまざまな問題などがあるが、そのなかでも、心身の不調としての**精神的ショック**は非常に大きい。

　過去に、DV、ストーカー行為等、児童虐待、性的な被害、交通事故、殺人・殺人未遂または傷害等（死亡または全治1週間以上）の暴力犯罪に遭ったと回答した本人または遺族を対象にした犯罪被害類型別調査[1]においては、被害による身体・精神的影響が甚大であることが報告されている。過去30日間に何らかの身体上の問題を感じたとする回答比率は、交通事故（39.5％）、殺人・傷害（32.6％）で高い。

　過去30日間に何らかの精神的な問題を感じたとする回答比率は、児童虐待（54.0％）、DV（48.4％）、性的な被害（41.4％）で高い。犯罪被害者全体では、一般対象者と比べると約2倍、過去30日間に精神的な問題や悩みを感じている。日常生活が行えなかったと感じた平均日数（／年）は、児童虐待（45.6日）、殺人・傷害（28.2日）、性的な被害（24.8日）となっている。

　犯罪被害者等の「事件直後と現在の精神的な状況の変化」と、「精神的な問題への対処方法」の状況については（**図6-2、図6-3**）のとおりである。生活上の変化については、犯罪被害者等は一般対象者と比べて、「学校または仕事をしばらく休んだ」「家族間で不和が起こった」「長期に通院したり入院したりするようなけがや病気をした」「自分が別居・離婚した」等の生活や対人関係のネガティブな変化が多くなっていることも明らかになっている。

図6-2　犯罪被害類型別、状況の悪化と事件との関連_精神的状況

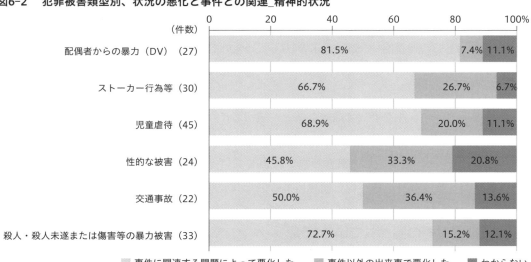

出典：警察庁「平成29年度 犯罪被害類型別調査 調査結果報告書」2018.

図6-3　犯罪被害類型別、精神的な問題への対処方法（複数回答）

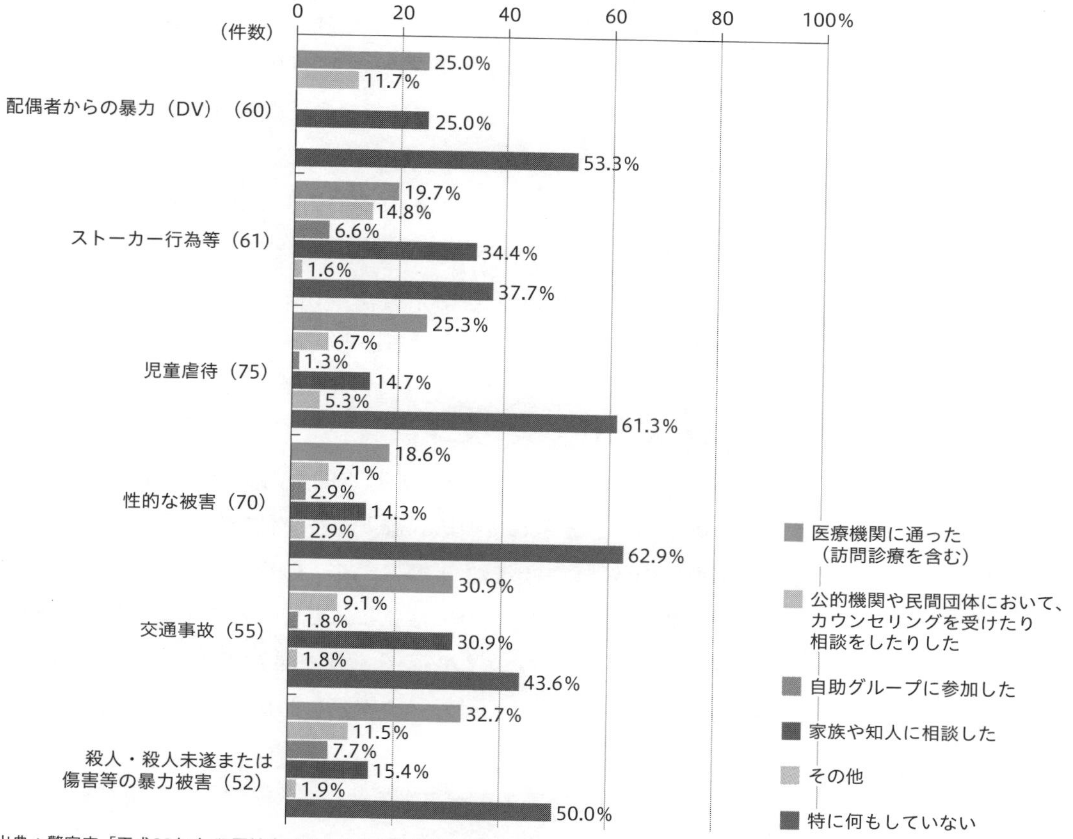

出典：警察庁「平成29年度 犯罪被害類型別調査 調査結果報告書」2018.

2 　犯罪被害とPTSD

1 犯罪被害者等が呈する PTSD

　心的外傷後ストレス障害（post-traumatic stress disorder：PTSD）は、その人にとってきわめて重大な出来事に遭遇したあとに発症するとされている。具体的には、死の恐怖にさらされるような事故や災害、強制性交等罪等の犯罪など心理的衝撃がきわめて大きな出来事に遭遇することを指す。本人が直接体験した場合だけでなく、そのような光景を目撃した場合や、身近な人が体験したことに直面した場合（犯罪や事故によって家族を失うなど）でも発症するとされている。

　DSM-5*によれば、侵入症状〔トラウマとなった出来事に関する不快で苦痛な記憶が突然蘇ってきたり、悪夢として反復する〕、回避症状〔出来事に関して思い出したり考えたりすることを極力避けようとする、思

★DSM
p.26側注参照。

い出させる人物、事物、状況や会話を回避〕、認知と気分の陰性の変化〔否定的な認知、興味や関心の喪失、周囲との疎隔感や孤立感を感じ、陽性の感情（幸福、愛情など）がもてなくなる〕、覚醒度と反応性の著しい変化〔いらいら感、無謀または自己破壊的行動、過剰な警戒心、ちょっとした刺激に対しての驚愕反応、集中困難、睡眠障害〕が生じるとされる。

　また、PTSDには、うつ病やパニック障害、アルコール依存症など、ほかの精神障害との合併が多いことも知られており、PTSDばかりに目を奪われず、自殺念慮の存在やアルコール依存の問題などのその人にとってリスクの高い症状に目を向ける必要があるとされている。

２ PTSDへの対応

　医療機関におけるPTSDの方への基本的な対応として知っておくべき点は、以下の７点とされている[2]。❶トラウマ体験は語られないことが多い、❷患者の体験に共感し、丁寧に聴く、❸患者の家族への説明が非常に大切、❹呼吸法など、自分で症状に対処できる方法を教える、❺現実的な問題の対処を助ける、❻必要な資源や社会サポートへつなげる、❼治療効果が乏しい、あるいはリスクが高い時は直ちに専門医を紹介する。

　PTSD症状の簡便なスクリーニングとして、保険診療報酬対象になっているものもある。PTSDの治療として、トラウマに焦点を当てた認知行動療法（cognitive behavioral therapy：CBT）はさまざまなタイプのものがよく用いられるが、とくに長期暴露法（prolonged exposure：PE）や認知処理技法（cognitive processing therapy：CPT）は有効性が証明された技法とされる。しかしながら、それらの専門治療施設・人員が少ないことは課題である。治療が開始されると精神療法に加え、薬物療法が用いられることも多い。

　また、経済的負担がネックとなって専門治療を受けることができない被害者もいたため、2016（平成28）年に閣議決定された第3次犯罪被害者等基本計画において、警察庁の指導のもと、都道府県警察における部内カウンセラーの配置状況向上に加え、カウンセリング費用の公費負担制度を創設し、被害者の精神的ケアの負担軽減が図られている。

　「現実的な問題の対処を助ける」、「必要な資源や社会サポートへつなげる」という観点から述べると、PTSDの方へのソーシャルワークの視点は大変重要となる。犯罪被害者は裁判等の法的課題と対峙することも多く、その司法プロセスのなかで、思い出したくないことを何度も思

★PTSDの尺度
PTSD症状の簡便なスクリーニングとしては、出来事インパクト尺度改訂版（Impact of Event Scale Revised：IES-R）が、PTSD診断法としては、PTSD臨床診断面接尺度（Clinician-Administered PTSD Scale：CAPS）が知られており、これらは保険診療報酬対象となっている。

い出させられ苦痛を感じたりする。検察・裁判所に証人尋問の際に遮蔽やビデオリンクの措置を検討してもらったり、代理傍聴や出廷同行のサポートをしてもらったりすることで、被害者の精神的負担が軽減される。また、生活保護等の申請をサポートして経済的に安定させることで安心して医療を受けてもらえる。職場、学校への状況説明（代弁）や、家族調整、保険会社とのやり取りなどに関与することも被害者の状況によっては必要になる。

3 犯罪被害者支援の現状と課題

1 犯罪被害者支援の実際

　日本の犯罪被害者支援は、1990 年代初頭から設立され始めた民間支援からスタートしている。全国48か所に支部を置く全国被害者支援ネットワーク加盟組織は、都道府県公安委員会の指定を受け犯罪被害者等早期援助団体として活動している。また、2015（平成 27）年に性犯罪・性暴力被害者のためのワンストップセンターといった性暴力被害だけを扱う民間団体が全都道府県に設立（約半数は犯罪被害者等早期援助団体が併設するかたちで開設）され、2013（平成 25）年に発足していた**性暴力救援センター全国連絡会**がとりまとめている。

　犯罪被害者支援で連携すべき機関は、民間被害者支援団体のほかに、地方公共団体、警察、検察、裁判所、法テラス、保護観察所、医療機関、弁護士会、被害者団体、学校・職場等がある。そのなかでも近年、政府は地方公共団体の犯罪被害者等総合的対応窓口の活性化に力を入れている。犯罪被害者等からの相談・問合せに対応して、関係部局や関係機関・団体に関する情報提供・橋渡しを行う総合的な対応を行う窓口を指すが、2019（平成 31）年 4 月、その各市区町村における窓口開設状況は100％となった。

　近年、犯罪被害者等の支援に特化した、**犯罪被害者等支援条例**を各地方公共団体が次々と施行しており、その流れでさまざまな制度やサービスが整備されるようになっている。しかしながら、そのような制度やサービスを被害者につなげていくソーシャルワークが足りていない。行政の窓口等で専門性を有したソーシャルワーカーが、犯罪被害者等に利用できる制度を熟知し、適切な社会サービスへとつなげていく視点が欠かせない。現在、社会福祉士や精神保健福祉士、公認心理師等の専門職の活

用およびこれらとのさらなる連携・協力の充実・強化を地方公共団体で
どう推し進めていけるかが施策上の課題の一つとなっている。

2 被害者支援にかかわる支援者の課題

　被害者支援にかかわる支援者は、事件・事故によって傷ついた被害者
に司法、医療、心理、保健・福祉サービス等の提供を行う。その支援の
なかで、自分自身は被害を受けていなくても、被害者のつらい話に耳を
傾けることで、まるで自分が被害に遭ったような経験をしてしまい、メ
ンタルヘルスに好ましくない影響を受けてしまうことがある。このよう
に二次的に受傷することを、「二次受傷」という。また、二次的外傷性
ストレス、代理トラウマ（受傷）、共感疲労という場合もある。

　二次受傷は、トラウマにかかわる支援者にとっては避けられないもの
であり、性別、年齢、トレーニングを受けた段階にかかわらず起こると
されている。より二次受傷が起こりやすい背景には、支援者に、支援者
自身の過去のトラウマ体験があったり、支援対象が子どもや自虐・自傷
行為が頻繁に行われる被害者であったりすることなどが挙げられる。被
害者支援を行う支援環境も重要であり、支援に必要なさまざまな資源が
支援者に提供されていないときに、二次受傷が起こりやすくなることが
知られている。

　人々が、被害者やその支援者のトラウマの影響を熟知し対応できる社
会（トラウマインフォームドな社会）のなかで、被害者支援が行われて
いくことが求められているといえるだろう。

**★トラウマインフォー
　ムド**
近年、トラウマイン
フォームドな実践（プ
ラクティス）や、トラ
ウマインフォームドケ
ア（Trauma Informed
Care：TIC）の視点の
必要性が指摘されるよ
うになっている。トラ
ウマを抱えている（も
しくは抱えていると思
われる）人に対して、
トラウマの影響を十分
理解して、配慮あるか
かわりや対応をするこ
とを指している。

◇**引用・参考文献**
　1）警察庁「平成29年度 犯罪被害類別調査 調査結果報告書」2018.
　2）日本トラウマティック・ストレス学会『PTSDの薬物療法ガイドライン──プライマリケア医
　　のために 第1版』2013.

第 3 節 自殺予防

学習のポイント

- 自殺の定義、自殺の国際的状況を理解する
- 我が国の自殺の実態と自殺対策の発展過程を理解する
- 自殺対策発展のための今後の課題を理解する

1 自殺の現状と背景

❶自殺の定義

　自殺とは、死亡者自身の故意の行為に基づく死亡で、手段、方法を問わない。[1] 世界保健機関（World Health Organization：WHO）の世界自殺レポートに示された定義は下記のとおりである。[2]

自殺	故意に自ら命を断つ行為。
自殺企図	非致死的な自殺関連行動を意味し、死ぬ意図があったか、結果として致死的なものかどうかにかかわらず、意図的な服毒や損傷、自傷行為。
自殺関連行動	自殺のことを考えること（あるいは念慮）、自殺を計画すること、そして自殺そのもののこと。

❷国際的な状況

　WHO によると世界全体で毎年 80 万人以上の人々が自殺により死亡し、15〜29 歳の死因の第 2 位である。[3] 成人 1 人の自殺による死亡には 20 人以上の自殺企図があると指摘されている。自殺関連行動は、個人的、社会的、心理的、文化的、生物学的そして環境的因子が相互に絡みあって影響する複雑な現象である。

❸日本における自殺念慮、自殺計画および自殺未遂の経験率

　2013（平成 25）〜2015（平成 27）年に実施された世界精神保健日本調査セカンド（WMHJ-2）によると、これまでの自殺念慮、自殺計画および自殺未遂の経験率は、男性ではそれぞれ8.1%、0.9%、0.6%、[4] 女性ではそれぞれ7.0%、1.7%、1.2%、全体ではそれぞれ7.5%、1.3%、1.2%であった。

❹日本における自殺死亡の歴史的経緯

第二次世界大戦後の1950（昭和25）年から2017（平成29）年までの人口動態統計による自殺死亡数および自殺死亡率の推移を図6-4に示す。歴史的には、1958（昭和33）年（2万3641人）をピークとする第1の急増期、1986（昭和61）年（2万5667人）をピークとする第2の急増期、1998（平成10）年（3万1775人）以降の第3の急増期がある。

第1の急増期においては若年者での自殺死亡率が、1985（昭和60）年前後の第2の急増期においては中高年の男性の自殺死亡率が高くなった[5)6)]。第3の急増期においては年平均の自殺死亡数は1989（昭和64）〜1995（平成7）年の2万556人から1998（平成10）〜2000（平成12）年の3万849人へと1万人以上急増した。特に45〜69歳の男性の自殺死亡数の増加は全増加の62％に相当する大きさであった。また、これまで自殺死亡率が低い傾向にあった近畿および関東などの大都市部での増加が大きく関与していた[7)]。

2007（平成19）年版自殺対策白書には1998（平成10）年の自殺死亡の急増要因の分析がある[8)]。これによると、人口増と高齢化の進展に加え、当時の社会経済的変動が働き盛りの世代の男性に強く影響するとともに、社会経済の変動に影響されやすい昭和一桁〜15年生まれの高齢者層の自殺死亡率が増加し、これらが相まって自殺死亡数が急増したと推測されるとしている。

さて1998（平成10）年に急増した自殺死亡数は、警察庁「自殺統計★」で2011（平成23）年までの14年間にわたって3万人を超える状態が続いたが、その後は減少が続き、2016（平成28）年頃には急増前の水

★自殺死亡の統計
自殺死亡の統計には、厚生労働省「人口動態統計」によるものと、警察庁「自殺統計」によるものがある。「人口動態統計」は日本における日本人を対象として、住所地をもとに死亡時点で計上している。「自殺統計」は総人口（日本における外国人を含む）を対象として、発見地をもとに自殺死体発見時点（正確には認知）で計上している。調査対象等の違いから、我が国全体では、「自殺統計」の自殺死亡数は「人口動態統計」のそれよりも多い。

図6-4　自殺者数・自殺死亡率の推移

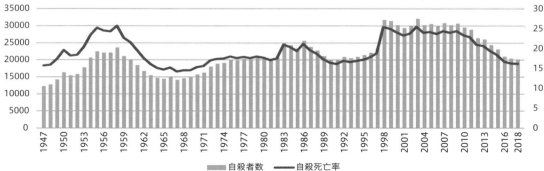

注：「自殺死亡率」：人口10万人当たりの自殺者数
資料：厚生労働省「人口動態統計」をもとに作成

準に戻った。しかしながら自殺は 2017（平成 29）年において 10～39歳の死因順位の第 1 位であり、年齢階級別の自殺死亡率は、20 歳代、30 歳代は急増前の水準まで戻っていない[9]。また山内は 2010（平成 22）年以降の人口動態統計で報告されている自殺死亡数の減少について、2005（平成 17）年あたりから、特に男性で「診断不明確及び原因不明の死亡」が急増していることから、ほかの死因に自殺が計上されるなどにより、自殺死亡数の減少が過大に評価されている可能性は排除できないと述べている[10]。

❺日本における自殺の現状[11]

警察庁「自殺統計」によると 2019（令和元）年の自殺者数は 2 万169 人であった。性別の割合は男性 69.8％、女性 30.2％であった。職業別の割合は「無職者」56.2％、「被雇用者・勤め人」30.8％、「自営業者・家族従業者」7.0％、「学生・生徒等」4.4％、「不詳」1.6％であった。

原因・動機特定者 1 万 4922 人の原因・動機別（複数回答）の割合は、「健康問題」66.1％、「経済・生活問題」22.8％、「家庭問題」20.4％、「勤務問題」13.1％、「男女問題」4.9％、「学校問題」2.4％、「その他」7.1％であった。

同居人の状況は「同居人あり」が多かった（男性 62.6％、女性71.4％）。配偶関係別の自殺死亡率は、男性、女性とも「有配偶」に比べて「未婚」「離別」「死別」が高く、特に男性の「離別」は高かった。

2 日本における自殺対策の経緯

2006（平成 18）年の自殺対策基本法の制定によって、我が国の自殺対策は大きく発展してきたが、そこに至るまでには多くの人や組織の努力があった。日本精神衛生会『図説 日本の精神保健運動の歩み 改訂増補版』[12]に掲載された自殺対策の年表をもとに、第二次世界大戦後の自殺対策の発展をまとめる。

❶自殺対策の準備期（第二次世界大戦後～1970年代中期）

1957（昭和 32）年に国立精神衛生研究所（現・精神保健研究所）は我が国の自殺率が 1954（昭和 29）年から世界第 1 位になっていることを報告した。1970（昭和 45）年に増田陸郎らが発起人となって「自殺予防行政懇話会」が発足した。懇話会は 1983（昭和 58）年に「日本自殺予防学会」に発展している。1974（昭和 49）年に大原健士郎編集に

よる『自殺学』が出版された。

❷自殺対策の組織的な基盤の整備期

（1970年代中期〜1997（平成9）年）

　1977（昭和52）年に「日本いのちの電話連盟」が結成された。1985（昭和60）年に新潟県松之山町で松之山方式による保健医療福祉介入が始まった。1993（平成5）年にはカナダのカルガリで国際連合・WHO主催による自殺予防のための包括的戦略ガイドラインの策定のための専門家会議が開催され、日本からは高橋祥友が参加した。このガイドラインに示されたプリベンション（prevention）、インターベンション（intervention）、ポストベンション（postvention）★は自殺対策基本法に活用された。

❸自殺対策基本法公布前の発展期

（1998（平成10）年〜2005（平成17）年）

　1998（平成10）年に自殺死亡者数が2万4391人から3万2863人に急増した。これに対応して、2000（平成12）年に厚生省は「21世紀における国民健康づくり運動（健康日本21）」の「休養・こころの健康づくり」に「自殺者の減少」を取り上げ、2001（平成13）年には自殺防止対策事業を開始した。さらに2002（平成14）年には「自殺防止対策有識者懇談会」を設置し、報告書「自殺予防に向けての提言」を取りまとめた。

　民間の動きとしては、2001（平成13）年に平山正実はNPO法人グリーフケア・サポートプラザを設立した。2005（平成17）年に自殺対策支援センター ライフリンク日本いのちの電話連盟等の民間12団体は「自殺総合対策の実現に向けて——自殺対策の現場から『国への5つの提言』」を行った。これを受けて参議院厚生労働委員会は「自殺に関する総合対策の緊急かつ効果的な推進を求める決議」を行った。また政府は「自殺予防に向けての政府の総合的な対策について」を取りまとめた。

❹自殺対策基本法成立後の自殺対策の展開期

（2006（平成18）年〜2015（平成27）年）

　2006（平成18）年に議員立法による自殺対策基本法★が成立した。国立精神・神経センター（現・国立精神・神経医療研究センター）精神保

★**プリベンション、インターベンション、ポストベンション**
自殺対策基本法第2条（基本理念）第4項には「自殺対策は、自殺の事前予防、自殺発生の危機への対応及び自殺が発生した後又は自殺が未遂に終わった後の事後対応の各段階に応じた効果的な施策として実施されなければならない」と記載されている。ただし、自殺対策基本法における事後対応は自殺が未遂に終わった後の対応を含むので、自殺が発生したあとへの対応であるポストベンションとは異なることに注意。

★**自殺対策基本法**
目的を「自殺対策に関し、基本理念を定め、及び国、地方公共団体等の責務を明らかにするとともに、自殺対策の基本となる事項を定めること等により、自殺対策を総合的に推進して、自殺の防止を図り、あわせて自殺者の親族等の支援の充実を図り、もって国民が健康で生きがいを持って暮らすことのできる社会の実現に寄与すること」としている。

---

i　2003（平成15）年に藤田利治（国立公衆衛生院）らは「1998（平成10）年以降の自殺死亡急増の地理的特徴」、「自殺と社会的背景としての失業」を「厚生の指標」に報告している。1998（平成10）年の急増は大都市部での増加が大きく関与していた。また自殺死亡率と男性の完全失業率には強い相関があった。

健研究所に自殺予防総合対策センターが設置された。2007（平成19）年に政府の自殺対策の指針である自殺総合対策大綱[*]が定められた。自殺予防総合対策センターは心理学的剖検[*]調査「自殺予防と遺族支援のための基礎調査」を開始した。2008（平成20）年に硫化水素自殺の群発が発生し、自殺総合対策大綱が一部改正された。2009（平成21）年に政府は地域における自殺対策力の強化のため地域自殺対策緊急強化基金を造成した。2010（平成22）年に文部科学省は「子供の自殺が起きたときの緊急対応の手引き」を公表した。2012（平成24）年には自殺死亡者数が15年ぶりに3万人を下回った。

国際的な動きとしては、2014年にWHOは初めての世界自殺レポートとして「Preventing suicide：A global imperative（日本語訳：自殺を予防する——世界の優先課題）」を発行した。

民間の動きとしては、2008（平成20）年に自殺実態解析プロジェクトチーム（自殺対策支援センター ライフリンク）は「自殺実態白書2008」を公表した。また自死遺族による自死遺族のためのネットワーク「全国自死遺族連絡会」が発足した。

❺自殺対策基本法の厚生労働省移管後（2016（平成28）年〜）

2016（平成28）年に自殺対策基本法が改正された。また自殺対策が内閣府から厚生労働省に移管された。自殺予防総合対策センターは自殺総合対策推進センターに改組された。これに伴い、自殺予防総合対策センターにおいて取り組まれてきた自殺の心理学的剖検研究は中止となった。2017（平成29）年には自殺総合対策大綱が改正された。

3 自殺対策のこれから

2014（平成26）年にWHOは世界自殺レポート[*]に国の自殺予防戦略の典型的な構成要素をまとめている[13]、それは❶自殺と自殺企図に関するデータの質と適時性の向上、❷自殺手段へのアクセスのしやすさの制限、❸自殺についての責任ある報道の支援、❹自殺関連行動に脆弱性の高い人々のための包括的なサービスへのアクセスの増加、❺ゲートキーパーへの包括的トレーニングプログラム、❻自殺企図のあとに病院に来院した人への臨床的介入、❼危機状況にある人の緊急時のメンタルヘルスケアへのアクセスの保証、❽自殺や自殺企図に影響を受けた人々への対応とケア、❾自殺は予防可能であるという理解、❿メンタルヘルスサー

★自殺総合対策大綱
政府は、政府が推進すべき自殺対策の指針として、基本的かつ総合的な自殺対策の大綱（自殺総合対策大綱）を定めなければならない。

★心理学的剖検
1950年代末から1960年代初頭にかけて米国でシュナイドマンらによって創案された技法。身体的な剖検だけでは不明の部分を行動科学の手法を用いてさらに明らかにしようとした。遺された人に対するケアを念頭に置いたうえで心理学的剖検を進めてこそ、自殺の実態に迫ることができる。高橋祥友『自殺の危険 新訂増補』金剛出版，2006.

第6章 精神保健の視点から見た現代社会の課題とアプローチ

Active Learning
自殺予防対策における精神保健福祉士の役割を考えてみましょう。

★自殺や自殺企図に影響を受けた人々への対応とケア
自殺対策基本法第９条は「自殺対策の実施に当たっては、自殺者及び自殺未遂者並びにそれらの者の親族等の名誉及び生活の平穏に十分配慮し、いやしくもこれらを不当に侵害することのないようにしなければならない」と述べている。

ビスの利用、物質乱用防止や自殺予防のサービスを利用する人々への差別を減らすこと（スティグマの低減）、⓫保健医療および社会システムの自殺関連行動への対応の強化、に要約できる。

またWHOは自殺予防のための科学的根拠に基づく介入として、下記の三つからなる理論的フレームワークを示している。

全体的予防介入戦略（universal prevention strategies）

　ケアへの障壁を取り除き、援助へのアクセスを増やし、社会的支援のような保護プロセスを強化し、物理的環境を変えていくことで、健康を最大限に、自殺の危険を最小限にするもので、全人口に届くように計画される。

選択的予防介入戦略（selective prevention strategies）

　人口集団のうちの脆弱性の高い集団をターゲットとする。個人としては、現時点では自殺関連行動を示していないかもしれないが、生物学的、心理的、あるいは社会経済的に危険性の高い状態にあるかもしれない。

個別的予防介入戦略（indicated prevention strategies）

　人口集団のうち、特定の脆弱性の高い個人をターゲットとする。例えば自殺の可能性を示す早期サインを表出している人や自殺企図歴のある人等である。

WHO「自殺を予防する――世界の優先課題」より[14]

協働するのは誰で、どのような方法で参加を促し、どのように連携していけばよいか考えてみましょう。

日本の自殺対策は、自殺対策基本法の成立後、めざましい発展を遂げてきたが、ここからさらに発展するには、自殺対策の決定プロセスの透明性を高め、参加と協働を促していくことが必要である。

◇引用・参考文献
1）厚生労働省医政局・政策統括官（統計・情報政策、政策評価担当）編『死亡診断書（死体検案書）記入マニュアル 令和２年度版』2020.
2）世界保健機関，国立精神・神経医療研究センター精神保健研究所自殺予防総合対策センター訳『自殺を予防する――世界の優先課題』国立精神・神経医療研究センター精神保健研究所自殺予防総合対策センター，2014.
3）同上
4）川上憲人「精神疾患の有病率等に関する大規模疫学調査研究：世界精神保健日本調査セカンド研究報告書」2016． http://wmhj2.jp/report/
5）藤田利治「大都市部での自殺死亡急増」『保健医療科学』第52巻第４号，pp.295-301，2003.
6）内閣府編『自殺対策白書 平成19年度版』2007.
7）前出5）
8）前出6）
9）前出5）
10）山内貴史・竹島正・須賀万智・柳澤裕之「指定討論「自殺死亡率は本当に減少しているのか」という問いに、公的統計は答えることができるのか」『自殺予防と危機介入』第39巻第１号，pp.41-44，2019.
11）厚生労働省編『自殺対策白書 令和２年版』2020.
12）日本精神衛生会編『図説 日本の精神保健運動の歩み 改訂増補版』2018.
13）前出2）
14）前出2）

第4節　身体疾患に伴う精神保健

学習のポイント

● 身体疾患に関連して生じる精神障害を理解する

● せん妄のケア、緩和ケア、認知症ケア、妊産婦のケアの概要を知る

● 疾患の背景にある心理社会的因子を理解し、全人的な取り組みの必要性を学ぶ

　人間の体の健康と心の健康は切り離せず、体の病気になるとさまざまな心理状態の変化が生じ、精神障害が起こりやすい。身体疾患に特徴的な精神症状とケアの概要を知り、課題を理解しよう。

1　身体疾患に伴う精神症状

1　古典的な分類

　身体疾患に伴う精神症状について、古くから医療現場では、器質性精神病と症状精神病という分類が使われている。

　器質性精神病とは、頭部外傷や脳血管疾患あるいはがんの脳転移などによる、脳自体の損傷のために精神症状が生じている状態である。

　症状精神病とは、身体疾患が原因で生じた精神障害であり、感染症、代謝性疾患、内分泌疾患、自己免疫疾患などが原因になりやすい。ステロイドや麻薬などの薬剤治療中に精神症状が生じた場合も含まれる。

　病気をきっかけに抑うつや不安などが強まり生活に支障が生じた場合は、心因性精神病もしくは内因性精神病と診断される。

2　操作的診断基準による分類

　身体疾患によって生じる精神障害は、ICD-10 では「症状性を含む器質性精神障害（F0）」に分類される。この分類には、認知症（F00-F03）やせん妄のほか、さまざまな原因による認知機能障害が含まれている。DSM-5 では、「神経認知障害群（Neurocognitive Disorders）」に分類される。

　身体疾患による心理的変化のために生じた精神症状は、ICD-10 では適応障害などのストレス関連障害（F4）として分類される（第2章

★ICD
p.26側注参照。

★Fコード
ICDは疾病の国際比較をするための統計分類であり、アルファベットと数字のコードで表される。精神障害はFコードに分類され、続く数字でさらに細かく分けられている。

★DSM
p.26側注参照。

第3節参照）。そのほか気分（感情）障害（F3）が身体疾患をきっかけに発症することや、統合失調症（F2）などの元来あった精神疾患の症状が変化して発症することがある。

3 精神科リエゾン

★精神科リエゾンチーム

抑うつ、せん妄、精神疾患のある患者、自殺企図により入院した患者に対して、精神科医、看護師、精神保健福祉士等が共同して診療すると、「精神科リエゾンチーム加算」として診療報酬が加算される。

リエゾン（liaison）とは「連絡」や「つながり」を意味する。精神科リエゾン★とは、精神科がほかの診療科と密接に連携し、身体疾患に関連した精神症状や心理的問題、身体合併症のある精神障害者の治療を支援する活動である。チームで行う場合、メンバーは精神科医、看護師、心理士、精神保健福祉士や社会福祉士等の多職種で構成される。

がん患者の40％に適応障害や不安障害やうつ病などの抑うつや不安を主訴とする精神疾患が合併する[2]など、身体疾患に精神症状が合併する頻度は高い。精神科リエゾンでは、これらの治療のほか、アルコールなどの依存症、慢性疼痛などの慢性の身体症状、身体疾患では十分説明できない訴えである不定愁訴への対応も行う。うつ病などの早期発見と早期治療、自殺者のケア（第7章第5節参照）も行う。認知症、知的障害、発達障害など、治療同意を得ることが難しい患者の治療支援も行う。

2 身体疾患に伴う精神症状の実際

1 せん妄

❶定義

せん妄とは、ICD-10によると、さまざまな原因で生じる脳症候群で、意識と注意力、知覚、思考、記憶、行動、感情、睡眠や覚醒のリズムが同時に障害される病態である。臨床現場では、興奮などの情動変化や行動障害を伴う活動型せん妄が問題になりやすいが、ぼんやりとしてあまり動かない低活動型せん妄にも注意が必要である。

❷原因

せん妄の原因はさまざまで、髄膜炎や脳炎、がんなどの腫瘍、電解質異常、低たんぱく血症、ビタミン欠乏などの栄養障害などによって生じ得る。オピオイド、ベンゾジアゼピン系薬剤などの抗不安薬や睡眠薬、抗コリン薬、抗ヒスタミン薬、ステロイドなどの治療薬による場合もある。手術や放射線療法などの身体侵襲、高齢、認知症の既往、環境変化などはせん妄を起こしやすくする要因であり、手術後や集中治療室の環

境で起きやすい。毎日多量に飲酒していた場合には、急な断酒によって意識障害や振戦を伴う**アルコール離脱せん妄**という病態を呈するため、緊急入院などでは注意が必要である。

❸対応

せん妄は予防が重要で、入院などで環境が変化したときには、すぐにリスク因子をスクリーニングし対策すべきである。

せん妄が生じた場合には、本人の混乱を防ぐように環境を整備する。見当識の手がかりとなる時計などを置き、朝は明るく、夜は薄暗くして睡眠覚醒リズムを改善させる。家族や関係者には、心理的支援を行い、具体的な対応を工夫する。睡眠薬や抗ヒスタミン剤などせん妄の原因となりやすい薬剤は中止し、オピオイドの変更や減量といった関連薬剤の調整を検討する。不眠に対して、睡眠薬、特にベンゾジアゼピン系薬剤は無効もしくは症状を悪化させるため、統合失調症の治療に用いられるリスペリドンなどの非定型抗精神病薬を少量使用することがある。

2 がん患者のケアと緩和ケア

❶緩和ケアとは

緩和ケアとは、人間の全人的な苦痛を、❶痛みや呼吸困難などの身体的苦痛、❷不安や怒りなどの精神的苦痛、❸社会的立場や役割の喪失などの社会的苦痛、❹人生の価値など根源的な問いにかかわるスピリチュアル（spiritual：霊的）苦痛、の四つに分けて理解し、苦痛を予防し和らげることを通して生活の質（quality of life：QOL）を向上させるアプローチである（**図6-5**）。死を早めたり遅らせるものではなく、化学療法や放射線療法などの治療とも組み合わせて適応できる。家族も支援対象であり、必要に応じて死別後のケアも行う。

がん患者の QOL に関するケアは、古くは「ターミナルケア」と称して終末期に行われ、用語に否定的な印象が強かった。緩和ケアは終末期だけでなく、病気の初期から終末期まで、患者が能動的に生きられるようにチームで支援する。呼吸器疾患や循環器疾患や慢性疼痛など、身体的苦痛が強い慢性疾患の患者や家族に対しても活用される。

❷悪い知らせの伝えかた

我が国では、かつてはがんの**告知**がためらわれ、病名を伝えられないまま終末期を迎える場合があった。現在は、正しい説明を受け、患者と医療者ならびに支援者が協力して治療にあたる「**インフォームドコンセント**」が常識となり、がんでも病名が伝えられている。このとき、本人

Active Learning

緩和ケアにおける「四つの苦痛」とはどんなものなのか具体的に考えてみましょう。

図6-5　緩和ケアにおける全人的苦痛

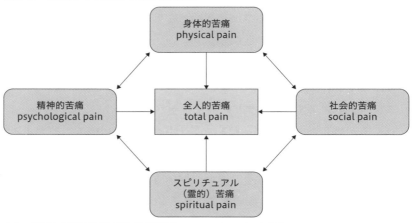

出典：恒藤暁『最新緩和医療学』最新医学社，p.7，1999．を一部改変

の心情に配慮し理解を確かめて話を進める必要がある。

　緩和ケアにおける知識と技能を学ぶための「緩和ケア研修会」では、傾聴のスキルを系統的に学ぶ[3]。悪い知らせを伝えるときに有効な方法として、❶支持的な環境をつくる（supportive environment）、❷悪い知らせを伝える（how to deliver the bad news）、❸付加的情報を伝える（additional information）、❹安心感を与え気持ちに配慮する（reassurance and emotional support）、という要素の頭文字をとったSHAREという手法が開発されている[4]。

❸アドバンス・ケア・プランニング

　人生の最終段階における医療やケアについて、本人の人生観や希望に沿ったケア計画を事前に指示しておく取り組みを**アドバンス・ケア・プランニング**（Advanced Care Planning：ACP）という[5]。認知症ケアでも取り入れられている。ケアチームは、本人を主体に繰り返し話しあって、意思決定を支援する。関係機関や地域の協力が必要な場合もあり、ソーシャルワーカーの存在は重要である。

3 認知症高齢者ケア

　認知症には、記銘力や判断力の障害といった中核症状があり、それらに加えて興奮や拒否あるいは抑うつなどの**認知症の行動と心理症状**（**BPSD**：behavioral psychological symptoms of dementia）が出現することがある。本人が安心できる療養環境を提供し、信頼関係を築く対応が必要であり、バリデーション[6]やユマニチュード[7]などの、認知症の特徴を理解して介護する方法が開発されている。背景にある心理社会

的要因への対応も重要である。

　高齢者は多くの病気を抱えることから、あらゆる症状を治療しようとすると薬剤の**多剤併用**（ポリファーマシー：poly pharmacy）に陥りやすい。薬剤性の認知機能障害やせん妄などが起きやすくなるため、医薬品を正しく使うようポリファーマシーの解消*が推進されている。

4 妊産婦のケア

　妊娠・出産は大きなライフイベントであり、母体にとってはホルモンバランスなど大きな身体的変化が短期間に生じる時期である。**マタニティブルー**といわれる一過性のうつ状態は、出産後の女性の30〜50%[8]が経験する。そのほか産褥期には、うつ病や双極性障害などの気分障害、産褥期精神病といわれる精神病症状、不安障害などが生じることがある。

　日本精神神経学会と日本産科婦人科学会は、「精神疾患を合併した、或いは合併の可能性のある妊産婦の診療ガイド」を出している。[9]精神疾患の合併または既往歴がある女性および家族やパートナーから、将来の妊娠に関する相談があった際には、妊娠前の準備としてプレコンセプションケア（preconception care）を実施する。支援者と本人・家族が協力して、妊娠・出産・育児に向けて適切な環境を整備していく。

　精神疾患のある妊産婦に対するケアは診療報酬でも評価されており、多職種によるカンファレンスに精神保健福祉士も必要に応じて参加することとされている。

3 身体疾患に伴う精神保健の課題

　精神科医のエンゲル（Engel, G.）は、生物学的研究が盛んになった1970年代に、人間の存在を総合的に考える**バイオ・サイコ・ソーシャルモデル**を提唱した。体の機能などの生物的要因、感情や思考などの心理的要因、その人がおかれた環境要因すなわち社会的要因の三つが調和している状態が健康であり、均衡が崩れてひずみが生じるとさまざまな疾患や障害が現れると考えると理解しやすい（図6-6）。疾患だけではなく心理社会的要因にも注目し、常に状況を総合的に見るよう心がけよう。

　介護や支援の質や量の低下がきっかけで体調を崩して入院するなど、保健福祉システムや地域社会や家族などのさまざまな問題の結末が病気

★ポリファーマシーの解消
内服薬が6種類以上ある入院患者に対し、処方が変更され療養上の指導が行われると、診療報酬では「薬剤総合評価調整加算」として退院時に100点が、2種類以上減薬されると150点が加算される。

として現れている場合もある。介護負担の軽減のために入院が使われた場合や、不適切な生活環境が放置されて低栄養状態や事故が生じた場合には、身体疾患が問題になった当初から積極的なケースワークが必要である。

図6-6　健康と疾病に関する3つの因子

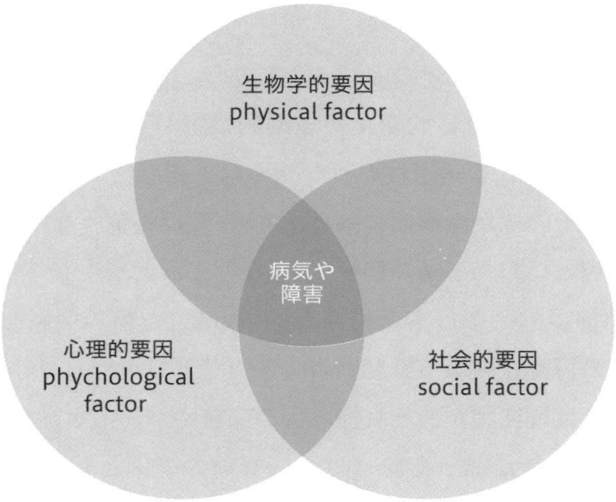

生物学的要因
physical factor

病気や
障害

心理的要因
phychological
factor

社会的要因
social factor

◇引用・参考文献
1）日本精神神経学会　日本語版用語監修，髙橋三郎・大野裕監訳『DSM-5 精神疾患の診断・統計マニュアル』医学書院，pp.583-594，2014.
2）Derogatis, L. R., et al., *JAMA*, 249（6），p.751, 1983.
3）日本緩和医療学会「緩和ケア継続研修プログラム PEACEプロジェクト」 http://www.jspm-peace.jp/
4）日本サイコオンコロジー学会「がん患者のQOL向上を目指したコミュニケーション技術研修会（CST）コミュニケーション技術研修会テキスト SHARE3.3版」 http://www.share-cst.jp/02.html
5）日本医師会「終末期医療 アドバンス・ケア・プランニング（ACP）から考える」 http://dl.med.or.jp/dl-med/teireikaiken/20180307_31.pdf
6）ナオミ・フェイル, 藤沢嘉勝監訳『バリデーション——認知症の人との超コミュニケーション法』筒井書房，2001.
7）イヴ・ジネスト・ロゼット・マレスコッティ, 本田美和子監修『「ユマニチュード」という革命——なぜ、このケアで認知症高齢者と心が通うのか』誠文堂新光社，2016.
8）日本産婦人科医会「女性の健康Q&A 妊娠・出産」 https://www.jaog.or.jp/qa/confinement/
9）日本精神神経学会「精神疾患を合併した、或いは合併の可能性のある妊産婦の診療ガイド：総論編 第1.1版」2020年5月． https://www.jspn.or.jp/modules/advocacy/index.php?content_id=87

● おすすめ
・鈴ノ木ユウ『コウノドリ』（第1巻～第32巻）講談社，2013-2020.

第5節 貧困問題と精神保健

学習のポイント

● 我が国の貧困問題の基本的視点を学ぶ
●「子どもの貧困」の意味と「家族ストレス問題」とその現状を認識する
●「生活保護制度」の利用状況から精神障害者の貧困問題を把握する
● 精神保健福祉士の貧困問題における課題を理解する

1 我が国の貧困問題の現状

❶貧困問題のキーワード

　日本の貧困問題を考えるキーワードとして、「不安定な雇用環境・労働状況のなかで生きることを強いられている非正規雇用者・失業者」を総称するプレカリアート（precariat）という言葉がある。また、「正社員並にいくら頑張って働いても生活保護水準以下の収入と生活を余儀なくされている労働者」の働き方を総称してワーキングプア（working poor：働く貧困層）という言葉もある。

　さらに、相対的貧困（2018（平成30）年調査時点[1]）の観点からは、日本国民の15.8％が相対的貧困層であり、さらに子ども（17歳以下）の貧困率は、14.0％となっているという現実がある。「相対的貧困率」の視点からみると、経済協力開発機構（OECD）の定義（新基準）に従うならば、2018（平成30）年の日本の場合は、「4人世帯の場合の貧困ラインと同額となる世帯等価可処分所得245万円以下であり、単独世帯の貧困ラインは122万円以下」が相対的貧困層とみなされている。

❷相対的貧困率の状況

　2010（平成22）年時点の日本は、OECD加盟国（全34か国の相対的貧困率：平均11.3％、子どもの貧困率：平均13.3％）において、相対的貧困率を低い順に並べた場合、スペイン（15.4％）とアメリカ（17.4％）の間に位置し第29位（16.0％）であり、子どもの貧困率は25位（15.7％）となっている[2]（なお、2017（平成29）年「OECD対日経済審査報告書」においても同じく相対的貧困率は高水準のままで

★プレカリアート
precarious（不安定な）からの造語。パートタイマー、アルバイト、フリーター、契約社員などの非正規雇用形態で生計を立てる人、何らかの理由で職を得にくい状況にある人々、および失業者、ニート、ホームレスなどの総称（『デジタル大辞泉』小学館）。1990年代以降グローバリズム社会の推進による働き方の多様化のなかで生まれた言葉である。雨宮処凛『プレカリアート——デジタル日雇い世代の不安な生き方』洋泉社、2007.も参照のこと。

★相対的貧困率
世帯の可処分所得を世帯員数の平方根で割って調整した等価可処分所得が全世帯の等価可処分所得の中央値の半分に満たない世帯割合のこと。

★新基準
従来の可処分所得からさらに「自動車税・軽自動車税・自動車重量税」、「企業年金・個人年金等の掛金」および「仕送り額」を差し引いたもの。

147

あった[3]）。

　これは、その国における国民間の経済格差を示す指標として意味がある。さらに、日本の相対的貧困率の現状について阿部の調査研究[4]によれば、主に、10歳代後半から20歳代前半の若者と70歳代以上の高齢者が高く、特に、高齢女性は4人に1人が貧困である。さらに、20〜64歳における「世帯構造別・男女別」の相対貧困率に絞り込んだ場合には、母子・父子世帯である「ひとり親と未婚子のみ」においての相対的貧困率は、2015（平成27）年では、約30％近くが該当することが報告されている。

　このように「貧困問題」は、私たちの各年代および各世帯の暮らしの至る所にじわじわと忍び寄っている現実がみえてくる。

<table>
<tr><td>**2**</td><td>**貧困の基本問題**
──子どもの貧困と家族ストレス問題を考える視点</td></tr>
</table>

❶貧困の定義

　貧困（poverty）の基本問題とは何かを考えるために、まずは「貧困の定義」を確認しておこう。貧困研究者の岩田は、「貧困は、生活に必要な資料を欠いた状態であり、この欠乏がついには心身の荒廃状態や社会的排除などを招くことまでを含んだ概念である[5]」と定義している。

　この定義に至るまでに「貧困問題」は、19世紀末から20世紀にかけてイギリスで行われたブース（Booth, C.）やラウントリー（Rowntree, B. S.）による「生命（肉体）が維持できる貧困基準（＝絶対的貧困）」の計測を目的とした貧困調査や、タウンゼント（Townsend, P.）の社会の多数の生活状態から貧困基準を位置づける「相対的貧困」、そして個人の怠惰（怠慢）や「社会構造的に生まれたもの」等の諸説がある。なお、貧困問題研究の詳細は、社会専門④『貧困に対する支援』を参照のこと。

❷子どもの貧困と家族ストレス

　ここでは、「子どもの貧困対策の推進に関する法律（2013（平成25）年)」と相まって、2012（平成24）年以降地域における居場所として全国各地で誕生した「子ども食堂」の発端となった子どもの貧困問題と、貧困をめぐる家族ストレス問題について考えてみたい。

　日本では「相対的貧困率（2018（平成30）年時点)」から推定すると国民の7人に1人が貧困状態にある。さらに、その内の半数近く

（48.2％（OECD 新基準））が「大人が 1 人（ひとり親世帯）」であり、深刻な家族ストレス問題を抱えている。具体的には、ひとり親（母子世帯（約 75 万世帯）・父子世帯（約 8 万世帯[6]））の場合、深刻な経済的問題[7]（平均年間就労収入は、母子世帯で 200 万円、父子世帯で 398 万円）を抱えているため深夜労働に従事する親もいる。さらに「仕事・家事・育児」の担い手が孤立を深め、「子ども」との会話も乏しく、子どもに「基本的生活習慣」を身につけさせることもままならない日々のなかで、経済的・時間的・精神的に心身とも余裕のない現状にある。

❸教育格差につながる貧困問題

その結果、子どもが「虐待」であるネグレクト（放置・無視）を受けてしまう環境に置かれる場合も多い。さらに、学習や宿題をする習慣や塾や習い事の機会もなく、学習面での遅れが目立つ場合も多い。そして、学ぶ意欲の喪失や、高校・大学への進学における教育格差につながることが多くなる。内閣府「子供の貧困に関する現状[8]」によれば、子どもの大学進学率の推移（専修学校等含む）では、全世帯は 7 割ほどであるが、ひとり親家庭は近年 4 割台から約 6 割近くになっているものの、生活保護世帯や児童養護施設は今も 2 割〜 3 割台ほどの低い進学率のままである。

さらに、ひとり親家庭の生活保護率[9]は、2015（平成 27）年段階では全体で 50.8％であり、世帯別では母子世帯 11.2％、父子世帯 9.3％という状況で、全世帯 3.18％と比較するときわめて高く、生活に困窮している状態にある。このことから、「子どもの貧困」問題は単なる貧困家庭だけの問題ではなく、虐待ストレス・教育問題を含めた社会問題として全国民の「生活問題」への危険信号（SOS）として理解する必要がある。

3 貧困問題と精神障害者 ——生活保護（医療扶助費）の実態をめぐって

❶生活保護と精神障害

厚生労働省の報告[10]によれば、生活保護の被保護実人員（平成 30 年度確定値）は、約 210 万人（保護率人口 100 人当たり＝ 1.66％）、被保護世帯数（保護停止中を含む）は、約 164 万世帯であった。被保護者数は各年度の各月によって若干変動するが、「世帯類型別」にみると、「高齢者世帯」が 54.1％、「傷病者・障害者世帯」が 25.3％、「母子世帯」

が5.3％、「その他の世帯」が15.2％であった。近年の傾向は「生活保護受給世帯」の5割以上は高齢者世帯であることである。経済的自立が困難で生活保護受給者（被保護者）である精神障害者は「障害者・傷病者世帯」に含まれている。

❷長期入院と生活保護の関係

　ここでは、具体的な貧困問題と精神障害者との関係を知る手がかりとして、生活保護費の利用状況における「医療扶助費の現状」を検討した。そのなかで「生活保護費負担金（事業ベース）3兆6611億円（2017（平成29）年度実績額）[11]」に占める「医療扶助費（1兆7810億円）」の割合は、生活保護費全体の約5割（48.6％）であった。なお、2018（平成30）年度における生活保護の「医療扶助における一般診療件数[12]」（入院件数：約13.9万人）のうち傷病分類の「精神・行動の障害」（＝精神障害）である入院患者は約4.7万人、生活保護の「医療扶助」を受けている全入院患者数のなかで占める割合は33.7％であった。

　つまり「生活保護制度」を利用して入院している患者のうち「精神科病院」に入院中の精神障害者が、約3割を占めていたことがわかる。

　また「入院期間・傷病分類別一般診療件数の構成割合（入院）」において、「精神・行動の障害」として精神科病院での入院期間「5年以上」の者が85.5％となっている。

　この結果から、ほかの疾患（神経系・循環器系・呼吸系・消化器系・筋骨格系等）と比較しても、長期入院者（5年以上）のなかで医療扶助を受けている生活保護受給者の8割以上が精神障害者であるという実態がみえてくる。

❸地域で暮らす精神障害者の生活保護受給状況

生活保護受給している精神障害者の生活実態を調べてみましょう。

　次に、地域で暮らす「精神・行動の障害（精神障害者）」の実態については、「入院外件数（外来通院等）」を手がかりとすると、精神科外来（精神・行動の障害）での医療扶助件数は、約9.5万人（5.1％）いる。したがって、「入院中」もしくは「地域で暮らす（入院外）」精神障害者で生活保護受給者総数は、概算で「約14万人」（14.2万＝4.7万（入院中）＋9.5万（入院外））であると推計できる。

　この結果から生活保護全世帯（2019（令和元）年度11月速報値：約

---

i　2006（平成18）年度以降は、障害者自立支援法施行令において「自立支援医療」（精神通院医療）の適用がある精神病とその他の疾病を合併していない場合は、医療扶助人員に計上されないため、外来通院における生活保護の医療扶助人員から精神障害者である被保護者を正確に特定することがきわめて困難な状況となっている。

164万世帯）のうち精神障害者（ほとんどが単身世帯）の占める割合は、約1割（9％）であることが確認できる。

この実態の背景には日本の精神科病院への長期入院（社会的入院）を可能ならしめてきた要因がある。それは、歴史的に退院先の受け皿として期待された家族の高齢化と経済力の低下（年金生活世帯の増加）で、家族の医療費負担の軽減と精神科病院の8割以上を占める民間病院経営[13]の狭間で、現場では入院患者の退院促進との矛盾を感じながらも「生活保護制度」を活用してきた結果であることが以前から指摘されてきた。[14]

4 ▶ 貧困問題とかかわる精神保健福祉士が問われる課題

❶新たな貧困問題と家族のメンタルヘルス

ここまで述べてきたように、「子どもの貧困」に象徴される「貧困問題」をめぐる家族ストレス問題（孤立化問題・虐待のリスク・貧困の連鎖）は、今後ますます精神保健福祉分野の精神保健福祉士がかかわるきわめて重要な「生活問題」である。

近年、新たな貧困問題と精神保健に関して、先に述べた相対的貧困率の高い「ひとり親世帯」であるシングルマザー（母子家庭の母親・未婚の母）を対象としたアンケート[15]によって、「実母など家族との関係」「DVストレス（元夫・元交際相手の暴言・暴力)」「子どもとの関係（育児)」を原因とするメンタルヘルス不調を約8割の女性が経験しているという調査結果が報告されている。

❷求められるコーディネーターとしての力量

さらに、精神保健福祉士は、社会福祉の第一線機関である社会福祉事務所や、保健所および医療機関、公共職業安定所等の就労支援機関、さらに社会福祉関連施設、社会福祉協議会、民生委員、NPO法人およびボランティア団体との連携を促進するコーディネーターとしての役割がその重要性を帯びてきている。

最後に本節で述べた❶日本社会の「貧困」問題を象徴する「子どもの貧困」問題と❷「生活保護」制度（「医療扶助」の実態）からみえてきた精神障害者の「貧困問題」の検討から次の2点を確認したい。

①精神保健分野の支援課題は、精神障害当事者の暮らし（生活）のなかに「貧困問題」が色濃く顕在化しているという現実があった。

②その意味で、精神保健福祉士は、「経済的支援」（「生活保護制度」

の効果的な活用）・「就労支援」（就労支援サービスの利用）・「日常生活支援」（ホームヘルプ活用）および貧困世帯（ひとり親）に関しては「教育支援」と「子どもの居場所作り」・「メンタルヘルス支援」などを有機的にコーディネートする力量が必要とされている。

　その意味でも、具体的なアプローチは、貧困問題に伴うスティグマ（貧困者の烙印）による「社会的排除（社会的関係からの引き剥がし）」と「精神障害者の長期間の社会的入院（隔離）による偏見と差別」の相互連鎖を断ち切ることである。そして、新たな課題としてメンタルヘルス問題を「古くて、新しい」社会福祉の基本問題である貧困問題の視点から読み解くことが、これからの精神保健福祉士に求められている。

◇引用・参考文献
1）厚生労働省「2019（令和元）年 国民生活基礎調査の概況」 https://www.mhlw.go.jp/toukei/saikin/hw/k-tyosa/k-tyosa19/dl/13.pdf
2）OECD（2014）Family database "Child poverty"（なお、日本のデータは、2009年調査当時のもの） https://www8.cao.go.jp/kodomonohinkon/kentoukai/k_1/pdf/s10.pdf
3）「OECD対日経済審査報告書（2017）日本」 http://www.oecd.org/economy/surveys/Japan-2017-OECD-economic-survey-overview-japanese.pdf
4）阿部彩「日本の相対的貧困率の動態：2012から2015年」科学研究費助成事業（科学研究費補助金）（基盤研究（B））「「貧困学」のフロンティアを構築する研究」報告書，2018.
5）岩田正美「貧困（poverty）」一番ヶ瀬康子他監社会福祉辞典編集委員会編『社会福祉辞典』大月書店，2002.
6）総務省「平成27年国勢調査」
7）厚生労働省「平成29年度 母子家庭の母及び父子家庭の父の自立支援施策の実施状況」（平成30年12月25日） https://www.mhlw.go.jp/content/11920000/000363014.pdf
8）内閣府 子どもの貧困対策推進室「国における子供の貧困対策の取組について」（平成30年2月1日） https://www8.cao.go.jp/kodomonohinkon/forum/h29/pdf/saitama/aisatsu1.pdf
9）内閣府「子供の貧困に関する現状」(3)学習及び進学の状況 https://www8.cao.go.jp/kodomonohinkon/yuushikisya/k_9/pdf/s2.pdf
10）厚生労働省「生活保護の被保護者調査（平成30年度確定値）」 https://www.mhlw.go.jp/toukei/saikin/hw/hihogosya/m2019/dl/h30gaiyo.pdf
11）厚生労働省社会・援護局保護課『生活保護制度の概要等について』 https://www.mhlw.go.jp/content/12002000/000488808.pdf
12）厚生省統計情報部「平成30年医療扶助実態調査」 https://www.mhlw.go.jp/toukei/list/67-16.html
13）日本精神科病院協会 https://www.nisseikyo.or.jp/about/mokuteki.php
14）柏木昭編著『精神医学ソーシャル・ワーク』岩崎学術出版社，pp.70-71，1986.
15）エスママ「シングルマザーのメンタルヘルス実態調査」財経新聞 https://www.zaikei.co.jp/releases/938516/

● おすすめ
・鈴木文治『ホームレス障害者——彼らを路上に追いやるもの』日本評論社，2012.
・メアリー・E・リッチモンド，門中朋子・鵜浦直子・高地優里訳『貧しい人々への友愛訪問——現代ソーシャルワークの原点』中央法規出版，2017.
・『道』1954，フェデリコ・フェリーニ

第6節 社会的孤立

学習のポイント

- 個人の問題ではなく、社会全体の課題として理解すること
- 地域に潜在化し、統計に現れてこない日本の実態を知ること
- 当事者自身の文脈を大切にしながら、支援のバランスを考えること

1 社会的孤立の多様な実態

1 社会的孤立の定義

　社会的孤立とは、どのような概念なのだろうか。諸外国の研究をみても、実は「社会的孤立」についての明確な定義は存在していない。歴史をさかのぼってみると、タウンゼント（Townsend, P.）の調査研究が「社会的孤立」(social isolation)という概念を最初に使った研究となり、それ以前の研究では「孤独」(loneliness) という概念で、主に高齢者の孤立問題などが説明されていたことがわかる。

　タウンゼントは、孤独が「仲間付き合いの欠如あるいは喪失による好ましからざる感じをもつ主観的な状態」であるのに対し、社会的孤立とは「家族やコミュニティとほとんど接触がないという客観的な状態」であるとした。そのうえで、「親族一人ひとり、隣人や友人、近所の看護師、ホームヘルパー、その他の人々」といった任意に選定された人々との一週間当たりの平均接触得点を合計し、接触率の低かった人々のことを「社会的に孤立した人々」と定義している[1]。

　つまるところ、同居している家族がいたとしても、客観的にみて他者との交流が乏しければ「社会的孤立」といえるのだろう。

Active Learning

社会的孤立の具体的な例を考えてみましょう。

2 社会問題としての孤立

　社会的孤立は個人の問題と思われがちだが、実は健康悪化や経済の不安定化を通じて、社会全体に深刻な影響を及ぼすといわれている。

　イギリスでは「孤立対策委員会」が調査を実施し、「900万人以上の成人が常にもしくはしばしば孤独を感じている」「子どもをもつ半数以上の親は孤独問題を抱えている」「85%の18～34歳の身体障害者が孤

独を感じている」など、イギリス人の孤立状況についての全体像を明らかにした。

その報告書には、社会的孤立が社会全体へ及ぼす影響として、「1日に15本の喫煙と同程度」の健康被害が生じることや、毎年320億ポンド（約4.7兆円）の経済的な損失が見込まれることなども示されている。

これを受けてイギリス政府は、2018年に「孤立担当大臣」を新設し、社会的孤立解消のための政府横断的な戦略に取り組んでいる[2]。

■3 セルフネグレクトという孤立

日本では、過去には高齢者の孤独死の実態から社会的孤立が取り上げられることが多かったようだ[3]。最近ではその孤独死に関連して、セルフネグレクトについての議論が目立つようになってきている。

セルフネグレクトについての明確な定義はないが、「生活環境や栄養状態が悪化しているのに、それを改善しようとせず、自ら周囲に助けを求めない状態」との認識で大きな間違いはないだろう。

いったんセルフネグレクト状態になった人は、身体が極端に不衛生だったり、清潔ではない多くの動物とともに家の中で暮らしていたり、ゴミ屋敷を形成していたりする。そして、そうした生活状況がさらに悪化し、行政が支援を申し出るような状態に至っても、支援を拒み続け、孤立状態を一層頑ななものとしていく傾向がある。

内閣府が2011（平成23）年に報告した調査によると、セルフネグレクト状態にある全国の高齢者の推計値は1万785人で、高齢者人口のわずか0.00036%でしかなかった[4]。

しかし、この報告は調査票の有効回収率が42%でしかなく、もとよりセルフネグレクトの定義が不明確であることや「自ら周囲に助けを求めない」人が対象であることなども考慮すると、潜在化している事例は上記の報告よりもはるかに多いことが推測される。

また、京都市が2015（平成27）年に報告した不良な生活環境を形成していた世帯主調査を参考にしてみると、60歳未満が20%を占める結果となっており、セルフネグレクトによるゴミ屋敷化は必ずしも高齢者だけの問題ではないことがわかる[5]。

■4 ホームレスという孤立

日本で法的に定められているホームレスの定義では、「都市公園、河川、道路、駅舎その他の施設を故なく起居の場所とし、日常生活を営ん

でいる者」となっている。

　厚生労働省が実施した2019（平成31）年度の実態調査によると、全国のホームレス数は4555人で、12年前の同調査数1万8564人と比べると80％減少していることがわかった。

　その一方で、東京都だけでも「ネットカフェ難民」のような不安定な居住状態にある人の数が4000人いると推計されていることから、日本全体では甚大な数の統計には現れていない人々が今も不安定な居所で夜を過ごしていることが想像できる[6]。

　家族との死別のほか、失業や債務の問題、自分の病気や障害など、ホームレスになるきっかけはさまざまなようではあるが、人は仕事や住まいを失うことだけで孤立状態になるわけではない。人とのつながりを失ったときに社会的孤立へ向かう可能性が高まるのだろう。

2 地域に潜在化する社会的孤立

1 「SOS」を出しづらい人たち

　最近では、セルフネグレクトやホームレス以外にも、子どもや高齢者、障害者など、多くの分野で社会的に孤立してしまっている数多くの実態が浮かび上がってきている。

　歴史を振り返ると、2000（平成12）年に名称とともに内容が大幅に改正され施行された社会福祉法は、それまでの措置制度から新しい契約制度への転換点となり、日本の社会福祉制度を大きく変化させた。すなわち、国民の側が主体的にサービスを選択し、利用契約をサービス事業者と締結するシステムが福祉政策の中心に据えられたのである。

　しかし、このシステムは、困難を抱えつつも自ら「SOS」を出しづらい人々や、自分が抱えている問題が何であるのかにも気づかず、制度の情報ももちえず、制度を利用することなどを思いつきもしない人々の存在を見落としてきてしまったようにも映る。

　福祉政策に限らず、孤立を生み出している社会構造そのものを政府が横断的な観点で分析対象としていくことが、日本の喫緊の課題なのだろう。

2 アウトリーチへの期待

　こうした社会問題を解決していくためには、まずは社会的孤立状態にある人の直面している課題を正しく把握していく作業が必要となる。

しかし、課題を正しく把握したくとも、その対象は社会的に孤立し、自ら声をあげられずにいる人がほとんどであるため、専門職側が待ち構えているだけは解決の糸口を見つけることは難しい。

最近では、このように地域に潜在化し、自ら「SOS」を出しづらい人々への接近方法として、アウトリーチが注目されるようになっている。アウトリーチとは、本来「手を差し伸べる」という意味であり、専門職側が住民の所まで出向いてサービスを行う支援のことを指す。

社会的孤立を予防したり解消したりするうえでは、専門職が路上や生活の場に訪問をして、当事者と一緒に同じ体験を重ねられるアウトリーチへの期待は大きい。

3 医療的支援のバランス

社会的孤立は、❶家族との死別や失業などによって生きる気力を無くし、自らの意志で健全な生活を拒んでいるタイプと、❷精神疾患などがあることで自己判断能力が低下しているために、自分が社会的孤立状態にあることに気づきにくいタイプの二つに大きく分けられる。

いずれのタイプであっても、意思決定の場面においては、本人が十分に必要な情報を得られるように、そして何を大事にして決めたいのかを本人がはっきりとできるように支援をしていく必要がある。

そのうえで、❶のタイプの人に対しては、辛抱強く見守り、生活が成り立っているのかを定期的に確認していくことになる。❷のタイプの場合には、辛抱強い見守りなどに加えて、当事者の状態に応じた医療的支援も視野に入れる必要がある。

2009（平成21）年に東京都で実施されたホームレスの実態調査では、約60％の人に何らかの精神疾患があり、半数以上の人に自殺リスクがあるとされた。セルフネグレクトに関する同様の調査は見つけられなかったが、本人の意思でセルフネグレクトを選んでいるのではなく、精神疾患などのために判断能力が低下していたり、自ら動けなくなって健康状態が悪化していたりするような場合は、明らかな医療的支援の対象と考えてよいだろう。

とはいえ、医療的支援が必要な状態だからといって、強制的な介入をしてもよいということでは決してない。片や、愚行権を重んじて、個人の自由を無限に認めましょうということでもない。その両方のバランスが大切で、本人の意思というものも、社会とのつながりのなかで最大限に尊重される必要がある。

3　その人の文脈を大切にすること

　専門職から支援を受けたことがきっかけで、世の中の「正しさ」に傷つき、社会的孤立状態になった人の数は決して少なくはない。精神保健の分野では、特に医療従事者と出会ったことによる傷つき体験がもとで、人とのつながりや支援を受けることに後ろ向きになってしまっている人たちがいる。

　社会的孤立状態にある人たちは、その人の弱さゆえに声をあげられずにいるのではなく、「SOS」を出しづらい状況になってしまった固有の文脈を、それぞれにもち合わせているのだ。出会いの場面では、その人の文脈を否定したり責めたてたり、精神疾患があるからといって医療の必要性だけを強調したりすることはもってのほかで、まずは安全な場所と安心できる支援を提供することが鍵となる。

　かかわりのなかでは、目の前の人の小さな声を大切にし、お互いの違いは当然のこととして認め、支援を拒もうとする姿勢さえも尊重しながら、相手の存在を承認していく過程が必要となるだろう。

　社会的孤立も、その人がさまざまな苦労を乗り越えて、自らの尊厳を守って生きる手段をどうにかこうにか確立しようとしている状態と受け止めることができれば、その人なりの工夫や努力の現れであると捉え直すことはできないだろうか。

　「弱い」といわれるものにも存在価値はある。社会的孤立問題は、当事者の側よりも、声をあげづらい状況をつくり出している社会の仕組みのほうにこそ課題が潜んでいるのかもしれない。社会的孤立を解消していくためには、孤立を生み出している社会的因子への介入も必要となる。

◇引用・参考文献
　1）P. タウンゼント，山室周平監訳『居宅老人の生活と親族網——戦後東ロンドンにおける実証的研究』垣内出版，1974.
　2）HM Government, 'A connected society: A strategy for tackling loneliness–laying the foundations for change', 2018.
　3）河合克義・菅野道生・板倉香子編著『社会的孤立問題への挑戦——分析の視座と福祉実践』法律文化社，2013.
　4）平成22年度内閣府経済社会総合研究所委託事業「セルフネグレクト状態にある高齢者に関する調査——幸福度の視点から 報告書」2011.
　5）京都市保健福祉局保健福祉部保健福祉総務課「いわゆる『ごみ屋敷』に住まわれる方への支援について——条例施行後半年が経過 支援を基本として大きく前進」2015.
　6）東京都福祉保健局生活福祉部生活支援課「住居喪失不安定就労者等の実態に関する調査報告書」2018.
　7）森川すいめい・上原里程・奥田浩二他「東京都の一地区におけるホームレスの精神疾患有病率」『日本公衆衛生雑誌』第58巻第5号，pp.331–339，2011.

性的マイノリティと精神保健

- 性的指向は恋愛の対象、性同一性は自己の性別の認識のことである
- LGBTへのかかわりは、「多様性を尊重し支援していく」という姿勢が大切である

1 セクシュアリティの構成要素

性的マイノリティの理解のためには、まずセクシュアリティについて理解する必要がある。セクシュアリティ（sexuality）とは、性にかかわる個人の人間の中核的特質の一つを指す。

セクシュアリティは多様な要素から構成されるが、性的マイノリティの理解のために必要な要素を示す。

❶身体的性別

英語では sex であり、性染色体、性腺、性ホルモン、内性器、外性器などの身体的な男女の性別を指す。性分化疾患を有する者は「intersex（インターセックス）」として、自らの性的アイデンティティをもつ場合もある。LGBT にこの intersex の頭文字「I」を加えて、LGBTI として、性的マイノリティが総称される場合もある。

❷性的指向

性的指向は sexual orientation といい、性的魅力を感じる対象の性別が何かということである。同音の性的嗜好や性的志向ではなく、「性的指向」という漢字表記が正確だとされる。異性愛、同性愛、両性愛、無性愛（男女いずれにも魅力を感じない）などがある。現在の医学では異性愛以外も異常とみなされていない。homosexual がもともと医学的用語だったこともあり、男性同性愛者はゲイと、女性同性愛者はレズビアンと現代では呼ばれることが多い。両性愛を示すバイセクシュアルは、そのまま当事者にも用いられている。

また無性愛の人々は無性愛を意味する英語「asexual（アセクシュアル）」という言葉で、自己のアイデンティティをもつこともある。

❸性同一性（性自認）

性同一性は gender identity の訳語であり、性自認と訳されること

も多い。「自分は男である」「自分は女性である」「自分は男性でも女性でもない」といったような、自己の性別の認識である。トランスジェンダーの場合は、この性同一性は身体的性別と一致せず「自分の体は男だが心は女だ」などのように自認している。

性的指向と性同一性を混同しないように注意する必要がある。性的指向は恋愛対象に関することだが、たとえば身体的性別が男性の人が、男性を好きになった場合、「男性を好きになったのだから心は女性」となるわけではない。男性を好きになっても、性同一性が男性であれば、ゲイということであり、トランスジェンダーではない。

また、最近の日本では「X（エックス）ジェンダー」と呼ばれる人も出現している。これは男女どちらにも性同一性をもたない人々のことである。和製英語であり、英語圏では「agender」などと呼ばれる。

2 LGBTと性別違和

❶LGBTとは何か

LGBT とは「Lesbian（レズビアン）」「Gay（ゲイ）」「Bisexual（バイセクシュアル）」「Transgender（トランスジェンダー）」のそれぞれの頭文字をまとめたもので、性的指向と性同一性に関する性的少数者の総称である。「gay movement」といった、男性同性愛者のみを対象とする用語から、より連帯を目指し包括的な用語の使用を意図して、1988 年頃より、アメリカで使われ始めた。[1)]

日本で、国民の多くが知るようになったきっかけは、電通が2012（平成 24）年に LGBT の調査をしたことだ。LGBT 当事者による消費の経済効果や、企業におけるダイバーシティ人材の活用といった、経済的利得の側面が最初に強調された。その後は、人権問題に焦点を当てたマスコミ報道の増加や、国会議員による勉強会の開催や立法の検討など、人権啓発的側面も進展してきている。2017（平成 29）年に発売された広辞苑第 7 版にも「LGBT」は採用され、話題となった。

❷トランスジェンダー、性同一性障害、性別違和

トランスジェンダー（transgender）とは、身体的性別と性同一性の一致しない人々を指す言葉である。日本では、疾患概念としての「性同一性障害」が知られているが、トランスジェンダーは、精神病理的意味はもたない用語である。

性同一性障害は精神疾患の一疾患単位として、精神疾患リストで分類されてきた。このことに対し、精神疾患の分類から削除すべきである、との意見が1980年代頃より当事者の間で提起されるようになった。この議論は、ゲイ・レズビアンがたどった歴史とよく似ている。ただし、トランスジェンダーは、ゲイ・レズビアンと違い、ホルモン療法や、外科的療法などの医学的治療を求める者もいる。そうすると、その医学的治療の対象者を明確にする手段としてや、あるいは保険の適用などの現実的必要性から、やはり医学的疾患とするべきだとの考えもあった。[2]

この「精神疾患からはずすべきか継続すべきか」との論争のなか、今後の精神疾患リストにおいての扱いが注目されてきた。2013年にアメリカ精神医学会の発表したDSM-5[*]では、これまでの「性同一性障害」に置きかわり、「gender dysphoria（性別違和）」という疾患名で継続となった。[3]

★DSM
p.26側注参照。

★ICD
p.26側注参照。

また、2022年に発効されるICD-11[*]でも、その扱いは変更される。「gender incongruence（日本語訳は『性別不合』が検討されている）」と名称が変更し、位置づけも、精神疾患でも身体疾患でもなく、「conditions related to sexual health（性の健康に関する状態）」という項目での分類となった。すなわちICD-11では、ついに精神疾患ではなくなったのである。

❸性別違和の定義

診断名の「性別違和」とは、その人により体験または表出されるジェンダーと、指定されたジェンダーとの間の不一致に伴う苦痛を意味する。「指定されたジェンダー」とは、通常出生時に行われる、婦人科医や助産師によって指定される性別のことである。体験または表出されるジェンダーとは、必ずしも反対のジェンダー（男性に対して女性、女性に対して男性）に限らず、「指定されたジェンダーとは異なる別のジェンダー」も含まれる。すなわち「自分は男性でも女性でもなく中性だ」、「自分は男性でも女性でもある」といったジェンダーの者も含まれる。

❹LGBTの人口割合

LGBTの人が、日本人口中、どれくらいの割合で存在するのかはいくつかの調査がある。学術的研究ではなく、広告代理店の電通[4]や博報堂[5]等が主体となり、インターネットでの回答者を対象にしたものではあるが、おおむねの傾向は示していると思われる。それらの結果ではLGBT層は8％程度である。ただし、上述した「L」「G」「B」「T」以外に「その他」の者も加えられている。「その他」には「Xジェンダー」

や「アセクシュアル」などが含まれると思われる。

❺LGBTと法制度

　トランスジェンダーに関しては、我が国では2003（平成15）年に成立した**性同一性障害者の性別の取扱いの特例に関する法律**（性同一性障害者特例法）という法律がある。この法律によって戸籍上の性別を変更できるようになった。2019（令和元）年末までに9624名がこの法律で戸籍の性別を変更している。性別を変更するには一定の要件を満たす必要がある。「現に未成年の子がいないこと」という要件は諸外国の同様の法律にはみられないもので、これまで議論の対象とされてきた。また「生殖腺がないこと又は生殖腺の機能を永続的に欠く状態にあること」という要件も、国際的には必要としない国が増え、人権上、議論の対象となっている。

　同性愛者に関しては、諸外国では同性婚が可能な国が近年増えており、日本でも同様の制度を求める議論が高まっている。地方自治体レベルでは、2015（平成27）年に渋谷区と世田谷区が、パートナーシップ制度を開始して以来、同様の制度を設ける自治体が増えている。

3　精神保健上の基本的心得

❶LGBTは精神疾患ではない

　すでに記したことだが、最重要事項なので再確認する。LGBTは精神疾患ではない。

　ゲイ、レズビアンについては、脱精神病理化の運動を受け、精神医学会の議論のなかで到達した「精神疾患ではない」という結論で現在は理解されている。バイセクシュアルも歴史的に、精神疾患ではない。

　また、トランスジェンダーという言葉自体は、医学的疾患を意味しない。トランスジェンダーのなかで一部の、苦悩が著しいものや、身体治療を求めるものが、医学的コンディションとして扱われる。

❷LGBとTは別個の概念である

　用語としては、「LGBT」とひとまとめにされるが、LGBとTを混同しないように注意が必要である。LGBは恋愛の対象に関することで、Tは性同一性に関することである。具体的なことをいえば、「同性が好きだ」というものを「性同一性障害だ」と誤診するケースもある。たとえ同性が好きであっても、自分自身の性別に違和感がなければ、性同一

性障害ではなく、同性愛である。

❸理解とともに支援を

　LGBTの人々が抑うつ不安、対人恐怖、希死念慮としたメンタルヘルス課題をもつことは珍しくない。社会がLGBTへの理解がないゆえに、疎外感を感じたり、自尊感情が低下したり、差別や偏見を受けることもある。その結果、心身の健康状態を崩し、精神症状を呈しているケースがある。こういった場合、まずその人のセクシュアリティを受容し、支持し、必要があれば周囲への理解の広がりを支援していくという態度が望まれる。

4　多様なセクシュアリティへの支援

　LGBTへの医療のかかわりは、かつての「異常なセクシュアリティを正常なものへと治療する」といったものから、「多様なセクシュアリティのあり方を尊重し支援していく」というパラダイムの変換が起きている。現代、精神保健に携わる者はこのことを認識し、その理解の広がりに寄与する存在であってほしい。

◇引用・参考文献
　1）Stevens, D., *The History of the Lesbian, Gay, Bisexual, and Transgender Social Movement (Lgbt)*, Webster's Digital Services, 2010.
　2）Pauly, I. B., 'Terminology and Classification of Gender Identity Disorders', In Bocting, W.O. and Coleman, E. (Eds), *Gender Dysphoria: Interdisciplinary Approaches in Clinical Management*, The Haworth Press, 1992.
　3）American Psychiatric Association, *Diagnostic and Statistical Manual of Mental Disorders Fifth Edition：DSM-5* ,APA, 2013.（日本精神神経学会日本語版用語監修，髙橋三郎・大野裕監訳『DSM-5精神疾患の診断・統計マニュアル』医学書院，2014.）
　4）電通「LGBT調査2018」https://www.dentsu.co.jp/news/release/pdf-cms/2019002-0110.pdf
　5）博報堂DYホールディングス・株式会社LGBT総合研究所「LGBTをはじめとするセクシャルマイノリティの意識調査」https://www.hakuhodo.co.jp/uploads/2016/05/HDYnews0601.pdf

●おすすめ
　・針間克己『性別違和・性別不合へ──性同一性障害から何が変わったか』緑風出版，2019.
　・『リリーのすべて』2015，トム・フーパー
　・『ストーンウォール』2015，ローランド・エメリッヒ

第8節 多文化に接することで生じる精神保健上の問題

学習のポイント

● 日本の多文化社会状況を理解する
● 多文化社会における精神保健上の問題点を理解する
● 多文化社会における精神保健上の解決策を考える

1 日本で暮らす外国人の増加

　我が国では、1980～90年代にかけて、インドシナ難民、中国帰国者、外国人花嫁、外国人労働者などの新たな外国人を、ニューカマーとして受け入れ、2000年代以降は、少子高齢化に伴って、外国人技能実習生や外国人留学生を受け入れてきた。国は移民・難民の受け入れに否定的であるが、2019（平成31）年4月施行の改正入管法★により、農業、観光業、介護分野などの14業種の単純労働者を、特別技能在留資格で受け入れることになった。

　2019（令和元）年末の**在日外国人**人口は293万人であり、中国（27.7％）、韓国（15.2％）、ベトナム（14.0％）、フィリピン、ブラジル、ネパールの順に多く、特にベトナム人の増加が目立っている。在留資格別では、永住者は別として、留学（11.8％）、技能実習（14.0％）、各種の就労外国人の増加がみられる。外国人労働者は1990年代から増加し始め、2019（令和元）年末には166万人に達している。国際結婚は、1990年代から増加し、2006（平成18）年には4万人を超えたが、その後減少傾向にある。数としては少ないが、難民申請者数は、2011（平成23）年から増加し始め、2017（平成29）年には1万9000人を超えたが、2019（令和元）年には1万人強に減少している。

　以上のように日本に暮らす外国人は、さまざまな文化・社会・民族的背景をもっている。10％を超える外国人が在住するドイツ、フランス、イギリスといった西欧諸国ほどではないが、日本における在留外国人数はすでに2.36％を占めており、グローバル化する社会のなかの**少数民族集団**（ethnic minority）であるが、精神保健的にはきわめて重要な位置を占めている。

★**改正入管法**
出入国管理及び難民認定法（昭和26年政令第319号）の改正法（平成30年法律第102号）。

Active Learning
外国人精神障害者に対する医療提供などで、必要な事柄とは何かを考えてみましょう。

1 移住とストレス

　最近では、移住そのものが精神障害を引き起こすことはいわれていない。しかし、移住に伴う精神障害の危険因子では、移住前、移住自体、移住先の要因として、以下のものが挙げられている。移住に伴う社会・経済的地位の低下、言語的コミュニケーションの不足、同文化圏の人々との交流困難や情報入手不足、家族離散、移住前からの外傷体験やストレスの持続、思春期および老年期世代等であり、移住者に対する支援には、こうしたハイリスク要因を常に念頭におき支援していかなければならない。

　実際、異国に移住し、生活し続けたときに、移住者が感じる異文化ストレスは、以下のとおりである。

異文化ストレス
1．異文化、異言語の中での葛藤や混乱
2．異なる習慣や生活様式からくる不適応
3．対人コミュニケーションにおける葛藤
4．コミュニケーションの不足による職場でのトラブル
5．失業や経済的悩み
6．親子間のコミュニケーションギャップ
7．学校における子どもの悩み
8．家族の病気における悩み
9．母国に残してきた家族の心配
10．将来に対する悩み

出典：阿部裕『多文化精神医療』ラグーナ出版，p.247，2019.

　前述したように、日本に滞在する外国人といえども、渡航目的や動機、滞在期間などさまざまである。こうした在住条件の違いによって、精神障害の発症の仕方も異なってくる。以下では三群に分けて説明する。

2 異文化ストレスと精神障害

❶短期滞在者群

　旅行者および短期の派遣社員などがこの群に入る。短期間のために精神的諸問題や精神障害は限定されている。異文化に接することによって急激に不安状態、幻覚妄想状態、錯乱状態などの急性症状が出現する旅行精神病と、精神症状そのものが海外旅行を企図する病的旅が代表的な

ものである。前者は言語的孤立と不眠、過労などの身体的要因が関与した反応性精神病であり、後者は、病的契機の放浪や逃避が旅行という形をとって現れ、渡航後に精神障害として顕在化する例である。グローバル化が進んでいる今日とはいえ、そう多くみられるものではない。

❷長期滞在者群

留学生、語学教師、技能実習生、労働者などがこの群に入る。彼らのもつ文化アイデンティティは基本的に母国にある。最近の長期滞在者群は、自発的に渡航し、修学あるいは就労している人が多い。付帯家族の場合は必ずしも自発的渡航とは限らないが、身分は安定している。留学生も労働者も修学や就労を最低限行っていく日本語能力はもち合わせていることが多い。この群は、滞在が長くなるにつれ、対人関係や仕事上の持続的ストレスから、うつ病や神経症性障害（不安障害、パニック障害等）が引き起こされることがある。

❸移住者群

国際結婚、難民、永住者などがこの群に入ってくる。農村社会に嫁いだ外国人花嫁、中国帰国者、日系ラテンアメリカ人労働者等は、日本に在住して20〜30年が経過しているため、症状は多少異なるにしても、日本人と特に変わらない精神障害が引き起こされている。難民については、従来からインドシナ難民の文化不適応が問題になっていたが、今日では、移住者群ではないが、難民申請中の人たちの心的外傷後ストレス障害（PTSD）が問題になっている。

3 外国人事例

事 例 A

精神病性障害

49歳、男性、アジア

娘が体調をくずし、妻とともに母国へ帰国してしまった。その1か月後から突然、妻と男性の命令する声が聞こえるようになった。仕事場で体調が悪化。翌日、声に指示され家の中から洋服、絨毯、バッグなど家庭用品等を捨てた。その翌日、目を覚まして電車に乗り、声の指示どおりに教会へ行くが、入口が見つからなかった。見つけ出して中に入ると、声は教会の中の飾りものをすべて壊せと言う。

しかし一方でやめろと言われ、どうしていいかわからず困っていると、呪いをかけられた。駅からタクシーに乗って自宅前で降り、自動販売機でコーヒーを買うと、自動販売機が「ありがとう」と返事をした。家に戻ってから受診日まで、手足の硬直、震え、閉眼があり、呼びかけにも応じなかった。治療を受け、幻聴と昏迷状態は消失。今振り返ると、夢をみていた感じがするという。

診断は急性一過性精神病性障害である。異文化のなかで急性に起こる場合は、旅行精神病に近い。夢のなかにいたような夢現様状態を示すこともあり、そのときの病的体験をあとで思い出すことができない。反応性のものであることが多く、少量の抗精神病薬の服用で回復することが多い。なかには再発を繰り返す場合もある。

事 例 B

うつ病

42歳、女性、ラテンアメリカ

初診時の6年前に来日。工場勤務でのトラブルから、不安、抑うつ、意欲低下の症状が現れたため、仕事を辞め、通院していた。孤立した生活環境のなかで、徐々に両隣の家から日本語の子どもの声が聞こえるようになった。日本語なので内容はわからなかったが、無意識に日本語で答えていた。そのうちに、両隣の子どもたちの声に自分の甥や姪の声が加わり、母語で聞こえるようになった。そこで自分の悪口が言われているのがわかるようになった。不安、抑うつ、悲哀感、意欲減退、不眠のほか、独り言や空笑がみられていたが、少量の抗精神病薬の服用により短期で幻覚症状は消失した。抑うつ症状はその後も持続した。

6年前に来日し、派遣社員として近くの工場へ勤務していた。ラインで働いていたので日本語はほとんど必要としなかったため、来院時、日本語はあまりできなかった。日本の文化・社会への不適応によるうつ病の診断であるが、移住者のうつ病には幻聴を伴うこともあるので、統合失調症と誤診しないよう注意が必要である。

事 例 C

心的外傷後ストレス障害（PTSD）

35 歳、女性、中東

　母国にいるときに、夫からの暴行を受け、離婚した。その後、民族の内紛問題により、警察に連行され暴行を受け、腰痛を患っている。子どもは内紛で殺害されている。難民として入国するが、一時入管に収容され、現在は難民申請中である。二度目の入管への出頭から食事がとれなくなり、歩行困難、うつろであるが、ときに泣きじゃくる状態のため、NPO の支援団体に付き添われて受診する。受診時には、不安、過去への恐怖、悪夢、無力感を訴える。音に対しても過敏になっており、小さな音でも体を震わせていた。

　このような事例は、PTSD である。母国での恐怖体験がフラッシュバックする（侵入）、外傷を受けたと同じような場所である入管へ行くことが困難であり（回避）、音や人に対して過敏になり（過覚醒）、生きていることに絶望している（麻痺）という特徴を備えている。こうしたPTSD は、母国や日本へ逃げてくる途中で、暴行や虐待を受けた難民申請中の人にしばしばみられる。

3 多文化社会における精神保健上の課題

　1．日本には外国人を受け入れる医療機関がほとんどない。精神科のハード救急は、都道府県立の精神科病院が受け入れているが、外国人の入退院時に対応する多言語マニュアルさえほとんどないのが現状である。また、ソフト救急を必要とする外来通院あるいは在宅訪問医療という領域は全く手付かずの状況である。それゆえ、外国人が受けられるべき日本の医療や社会保障も、受けられていない可能性がある。

　2．前述したように在日外国人は増加の一途をたどっている。これまで外国人労働者は、労働する人であり、生活者として地域に生活する人として受け入れられてこなかった。それゆえ外国人労働者が、精神保健の俎上に載ることは少なかった。しかし 2019（平成 31）年施行の改正入管法によって、彼らを地域の生活者として支援しなければならなく

★入管
2019（平成31）年に入国管理局は出入国在留管理局に名称を変更した。

★ソフト救急/ハード救急
精神科救急は、電話相談や外来受診で対応できるソフト（緩やかな）救急と、入院が必要なハード（堅い）救急に分けられる。ハード救急での入院は、自傷他害等の切迫した症状に対する措置入院を通常は指すが、医療保護入院や任意入院が含まれる場合もある。

第6章　精神保健の視点から見た現代社会の課題とアプローチ

なった。今後、彼ら労働者の地域保健に対して、精神保健福祉士が積極的にかかわっていくことが必要になってくる。

3．1980〜90年代にやって来たインドシナ難民や中国帰国者、また、1990年代に来日した日系ラテンアメリカ人が必ずしも日本の文化に適応しているとはいいきれない。一方で、国際結婚は減少しつつあるとはいえ、文化の狭間（文化差）で苦しむ女性や子育て支援の問題が浮上している。さらに、外国人の社会的孤立や日本生まれの外国人の学校への不適応が問題となっている。

4．日本ではこれまで、外国人の精神保健の向上には積極的な取り組みがなされていなかったため、精神保健福祉の専門家である精神保健福祉士の外国人支援に対する蓄積がない。精神保健福祉士が外国人にかかわっていくうえで、求められるものはまず、多文化コンピテンス（多文化対応能力）であろう。多文化コンピテンスとは、多様性を尊重し、文化的知識を獲得しながら、自分自身の文化的特性を理解したうえで、多様性や文化コミュニティに柔軟に対応できる能力である。

5．国内において、外国人事例にかかわっている精神保健福祉士はまだわずかである。しかし最近では、国のインバウンド政策で、外国人が急増していることから、彼らの精神科外来や精神科病院への入院の支援が必要となっている。一般的に外国人は日常会話の能力があったとしても、日本語の読字や書字能力はない。彼らは状況に応じて、自立支援医療や精神障害者保健福祉手帳の申請が必要である。在留資格も国民健康保険もない難民申請者が、都道府県によっては1割負担の自立支援医療を利用できる場合があることも知っておくべきである。

6．労働者、技能実習生、留学生、国際結婚が増加する日本は、すでに多文化共生社会といえる。彼らの精神保健的な受け入れは、これまで以上に、彼らの文化・社会的背景を知り、そうした文化・社会的文脈のなかで彼らの状況を把握し、支援を考えていかなければならない。外国人は、コミュニケーションの仕方、生活様式、価値観、生活観、家族観、子育て観など、すべてが異なっていることを前提に支援が必要である。精神保健福祉士は、多文化共生社会の一員であることを自覚し、一人ひとりが、多文化コンピテンスを高め、積極的に、移民や難民にかかわっていく心構えが必要である。

◇参考文献
・阿部裕『多文化精神医療——自然、風土、文化、そして、こころ』ラグーナ出版，2019.
・野田文隆『マイノリティの精神医学——疾病・障害・民族少数派を診つづけて』大正大学出版会，2009.

★コンピテンス
competence. あることを行うのに求められる能力や適性のことをいう。

学習のポイント

● 違法行為の反復と精神保健との関連について学ぶ
● 違法行為を繰り返す、衝動制御の低下と依存の仕組みについて学ぶ
● 触法精神障害に対しての医療と司法との連携を理解する

1 違法行為と精神障害

1 精神障害者の違法行為

　犯罪白書*（令和元年版）によると、2018（平成 30）年における刑法犯の総検挙人員に占める精神障害者（疑いのあるものを含む）の比率は1.3％であり、全人口に占める精神障害者の比率３％からみてむしろ低い。ちなみに精神障害者等の刑法犯罪は窃盗が３分の１を占めており、最も多い。

　ではどうして精神障害者は危険だ、犯罪が多いと思われているのか。一つは、殺人や放火といった重大犯罪の検挙人員においては、それぞれ11.8％、17.5％と精神障害者が高い比率を示しており、世間の耳目を集める事件が多いことが挙げられる。二つ目として、軽微な他害行為などの場合、警察官による精神保健福祉法第 23 条通報がなされて、事件として取り上げられない事例も多い。統計上の母集団が不明確であることも一因かもしれない。さらに多くの（2017（平成 29）年度で30.2万人）精神障害者が入院生活を送っており、長期にわたる入院を余儀なくされている者も多い。我が国においては精神科病院が社会防衛のための収容施設ともされてきた歴史があり、このことが統計結果に影響を与えている可能性もある。

2 違法行為の原因

　幻覚妄想などの精神病的体験の支配影響による行為、怨恨や怒りの抑制不能、衝動制御障害、嗜癖行動障害、社会規範遵守精神の欠如、知的障害や認知症、精神的ストレスや葛藤への対処能力の不備など、精神病症状が激しく原因が了解のできないものから、正常心理の延長線上にあ

★犯罪白書
毎年法務省から出される犯罪発生状況などに関する白書。

Active Learning
違法行為の実情を犯罪白書で、それぞれ確認してみましょう。

ると考えられるものまで、原因となる精神保健上の問題はさまざまである。

この節では、違法行為を繰り返す人々、違法と理解していても自らの行為を制御できない人々に関して、薬物依存、窃盗癖、放火、性的加害行動、ストーカー行為などを取り上げ、行動を制御抑制できない人々の依存や衝動性などの精神保健上の問題を論じていく。

2 違法行為の実際

1 違法薬物の使用

違法薬物への依存に関しては第7章第3節で取り上げられるので、ここでは詳述しないが、薬物依存に関しては誤った情報が流布されている。たとえば、薬物乱用のゲートウェイ＊の大麻を取り上げると、大麻は有害ではない、アメリカでは合法だ、カナダも合法化された、日本は遅れているなどといわれる。しかし、アメリカで認められているのは一部の州にしかすぎず、カナダは合法化することによるマフィアの資金流入を絶つことを目標にした政治判断によるものである。

もう一点は、依存は単に意志が弱いという問題ではないことを理解することである。依存は脳内報酬系等を介した病態であることが明らかになりつつあり、患者本人の意志だけで治るものではなく、「病気」という観点から対応せねばならない。薬物依存は刑罰だけで封じ込めるものではないという事を忘れてはならない。

2 病的窃盗（窃盗癖）

病的窃盗（窃盗癖、クレプトマニア）は、個人的利得や金銭的価値のためでなく、物を盗む衝動に抵抗できず窃盗を繰り返すことである。窃盗前には緊張感・高揚感を感じ、窃盗を行う時またはその直後には快感、そして解放感が出現する。こうして、盗むという行為が目的となる。盗みの衝動への抵抗はあり、またそれが違法行為であることも理解しているが、衝動を抑えきれないのである。非社会性パーソナリティ障害、知的障害、認知症などほかの精神疾患による窃盗はここには含まれない。うつ病患者の症状の一部には窃盗を伴うものがあることも知られており、この場合にはうつ病の症状の治療が優先される。

一般人口に対する有病率は非常に低く、窃盗（ほとんどが万引き）で

★ゲートウェイ
入り口（gateway）のことをいう。薬物依存においては覚醒剤などの依存性の高い物質の使用のきっかけになる薬物を指す。

捕まる大部分の人は、金を使いたくないという経済的な理由、過去の成功体験から違法性を無視する、捕まったら謝って弁償すればいいことであるくらいの甘い認識しかないなど、医療の対象ではなく、単なる犯罪者である。おそらく犯罪者という認識もないほどに規範意識が低下している人たちである。

　これに反し、まれながら存在する病的窃盗は、盗み自体に快感があり、やめなくてはと思っても繰り返してしまう人々であり、嗜癖行動といえる。罪の意識が強く、行動を変えたいと希望している人には、自助グループなどへの参加や集団精神療法、衝動性には脳内セロトニン機能の低下が想定されていることから、抗うつ薬の SSRI の投与が有効な場合もある。また、ほかの衝動制御が不能な嗜癖行動障害のケース同様、医療よりもいったんは法的処置（刑罰など）を優先することがその後の治療につながるきっかけになる場合もある。

★SSRI
選択的セロトニン再取り込み阻害薬(Selective Serotonin Reuptake Inhibitor)。

3 性加害（性嗜好障害）

　性犯罪は性嗜好障害に基づかないものと、性嗜好障害に基づくものに二分される。性嗜好障害に基づかないものは強制性交等や強制わいせつであり、心神喪失等の状態で重大な他害行為を行った者の医療及び観察等に関する法律（医療観察法）の対象となる重大犯罪に含まれる。強制性交等・強制わいせつも精神障害者に多いというわけではなく、その犯罪率は検挙人員総数の 1.7％である。

　ここで取り上げるのは、性嗜好障害に基づく違法行為を繰り返すものである。性嗜好障害と ICD-10 では記載されているが、性倒錯（パラフィリア）という言葉も一般的である。性倒錯にもさまざまな行為が存在するが、ここでは繰り返す性加害行為として露出症、窃視症、窃触症を取り上げる。

★医療観察法
医療観察法が対象とする重大な他害行為は、殺人・放火・傷害・強盗・強制性交等・強制わいせつ。pp.173-174、p.240参照。

★ICD
p.26側注参照。

❶露出症

　未知の人の前で生殖器を露出して見せ、相手の反応を見て性的興奮を得る行為を繰り返すことである。ほとんどが男性である。違法性は認識しているが逮捕されることはまれで、露出症を理由に受診する者はいない。酩酊時や躁状態の抑制が欠如した状態で露出する人も多いが、この場合は性的興奮を得ることが目的にはなっていない。検挙された露出犯の特性に関しての研究では、今のところ精神疾患・精神保健との関連についての確かな知見は得られていない。

❷窃視症

　「のぞき」である。他人の性行為や裸、衣服を脱ぐところをのぞき、性的興奮を得て自慰行為をすることを習慣化して繰り返す。臨床場面で遭遇することは極めてまれであり、のぞきで検挙された者の精神鑑定場面で出会うくらいである。単発ののぞきは正常心理の延長として理解でき得る行動であるが、窃視症の場合は、DSM に規定されるように6か月以上も続き、違法性も理解しているが制御できず、のぞき行為が性的興奮の目標になっている。盗撮行為の反復も、販売などの金銭的利益を目的とした場合を除き、窃視症の一亜型とも捉えられる。隠されているからのぞく、秘密を知るという行為は、辱める、優越感に浸れることから、人間の本質的な欲望の一つではあるが、抑制がきかない。事例が少ないため、有効な治療法は確定していない。

❸窃触症

　いわゆる痴漢行為の反復である。ほぼ男性に限られ、性的興奮と満足を得る目的で、見ず知らずの女性の体に触れ、自らの性器をこすりつける行為である。被害者との性的関係を空想し、行為中に射精することもある。告発される危険は承知しているが、その危険性がさらに性的興奮を得るために必要だともいわれている。逮捕された場合など、社会的な制裁も受けるため強い後悔の念を述べるものの、罪の意識は希薄である。ほかの精神障害とはまったく無縁そうな、社会適応もよい普通の社会人にみられる。

■4 病的放火（放火癖）

　明白な動機がなく、火災を見ることへの強い興味があり、行為に伴う強い緊張と興奮を感じ、放火後には強い満足感と解放感を得るために放火を繰り返す。放火による物質的な利得や復讐などの効果を得るための手段ではない。時には自ら通報して、また消火活動にも加わるなどの特徴がみられる。

　非常にまれな病態であり、精神病的な幻覚妄想に影響されたもの、酩酊状態での抑制欠如による行動、社会病質者の放火などは病的放火には含まれない。大部分の放火は怨恨や犯罪の隠蔽等の目的のもとに行われており、医療の対象とはなり得ない。

■5 ストーカー行為の反復

　英語の stalk は「獲物などにそっと忍び寄る、仕留める」という意味

の動詞である。ここからストーキング（stalking）は病的な執着をもって人につきまとうこと、ストーカー（stalker）は stalking をする人を指している。

ストーカーによる殺人事件を機に、2000（平成 12）年にストーカー行為等の規制等に関する法律（ストーカー規制法）が施行された。**ストーカー行為**の動機の半数以上は、一方的な恋愛感情とそれが満たされないことによる怨恨感情が占めている。恋愛妄想（被愛妄想、相手が自分に対して好意を抱いているという誤った確信）をもつ統合失調症や妄想性障害などの精神病性障害や、反社会的・境界型・自己愛性等の人格障害者によるものもみられるが、ほとんど精神障害のない者もおり、幅がある。被害者と加害者の関係では、元を含む交際相手・配偶者などの知り合いが 8 割を占める。

ストーカー行為の内容としては、警察庁による認知件数の 6 割が待ち伏せ・つきまとい・面会要求、2 割が無言電話や執拗な電話とメールである。ストーカー行為をやめられないことを訴えて病院を受診する者はほとんどいない。ストーカー行為から傷害事件などに発展した場合に、精神鑑定場面で遭遇するストーカーは、ほとんどが被愛妄想などに基づく精神病性障害者であり、薬物療法や精神療法の対象となるが、これら以外の治療は困難な状況である。

3 医療と司法との連携

触法行為を行った場合、他害行為として精神保健及び精神障害者福祉に関する法律（精神保健福祉法）による措置入院の制度がある。法律上は都道府県知事による入院命令という事になっているが、実際は二人の精神保健福祉法の指定医の判断で行われてきた。いったん入院が決定されると司法との関連は途絶え、退院後の処遇も含めてすべて医療側に委ねられる。医療側は、病気の治療は専門だが、触法行為への対処や再犯の防止への対応に関しては知見に乏しく、病気の治療しか行われてこなかったといっても過言でない。さらに治療が困難な事例では、長期間にわたる入院を余儀なくされていることもみられる。

2003（平成 15）年、重大犯罪を起こした精神障害者の医療を行う医療観察法が制定され、**司法と医療の連携**が始まった。

対象は殺人などの重大犯罪を行った者で、治療の可能性のある者、再

★指定病棟
ここでは医療観察法指定入院医療機関のこと。2020（令和2）年4月1日現在、全国33病院に833床がある。

犯を防止して社会復帰できる者に限られ、全国の国公立の精神科病院に設けられた専門の指定病棟に入院、退院後も指定医療機関への通院が義務づけられている。

　指定入院病棟は全個室で専用の体育館や屋外運動場、作業療法室を備え、一病棟33人の入院者に対し看護職員は43名、専従の心理士・精神保健福祉士・作業療法士も配置され、真の意味での多職種による精神科治療がここから始まったといえる。病棟入口には警備員が24時間常駐、強制的な処遇に関しては外部委員も含めた倫理委員会で評価される。それらの医療費をすべて国が賄っているため、医療資源を集中させすぎだとの批判はある。医療観察法医療を一般精神科医療にも普及させたいとの意見もあるが、医療経済上のハードルがあまりにも高すぎると思われる。しかし、それまで「医療か司法か」であった触法精神障害者への対応が「医療も司法も」に変わる契機にはなっており、医療者と裁判官や保護観察所との交流も密になりつつある。

4　違法行為を繰り返す人への支援

　本節で取り上げた違法行為を繰り返す精神障害者は、衝動を抑えきれないとか、嗜癖行動に陥っているという共通点はあるものの、疾病分類的には決して同質のものではなく、ほかの精神障害の一症状として現われている事例も少なくない。また薬物依存をはじめとして、最初から自らが受診することは少なく、家族からの相談や警察からの依頼による受診が多数である。

　おそらく相談業務にあたっているだろうと思われる精神保健福祉士などが最初に接する機会が多い。精神病性障害なのか、人格や発達の障害なのか、単に風変わりな性癖のもち主なのか、コミュニケーションツールの発達に伴う対人関係の劇的な変化などが影響しているのか等々、心理社会的要因を幅広く考慮することが要求される。

◇参考文献
・法務省『犯罪白書 令和元年版』2019.
・影山任佐『犯罪精神医学研究——犯罪精神病理学の構築をめざして』金剛出版，2000.
・福居顯二編『脳とこころのプライマリケア 8 依存』シナジー，2011.
・中谷陽二「衝動制御の障害——概念と位置付け」『臨床精神医学』第34巻第2号，pp.139–146，2005.

第10節 高齢化と精神保健

学習のポイント

- 日本の高齢者の状況、寿命、健康寿命課題について理解する
- 加齢に伴うさまざまな身体の変化、発生しやすい疾患について学ぶ

1 日本における高齢者の状況

　2019（令和元）年時点で、日本の人口は1億2617万人で、2008（平成20）年をピークとして以降は減少傾向にある。65歳以上の高齢者人口は3589万人（男性1560万人、女性2029万人）で、高齢化率（全人口に対する高齢者の割合）は28.4％と報告されている[1]。

　日本の高齢化率は世界でも第1位であり、その背景には長寿化がある。世界保健機関（World Health Organization：WHO）が発表したデータによれば平均寿命は84.2歳（世界第1位）で男性81.4歳、女性87.5歳で、男性は第3位、女性は第2位であった。現在男女ともに香港が第1位である。現在日本の女性についていえば、約半数が90歳以上まで生きる時代となった。日本が長寿を誇る国となった理由は、保険制度が充実していること、高度な医療技術が発達していること、乳幼児死亡率が非常に低いことなどが挙げられる。また食事習慣や運動・生活習慣のほかにも、学校教育で健康に関心をもつような教育（ヘルスリテラシー）をしていることも影響していると考えられる。

　今後、世界的にも先進諸国を中心に高齢化はさらに進むと予測されており、2060年には総人口は100億人を超え、高齢化率も18％に達すると予想されている。日本は出生率が低下傾向にあり、高齢化率は2025年には約30％、2055年には約40％程度まで上昇すると予測されており、ますます高齢化社会への対応・対策が必要となってくる。

1 高齢者の健康

日本では、健康寿命も長いことが知られており、心身ともに自立して生活できる期間も長い。2016（平成28）年の報告では、男性が72.1歳、女性は74.8歳であるが、さまざまな疾患がなくても高齢になると、さまざまな身体の加齢性の変化がみられるようになる。身体機能の低下は高齢者の精神保健に大きくかかわる問題で、老年医学でも近年注目が集まる分野である。

感覚器系では、視力が老視（老眼）のため近くの対象に焦点が合いにくくなり、白内障のため視界がぼやけたり、まぶしく見えるようになる。聴覚では老人性の難聴のため高音域の音・声が聞き取りにくくなる。皮膚感覚は全体に鈍くなり、暑さに対する感覚が低下し、夏季は脱水症状をきたしやすいので注意が必要である。脱水症状についていえば、体組成における水分量が減少することも大きく影響する。

消化器系では、唾液の分泌量が減少し、咽頭反射も低下するため誤嚥、誤飲を生じやすくなる。口腔の衛生管理は、残存歯数にも影響し、栄養状態に直接かかわる重要な課題である。残存歯数、咀嚼機能は認知機能にも大きく関連する。義歯の管理は誤飲の可能性の観点からも注意が必要である。また、大腸のぜん動運動が低下し便秘傾向となりやすいので、排便のコントロールに注意を必要とする。

呼吸器系では、免疫系の機能低下の影響もあり、上気道炎、肺炎などを生じやすくなる。循環器系では、高血圧傾向になることと、心房細動に注意が必要である。また、血管の柔軟性が低下し、起立性低血圧などから失神、転倒などを生じやすくなる。

筋・骨格系では、関節の可動域が減少し、骨密度の低下（特に女性で骨粗鬆症の傾向）などから、転倒して骨折するリスクが高くなる。高齢者では、栄養不良、活動量低下、ビタミンD欠乏などから、筋肉量が減少するサルコペニアと呼ばれる病態に至りやすくなる。サルコペニアは転倒などのリスクも高く、また認知症のリスクも上昇すると報告されている。併せて、ロコモティブシンドローム（locomotive syndrome：運動器症候群）は整形外科学領域から提唱された概念であるが、高齢者では変形性膝関節症、骨粗鬆症、脊柱管狭窄症、慢性関節リウマチなどにより要介護状態になりやすいと警鐘が鳴らされている。

　フレイルとは生理的な予備能力が低下した状態を示し、活動量、歩行速度、体重などが減少し、その後ADL（activities of daily living）の低下、嚥下障害などを生じ、要介護状態に至りやすい状態をいう。高齢者の医療・介護において、一部の臓器の疾患の観点のみならず、身体を総合的に評価する視点が重要となってきている。高齢者の医療という観点からは、多剤薬物療法（ポリファーマシー）の弊害、副作用（薬物有害事象）にも注目が集まっている。糖尿病、高脂血症などの慢性疾患治療でその傾向が強く、薬剤数の目安としては5～6剤以上を内服している高齢者では、転倒のリスクが上昇し、低血糖、低栄養になりやすく、また死亡率も高くなると報告されている。

2 高齢者の認知機能と心理

　認知機能では、加齢により最も大きな影響を受けるのは記憶（記銘力）である。一般的な知識の記憶である意味記憶は保たれやすいが、さまざまな個人が経験したことに関連する記憶（エピソード記憶）は正常加齢でも低下していく。記憶は記銘（情報を取り込む）・保持（情報を保つ）・想起（情報を取り出す）の三つの過程がある。正常加齢では、主に想起の部分に障害が見られるようになり、「よいもの忘れ」（いわゆる度忘れ）とされる。一方でアルツハイマー病などの認知症では、記銘の部分から障害され、「悪いもの忘れ」がみられる。

　高齢者の心理を理解するうえで、社会、家庭環境の変化も重要な問題である。日本では、少子高齢化のなかで、親子の別居、核家族化が進み、高齢者のみの世帯（高齢者単身、もしくは高齢者夫婦）が急速に増えている。特に都市部では近所づきあいも希薄化し、高齢者の孤立は大きな社会問題となった。誰にも看取られることなく死亡する、いわゆる孤立死（孤独死）も増加傾向にある。

　仕事を定年などで引退すると、年金受給可能年齢が引き上げられつつある状況では、経済的な不安が高まる。また、社会に貢献できなくなることから、社会的役割の喪失も大きい。家庭で過ごす時間が長くなるが、家庭内での役割の葛藤なども生じやすくなる。家族の退職は、家庭内でも大きな生活の変化を生じ、それが新たなストレスを生じ、ある種の夫婦関係の危機が生じやすくなる。

3 高齢者の自殺

　身体的な機能の低下、疾患のリスクや経済的・社会的な不安、身近な

Active Learning

あなたの回りの高齢者がもつ具体的な精神保健課題を考えてみましょう。

人との死別、自身の離職など、心理的な要因から、自殺のリスクが高くなる。自殺の原因・動機としては、高齢者の場合は「健康問題」がほかの世代より多く、70％近くを占めていることが大きな特徴である。

高齢者の自殺の危険因子として以下の視点が挙げられる。

高齢者の自殺のサイン

1．自殺未遂歴
2．精神疾患、身体疾患の既往
3．サポートの不足（独身者、社会的孤立）
4．離婚者、配偶者との死別
5．事故傾性・セルフネグレクト

1については、一般に自殺未遂歴があると、最終的な既遂に至る可能が高い。高齢者の場合は、より既遂率が高い（確実な手段を選択する）ことが特徴である。

2の身体疾患はすなわち健康問題そのものであり、大きな危険因子である。精神疾患は統合失調症、認知症などとともに、特にうつ病に最も注意が必要である。高齢者のうつ病では、心気的な訴え、健康不安がテーマの訴えが多くなる。うつ病は重症化すると妄想がみられるが、高齢者では心気妄想、罪業妄想、貧困妄想が多いことが特徴である。不安、焦燥感が強く、希死念慮のある場合には行動化しやすく注意を要する。思考制止などが強い場合には仮性認知症の状態（認知症に似た状態を示すが、真の認知症ではない）を呈することもある。自殺予防の視点から、専門医のみならず、プライマリケアの分野におけるコメディカルスタッフも、うつ病については軽症のうちに気づいておかなければならない。

3と4のように、家族のサポートが得られにくい現代社会では、退職した高齢者、独身者などは社会的に孤立しやすくなる。

5の事故傾性やセルフネグレクトは、消極的ながら危険な状態や環境に向かう状態である。自身の健康状態に無関心となり、自棄的な行動が目立つようになる。必要な内服薬のコンプライアンスが悪くなる、食事が不規則になる、不衛生な環境での生活をいとわなくなる、医療・介護を拒否しがちとなる、などの行動には注意が必要である。

■4 高齢者の自動車運転免許

交通事故による死者数は、飲酒運転、速度超過違反（スピード違反）の取り締まり強化から、ここ数年は減少傾向にある一方で、高齢者（特

★**コンプライアンスからアドヒアランスへ**
コンプライアンスは医師の指示を患者が守るという意味あいである。アドヒアランスはそこからさらに発展して、患者が疾患を理解して積極的に治療協力するということである。

に75歳以上の後期高齢者）の運転が起こす死亡事故の割合は増加している。

　高齢者運転手の高速道路の逆走などが社会的な問題になり、2017（平成29）年3月に道路交通法が改正され、75歳以上の者には講習予備検査（認知機能検査）が行われるようになった。同検査では、時間の見当識、記銘力検査（手がかり再生）、時計描画の3項目で構成されており、「認知症のおそれ」がある第一分類と判定されると、医療機関で認知症か否かの診断を受けなければならない。自主返納の促進、医療機関への受診のプロセス、発行される診断書の内容などさまざまな問題があり、さらに自動車の運転ができなくなることによって生活の足を奪われる高齢者が急速に増えていくことが大きな問題となっている。

　上述のように、日本では高齢者のみの世帯が急増しており、都市部でも買い物難民と呼ばれる高齢者が増加し、生活に支障が出てくるケースが増えると考えられる。また、交通事故の被害者としても、総交通事故死亡者数の半数以上が高齢者であることを考えると、こうした状況への対策は急務である。

第
6
章

精神保健の視点から見た現代社会の課題とアプローチ

◇引用・参考文献
　1）内閣府「令和2年版 高齢社会白書」 https://www8.cao.go.jp/kourei/whitepaper/w-2020/zenbun/02pdf_index.html
　2）厚生労働省「令和元年 簡易生命表の概況」 https://www.mhlw.go.jp/toukei/saikin/hw/life/life19/index.html
　3）張賢徳・中原理佳「高齢者の自殺」『日本老年医学会雑誌』第49巻第5号，pp.547–554，2012.

第7章

精神保健に関する発生予防と対策

　病気や障害が起きてしまってから対応するだけでなく、まず地域全体の健康増進を図り、問題を早期に発見して支援し、リハビリテーションや再発防止を行うという予防活動は重要である。

　本章では予防の基本的な考え方を理解し、アルコール関連問題、薬物依存、ギャンブル等依存症、うつ病と自殺、子育て支援と虐待、認知症高齢者、発達障害、社会的ひきこもり、災害時の精神保健の各項目について、予防における課題と対策を学ぶ。本人や家族などの関係者に対する具体的な支援方法や社会資源を知り、精神保健福祉士の役割を理解しよう。

精神保健における予防の考え方

● 予防の概念とレベルについて理解し、それぞれの特徴や例が説明できる
● メンタルヘルスリテラシーの概念について理解し、重要性が説明できる

1 精神保健と予防

1 予防の概念

　「予め防ぐ」の文字が示すように、予防はさらに悪い状態が起きないようにすることである。予防は昔から「養生する」などといわれ、大切さが認められてきた。体調が悪化してから手当てをするよりも、なるべく早めに対処するほうが、心身への影響が最小限に抑えられる。さらに費用の面でもかえって安く済むなどの利点がある。

　予防を行うことの効果は、身体的な疾患や行動など観察しやすいものについては結果の有無が明らかなため実感しやすい。たとえば、マスクを着用したり手洗いをしたりすることで感染症にかからない、薬物乱用の防止教育を受けることで実際に薬物を利用しないなどである。また、重大な結果を及ぼすリスクが高ければ高いほど、予防を徹底し遵守する者は多い。すなわち予防の行動は、効果の実感や発生によるリスクの大きさなどにも影響を受けている。

　精神保健の予防はどうであろうか。昨今、うつ病の増加などによって多くの者が精神保健を良好に保つように意識するようになってきた。ストレスの軽減や、睡眠時間の良質な確保や休養は、精神保健に必要なことと広く認知されている。しかし、往々にして精神保健における予防は遅れがちになることも多い。

2 予防の分類と実際

❶精神保健領域における予防

　カプラン（Caplan, G.）は、予防を一次予防、二次予防、三次予防に分類し、健康レベルに応じた予防を提唱した。一次予防は、主に精神疾患に関する発症の予防を行うことである。二次予防とは早期発見と対

表7-1 予防の分類と実際

予防の分類	目的	予防の例
一次	疾病／障害の予防・健康維持増進	ストレスマネジメント 自殺やうつ病の予防 薬物乱用の防止、インターネット依存の予防 運動の増進、良質な睡眠の確保、未成年の飲酒予防、人との交流の維持増進
二次	早期発見・早期治療（早期介入）	職場におけるストレスチェック制度を用いたスクリーニング、児童の発達スクリーニング検査 定期健康診断を活用したメンタルヘルス対策の有用性 初期のカウンセリング メンタルヘルスリテラシー教育（短期的には一次予防）
三次	再発防止・リハビリテーション（リカバリー）	心理教育、ACT（Assertive Community Treatment）、認知行動療法 WRAP（Wellness Recovery Action Plan）やメンタルヘルスリテラシー教育への参加（当事者が伝え手の場合） 訪問看護、社会生活技能訓練（social skills training：SST）、職業訓練、リワークプログラム

処のことを指し、疾患にかかる期間を短縮しようとするものである。三次予防は完治できなかった結果として生活機能などに及ぼす影響の軽減、あるいはアフターケアなどの試みである。予防のための介入は集団全員、またはハイリスクな集団であり、そうした集団の個体や周辺の環境に介入することもありうる。[1]

予防の分類と例を**表7-1**に分類した。なお、分類は明確に区分ができるものではなく、分類をまたぐ重なりもある。

❷一次予防の実際

ストレスは心身への影響が大きく、身体的および精神的な疾病の発生と深く関与する。ストレス対策は精神保健を良好に保つための一つの方法として知られており、日頃からストレスに対処することが精神的不調を防ぐといわれる。そのため健康教育などを通じて専門職が一般の人にストレスマネジメントの知識を伝えることで、ストレスをマネジメントし疾病そのものが起こらない、もしくは悪化を防ぐ取り組みがある。

一次予防には、精神疾患との関連が強く示唆される自殺発生を予防する取り組みもある。うつ病や、身近な家族に自殺が起こった者などハイリスクな対象者へ働きかけることで自殺を未然に防ごうとするものである。そのほか薬物乱用の防止など特定の状態を回避するための教育や、日常生活レベルでは運動増進や良質な睡眠時間の確保や人とのつながりの維持で生活の質を保持するなど、一次予防は結果的に幅広く精神的な安寧につながる。

また産業現場で行われているストレスチェック制度は、ストレスを抱

えた労働者をいち早く発見し、医療につなげる、あるいは病気を未然に防ぐことにも役立つが、制度の目的は一次予防の増進である。

❸二次予防の実際

スクリーニングを通して異常の早期発見や早期治療につなげる活動がある。早めにカウンセリングなどを受けることは短期的に精神保健に対してよい影響を及ぼすことが明らかとなっている。

「あれ？　何かおかしいかもしれない」と精神的な不調を感じても、相談する場所に出かけることができない者が多くいる。精神疾患の未治療期間（duration of untreated psychosis：DUP）は遅延することでその後の状態を悪化させる。しばしば精神疾患は、DUPが非常に長いとされている。精神症状が発生したのち、早期に治療が導入されることによる肯定的な影響は大きい[2]。そのために実施するメンタルヘルスリテラシー教育は、早期介入を促進する効果があるほか、内容によっては一次予防にも位置づいている。

❹三次予防の実際

精神疾患になったとしても、その後のサポートが良好に行われることで、疾病の管理ができ、治療が必要なくなる場合もある。近年、特に地域での支援が充実化されてきており、治療や支援を受けながら回復できる当事者が多くなった。

リカバリーは「当事者の健康な面を重視し、自己実現や生き方を主体的に追求するプロセス[3]」とされ、当事者の主体性を尊重した重要な概念として注目されている。

Active Learning

感染症予防とうつ病予防を比べて、一次予防、二次予防、三次予防でできることを具体的に考えてみましょう。

3 予防の評価

精神保健の予防において、特定の介入が精神疾患の発生を防いだかの検証は難しさを伴う。精神疾患は、個人の脆弱性の要因が背景にあること、要因が複数に絡み合うこと、発生原因がはっきりしないことなどから介入の目的を絞りにくい。また、疾患の発生がいつ起こるかわからず観察する期間が長期にわたる、特定の予防効果を評価する対照群（なにもしない群）の設定が難しいなどの理由もある。しかし、予防による効果の実証は日々行われており、効果があるとされる予防も数多くある。今後さらなる証明が期待されている。

2　メンタルヘルスリテラシー

1　メンタルヘルスリテラシーと早期教育の意義

　リテラシー（literacy）とは読み書きの能力や、特定の分野に関する知識、活用能力のことを指す。さまざまな領域で用いられ、各領域のリテラシーの増進による重要性が見出されている。

　現代の子どもたちは小さい頃からインターネットに囲まれた環境のなかで育つ。そのことは、便利さと引き換えにリスクもはらむ。通信端末を使った娯楽に没頭し、長時間インターネットやゲームへ依存する子どもが増えている。そのような社会であれば情報またはメディアリテラシーが大切になる。

　精神保健における<u>メンタルヘルスリテラシー</u>はジョーム（Jorm, A. F.）が提唱した概念である[4]。知識や信念、また特定の問題を、精神的不調と認識する能力、精神の健康に役立てる態度や行動であり、精神保健についての総合的な活用力のことをいう。

　精神的不調になった場合は、早期対応が望ましいとされている。しかし、精神保健の知識を提供される機会は公の場では限られていた。巷にはメンタルヘルスの情報が多くあふれている。たとえ正しい知識を得てもどのように活用していいのかわからない。事件があった際にメディアでは精神科の通院歴が報道され、そのたびごとに不安をあおられる。ネガティブな情報は数多く存在し、それらが阻害要因となって精神的な不調の際に自らが行動を起こせず、早期介入につながらないことも多い。

　心の病の生涯有病率は全体の2割とも3割ともいわれる[5]。そのうち4分の3が24歳までに発症していることが明らかとなった調査がある[6]。つまり人生の早い時期に否応なしに対応を迫られる。この事実を考えれば、学校生活で生徒が直面し得る事象であり、学校でできる予防として、メンタルヘルスリテラシーの増進を念頭においた教育をすることの意味は大きい[7]。

2　メンタルヘルスリテラシー教育の実際の例

　筆者らが教育機関（中学校）で実際に行った<u>メンタルヘルスリテラシー教育</u>の実際の例を挙げる[8]。

中国地方のA県の公立中学校2校、118人の4クラスを対象に、50分の授業を4回行った。そのうち1回は偏見除去を目的に、当事者との交流を取り入れた。当事者からの体験談では「幻聴や幻視といった症状」「中学生の頃のエピソードや初めて調子が悪くなったときの前兆」の話があり、生徒は「こころの病は誰もがなり得る」という、障害に対する肯定的なイメージをもち、さらに「早めの治療や相談が助けになる」という実感を得た。体験談の発表にあたり当事者が中学生にもわかるように伝え方を配慮し、双方向の交流が得られるように質疑応答を積極的に取り入れたことが有用であった。

Active Learning
体験談を話した当事者や、話を聞いた中学生の気持ちや考えを想像してみましょう。

近年、当事者らが積極的に地域や学校現場に出かけて行って教育を行う活動が活発に行われている。当事者にとってはリカバリーの一助ともなる。また教育を受ける立場の者にとっては、知識の獲得や、意識の変容によって予防につながる行動へとつなげられる。

◇引用・参考文献
1）中根允文「予防精神医学」加藤敏・神庭重信・中谷陽二・武田雅俊・鹿島晴雄・狩野力八郎・市川宏伸編『現代精神医学事典』弘文堂，pp.1049-1050，2011.
2）McGorry, P. D., 'The concept of recovery and secondary prevention in psychotic disorders', *Australian and New Zealand Journal of Psychiatry*, 26(1), pp. 3-17, 1992.
3）吉川武彦・竹島正『精神保健マニュアル 改訂4版』南山堂，p.89，2012.
4）Jorm, A. F., 'Mental health literacy : Public knowledge and beliefs about mental disorders', *The British Journal of Psychiatry*, 177(5), pp.396-401, 2000.
5）川上憲人「こころの健康についての疫学調査に関する研究」（平成16～18年度厚生労働科学研究費補助金（こころの健康科学研究事業）こころの健康についての疫学調査に関する研究総合研究報告書），2006.
6）Kessler, R. C., et al., 'Lifetime prevalence and age-of-onset distributions of DSM-IV disorders in the National Comorbidity Survey Replication', *Arch Gen Psychiatry*, 62(6), pp.593-602, 2005.
7）箟宗一・日本学校メンタルヘルス学会編『学校メンタルヘルスハンドブック』大修館書店，pp.303-308，2017.
8）地域精神保健福祉機構・学校メンタルヘルスリテラシー教育研究会『効果的な学校メンタルヘルスリテラシー教育プログラム立ち上げ方，進め方ツールキット』2015.

学習のポイント

- アルコール関連問題の概要について理解する
- アルコール依存症の特徴と治療・支援について学ぶ
- アルコール健康障害対策基本法とそれをめぐる動向について把握する

1 アルコール関連問題

　近年、アルコール、薬物問題が社会問題として取り上げられることが多くなっており、IR法案をめぐって病的賭博（ギャンブル障害）にも注目が集まっている。また、ゲーム障害も注目されている。これらに共通しているのは**コントロール障害**である。「**依存症**」は物質を対象とし、「**アディクション**」は行為をも含める。

　アディクションのなかで最も影響が大きいのがアルコールである。世界保健機関（World Health Organization：WHO）は、アルコールによって生じる問題をアルコール関連問題と総称している。アルコール関連問題には広範な問題が日常的にみられるが、気づかれないまま放置されることも多い。

❶健康問題

　アルコール関連疾患には身体疾患と精神疾患がある。

① 身体疾患

　多くの身体疾患が飲酒に起因し、飲酒とともに悪化し、合併疾患も増えていく。背景にアルコール依存症がある場合、依存症の治療を行わないと再発・悪化を繰り返す。

② 精神疾患

　アルコールに関連した精神疾患には、①急性中毒、②依存症、③有害使用（依存症ではないが、身体的・精神的健康被害のある状態）、④離脱症候群、⑤脳の機能的・器質的障害、⑥重複障害（気分障害、不安障害などの合併）がある。

❷ 職場問題

　過量飲酒による欠勤、仕事の集中困難やミスがみられ、生産性の低下

★IR法案
p.198側注参照

第**7**章　精神保健に関する発生予防と対策

187

や事故の危険が生じる。関連疾患による休職、人間関係の悪化、信用の低下、解雇なども問題となる。

❸家族問題

関連疾患、飲酒運転や事故、経済的不安、心理的葛藤などが家族に重大な影響を及ぼす。配偶者は強いストレスにさらされ、子どもには不登校や非行、過剰適応の影響などがみられる。機能不全の家族★で育ち、生きにくさを自覚した成人をアダルトチルドレン（AC）と呼ぶ。彼らは生きにくさを抱え依存症になる可能性が高い。別居、離婚など家族が崩壊することもある。

❹経済的問題

欠勤、降格、失職などによる収入の減少、飲酒代や治療費などの出費の増加、借金などの問題を抱えやすい。生活保護を受ける場合も少なくない。

❺社会的問題

① 飲酒運転問題

道路交通法改正によって、酒気帯び・酒酔い運転に対する罰則強化に加え、飲酒検知拒否や救護義務違反への罰則、同乗者・車や酒類提供者への厳罰、また、自動車の運転により人を死傷させる行為等の処罰に関する法律（自動車運転処罰法）による過失運転致死傷罪、危険運転致死傷罪も科せられる。依存症や多量飲酒者の対策が不可欠である。

② 自殺問題

アルコール依存は、将来の自殺のリスクを60 ～ 120倍に高める。[1]自殺既遂者の調査でも、2 ～ 4割にアルコール乱用・依存が認められる。[2]多くの国でアルコール消費量と男性の自殺死亡率に正の相関がみられ、アルコールはうつ病とともに重要な自殺のリスクとなる。アルコール依存症とうつ病の合併率は高く、酩酊は自殺衝動を高める。

❻我が国特有の問題

我が国は、海外から「飲酒に寛容な国」とされるように、飲酒に対して「甘い」文化が問題を深刻にしている。アルコール飲料のコマーシャルは無制限に流され、コンビニなどで簡単に購入でき、自動販売機もある。安価なアルコール飲料が出回り、飲み放題の飲食店も多い。会社での接待や付き合い、冠婚葬祭に飲酒はつきものである。

❼未成年者に特有の問題

未成年者の飲酒は、安易に気分を変えるものに慣れてしまうことにより、現実的な問題に取り組めなくする。未成年から飲酒すると依存症に

なりやすい。また、未成年者はアルコール代謝酵素の活性が低いので、臓器障害や急性アルコール中毒も起きやすい。

❽女性に特有の問題

女性飲酒者の割合は近年増加しており、女性のアルコール依存症者も増加している。特に若い女性飲酒者の割合が高くなっている。女性ホルモンの影響から、女性は短期間で依存症になり、臓器障害をきたしやすく、早期に肝硬変に至る。妊娠中の飲酒は、知能障害、特有の顔貌、奇形を生じる胎児性アルコール症候群（FIS）をきたす危険性がある。主婦では、夫婦や嫁姑問題、子育てのストレスなどから、飲酒習慣を生じやすく、周囲に気づかれないままにアルコール関連問題が深刻化する。

❾高齢者に特有の問題

近年、高齢化とともに高齢者のアルコール関連問題が注目されている。高齢者では健忘や転倒をきたしやすい。脳萎縮、脳血管障害、頭部外傷が高率にみられ、認知症を合併する率も高い。また、離脱症状が遷延しやすく、身体合併症も多い。高齢者では、役割、収入、身近な人々、健康、人生の目標などの喪失が重なり、孤独感、空虚感から飲酒に向かう。一般に、高齢発症例は若年発症例に比べて予後は良好である。

Active Learning

アルコールのために起きるさまざまな問題について話しあってみましょう。

2 ▶ アルコール依存症

❶アルコール依存症の疫学

2013（平成 25）年の WHO の依存症の診断基準（ICD-10）に基づいた調査[3]によると、アルコール依存症の基準を満たす人は男性 1.0％、女性 0.2％で、58 万人であった。また、過去に 1 度でも依存症の基準を満たした人は、男性約 95 万人 1.9％、女性約 14 万人 0.3％で、合計で 109 万人と推計された。一方でアルコール依存症の診断で治療を受けた人は年に 5 万人程度にすぎず、この治療ギャップが大きな問題である。

❷アルコール依存症の特徴

アルコール依存症の特徴として、❶慢性・進行性・致死性である、❷否認のために治療につながりにくい、❸家族など周囲を巻き込む、❹関連問題で気づかれる、❺断酒の継続により回復できる、❻背景には対人関係の問題がある、などが挙げられる。

家族は、長期にわたって飲酒問題に巻き込まれ、さまざまな影響を受

★CRAFT
Community Rein-
for cement and
Family Trainingの
略。アメリカで開発さ
れた。コミュニティ強
化法と家族トレーニン
グ。家族がプログラム
を受け、患者が治療を
受け入れやすい環境を
つくることによって治
療につなぐ方法。患者
とのコミュニケーショ
ンを変えることで、家
族が楽になれることも
期待できる。

★ARP
Alcoholism Rehabil-
itation Program
の略。アルコールリハ
ビリテーションプログ
ラム。1963（昭和38）
年に国立療養所久里浜
病院（現・久里浜医療
センター）に専門病棟
が開設され、1975（昭
和50）年以降に研修
により普及した集団入
院治療プログラムであ
る。任意入院、開放病
棟を基本とし、心理教
育、集団精神療法、作
業療法、運動療法など
からなる。期間は２〜
３か月と決められ、患
者会が組織される。ア
ルコール依存症治療の
標準形として実施され
てきた。

けている。配偶者は本人を監視したり、金銭を管理したりすることで、本人の飲酒行動をコントロールしようとする。また、本人の飲酒時の暴言・暴力への不安から本人の言いなりになったりする。家族が本人に巻き込まれて、尻拭いや肩代わりなどの過剰な世話焼きをすることを**共依存**という。共依存は飲酒を長引かせてしまう。これを**イネイブリング**（飲酒を支えること）という。共依存は患者が自分の問題に気づくことを妨げる。このため、家族は家族教室やセルフヘルプグループ、家族会などに参加することが必要である。家族はグループにつながることでストレスが軽減され、患者に適切な対応ができるようになる。

❸アルコール依存症への初期介入

初期介入技法とは、治療を拒む依存症者に受診の動機づけをする方法である。家族は、❶患者を大切に思っていることを伝える、❷患者に飲酒問題の現実を示す、❸患者に実行可能な問題解決策を示す、などに留意する。最近は依存症家族への包括的な支援方法として、CRAFT が我が国にも導入されている。

❹アルコール依存症の治療

受診の動機づけができたら依存症治療機関で治療する。外来治療では、治療関係づくりと治療や断酒への動機づけを行う。最近は外来でのプログラムが強化されている。外来での改善が困難な場合は入院治療を提案する。入院治療の多くは ARP と呼ばれ、任意入院を原則とし、心理教育、各種ミーティング、作業療法などのプログラム参加を基本としている。加えて、セルフヘルプグループ（断酒会、AA など）や回復施設などへの参加を促す。退院後は外来通院とセルフヘルプグループ参加を治療の柱とする。最近、飲酒欲求を抑える薬も上市され、アカンプロサート、ナルメフェンが承認されている。

我が国では近年、認知行動療法的アプローチが積極的に取り入れられている。患者に対して対立的・高圧的にならず敬意をもって向き合い、飲酒に対する両価性を理解した対応が大切である。

❺セルフヘルプグループ

セルフヘルプグループとは、同じ問題をもつ当事者が問題を解決するために、体験を分かち合う自主的なグループである。アルコール依存症者のためには、**断酒会**と **AA**（Alcoholics Anonymous）がある。断酒会は、会費制の会員制組織であり、保健・医療・行政機関との連携を重視し、家族の参加も奨励している。AA は非組織化、匿名性を徹底しており、献金で運営され、患者個人の参加が基本である。

3 アルコール関連問題の対策と現状

　WHO は、2010 年にアルコールの有害な使用を低減するための世界戦略を決議した。アルコール有害使用は世界的な健康問題であり、年間250 万人の死因に飲酒が関係していると警告している。現状の予防・低減対策は、問題の重大性に比べて著しく不十分であるとし、アルコール有害使用を減らす対策を各国が率先して実施することを求めている。

　我が国では、2013（平成 25）年に、アルコール健康障害対策基本法が制定され、2014（平成 26）年より施行された。国・地方公共団体・国民・医師等・健康増進事業実施者の責務とともに、事業者の責務として、アルコール健康障害の発生、進行、再発防止に配慮する努力義務を規定している。法に規定はされていないが、アルコール関連問題に対する職域・地域での予防強化、プライマリケアの充実、アルコール飲料の広告・販売の規制、本人・家族への相談・治療体制の充実など、抜本的な対策が求められる。

　2016（平成 28）年、アルコール健康障害対策推進基本計画が策定され、基本法を実行に移す基本計画として位置づけられた。各自治体がこれを受けて推進計画を策定した。

　一方で、アルコール、薬物、ギャンブル等の依存症に対して、2014（平成 26）年、依存症治療拠点機関設置運営事業が立ち上げられた。各都道府県に依存症拠点医療機関、専門医療機関、専門相談機関を指定することで、相談・治療の強化を図るものである。

　また、最近、断酒会が積極的に研修などを行って普及を目指しているのが、SBIRTS である。これは、S（スクリーニング）、BI（簡易介入）、RT（専門治療への紹介）、S（セルフヘルプグループへの紹介）から構成される。SBIRT は専門医療機関において早期発見から早期治療につなぐ手法であるが、ここにセルフヘルプグループを加えている。実際には、医療機関に受診した患者を直接電話などによって断酒会会員に個別につなぎ、回復支援を行う。

　アルコール関連問題は社会のさまざまな領域に大きな影響を及ぼすことから、患者の治療で事足りるわけではない。社会問題としての依存症対策が必要である。また、患者個人および家族への依存症対策としては、家族が相談につながるまで何年もかかっているため、問題に感じていても、相談や受診につながれないことや、断酒一辺倒では治療脱落者

★アカンプロサート
我が国で最初に断酒補助薬として2013（平成25）年に認可された経口薬であり、商品名はレグテクトである。飲酒欲求を抑える点で抗酒薬とは異なる。

★ナルメフェン
飲酒量低減薬として2019（平成31）年に認可された経口薬であり、商品名はセリンクロである。アカンプロサート同様に飲酒欲求を抑える目的で処方される。

★アルコール健康障害対策推進基本計画
2021（令和 3）年度からはおおむね 5 年間を対象とした第 2 期基本計画が始まる。重点目標として、生活習慣病リスクを高める量の飲酒者の減少、未成年および妊婦の飲酒をなくすことなどが挙げられている。

が多いことなど、依存症に対する誤解や偏見をなくする啓発とともに、円滑に相談・治療につながるための支援が求められる。

4 期待される精神保健福祉士の役割

アルコール関連問題を的確に評価することは重要である。アルコール依存症者が援助を求めてきたときには、適切な情報を提供し、専門治療やセルフヘルプグループへの参加を動機づける。また、治療意欲がない依存症者の家族から相談を受けたときには、十分な精神的サポートを行いつつ初期介入を促す。それが困難な場合には、家族を適切な相談機関へつなぐ。患者が暴力的な場合には警察の協力が必要となる。日頃から専門治療機関、精神保健福祉センター、保健所、セルフヘルプグループなどの関係者と、顔の見えるネットワークをつくっておくとよい。

セルフヘルプグループなどに参加して回復者と会う機会をもち続けたり、成功した事例を体験したりすることにより、回復を信じられ、依存症者に陰性感情をもたずに向き合えるようになる。依存症は「孤独の病」ともいわれる。精神保健福祉士にはこのようなコーディネーターの役割が期待されている。

◇引用・参考文献
1) Murphy, G. E. , Wetzel, R. D. , 'The lifetime risk of suicide in alcoholism' ., *Arch Gen Psychiatry*, 47(4), pp. 383–392, 1990.
2) 松本俊彦・竹島正「アルコールと自殺」『精神神経学雑誌』第111巻第 7 号，pp.829–836, 2009.
3) 尾崎米厚「わが国の成人の飲酒行動に関する全国調査2013年 2003年，2008年全国調査との比較」『WHO世界戦略を踏まえたアルコールの有害使用対策に関する総合的研究』（平成25年度分担研究報告書），2014.

● おすすめ
・新アルコール・薬物使用障害の診断治療ガイドライン作成委員会監，樋口進・齋藤利和・湯本洋介編『新アルコール・薬物使用障害の診断治療ガイドライン』新興医学出版社，2018.
・ウイリアム・R・ミラー，ステファン・ロルニック，松島義博・後藤恵訳『動機づけ面接法——基礎・実践編』星和書店，2007.
・成瀬暢也『アルコール依存症治療革命』中外医学社，2017.

薬物依存対策

学習のポイント

● 我が国における薬物問題の実態について把握する

● 薬物乱用・依存問題について理解する

● 薬物依存症の治療・支援について学ぶ

1 薬物依存の実態

1 日本における薬物問題の実態

　精神科医療施設の薬物別患者割合の推移を**図7-1**に示す。1995（平成7）年に始まった第三次覚醒剤乱用期は現在も続いているが、その傾向として、❶有機溶剤乱用・依存者の激減、❷覚醒剤乱用・依存者の横ばい、❸大麻乱用者の増加、❹処方薬や市販薬など「捕まらない薬物」へのシフトなどが挙げられる。

　我が国の遊法薬物の生涯経験率は、欧米各国に比べて一桁少ない状況にあり、主要先進国のなかで我が国は深刻な薬物問題に陥っていない稀

図7-1　精神科医療施設の主たる使用薬物別にみた患者割合の推移

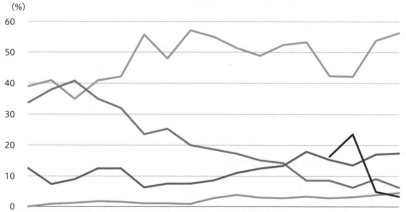

（松本俊彦提供）

資料：『全国の精神科医療施設における薬物関連精神疾患の実態調査』国立精神・神経センター精神保健研究所，2018.

有な国といわれてきた。これは、厳しい法制度、法を遵守する国民性、薬物流入を防ぎやすい地理的要因などが考えられる。

現在、覚醒剤、大麻、MDMA、LSD、コカインなどが密輸され、インターネットの普及から誰でも容易に購入できる。近年、危険ドラッグが次々と流入し、深刻な社会問題となった。結局、国による取り締まり強化により終息したが、我が国でも捕まらなければ乱用が爆発的に拡大することが示された。

■2 乱用と依存と中毒

薬物乱用とは、薬物を社会規範から逸脱した目的や方法で自己摂取することである。違法薬物の使用、本来の目的を逸脱した使用、用量・用法を守らない使用は乱用となる。

薬物依存とは、薬物乱用を繰り返した結果生じた状態であり、薬物摂取のコントロール障害である。精神依存と身体依存からなり、精神依存は、薬物が切れると渇望が強まる状態である。身体依存は、人体がその薬理作用に順応した結果であり、薬物が切れると離脱（退薬）症状が出る状態である。

薬物中毒は、薬物が体内に入ることにより、脳を含めた身体がダメージを受けた状態である。急性中毒と慢性中毒がある。

■3 依存性薬物の種類と特徴

代表的な依存性薬物の特徴について**表7-2**に示す。中枢神経抑制作用をもつものと、興奮作用をもつ物質に分けられる。**精神依存**はすべての薬物に認められるが、**身体依存**は明らかでない薬物もある。**耐性**とは、薬物の乱用を繰り返すことにより効果が減弱し、同様の効果を得るためには薬物の量を増やさなければならない性質をいう。精神病症状をきたす作用の強い薬物に覚醒剤、有機溶剤などがある。

❶覚醒剤の特徴

覚醒剤は乱用者が多く、強力に精神病状態を引き起こすことから、長年にわたり最も重要な問題薬物である。覚醒剤患者は、精神科医療機関を受診する薬物患者の過半数を占め（**図7-1**）、急性精神病状態で精神科救急に搬送されることも多い。

妄想は、関係妄想、被害妄想、追跡妄想、注察妄想などからなり、迫害的内容が典型的である。幻覚や妄想の内容は、生活や覚醒剤使用に関連した内容であることが多い。強い猜疑心と音に対する敏感さ、意欲低

表7-2　精神作用物質の特徴

中枢作用	薬物のタイプ	精神依存	身体依存	耐性	催幻覚	精神病	法的分類
抑制	アヘン類	+++	+++	+++	−	−	麻薬
抑制	バルビツール類	++	++	++	−	−	向精神薬
抑制	アルコール	++	++	++	−	+	その他
抑制	ベンゾジアゼピン	+	+	+	−	−	向精神薬
抑制	有機溶剤	+	±	+	+	++	毒物劇物
抑制	大麻	+	±	+	++	+	大麻
興奮	コカイン	+++	−	−	−	++	麻薬
興奮	覚せい剤	+++	−	+	−	+++	覚せい剤
興奮	LSD	+	−	+	+++	±	麻薬
興奮	ニコチン	++	±	++			その他

出典：和田清『依存性薬物と乱用・依存・中毒——時代の狭間を見つめて』星和書店，2000.

下と情緒不安定性などが特徴である。再使用なく症状が出現することを自然再燃（フラッシュバック）という。

❷医療機関による睡眠薬、抗不安薬などの処方薬の問題

　ベンゾジアゼピン系薬剤は、抗不安薬や睡眠薬の大半を占める処方薬で広く処方されている。これらを主とした鎮静薬は、近年乱用・依存者が増え問題となっているが、治療薬として医師から処方されることから医原性の要素がある。酩酊や催眠効果を求めて乱用し、朦朧状態や昏睡をきたし事故や事件となる。また過量服用やアルコールとの併用により救急搬送を繰り返す。患者は増量を求めたり、複数の医療機関をかけもちしたりする。これは、精神科クリニックが急増し、処方される機会が増えたことも一因である。

2 ▶ 薬物依存症の治療と対策

1 薬物問題対策

　これまで、我が国では薬物乱用・依存が社会問題化すると、これを取り締まるための法律の制定や厳罰化により対処してきた。覚醒剤事犯の再犯率が60％を上回っていることや、「使っても捕まらない薬物へのシフト」は、厳罰による対処の限界を示している。

　1998（平成10）年に国は「薬物乱用防止五か年戦略」を策定した。2018（平成30）年には「第五次薬物乱用防止五か年戦略」が策定され、目標として❶青少年を中心とした広報・啓発を通じた国民全体の規範意

識の向上による薬物乱用未然防止、❷薬物乱用者に対する適切な治療と効果的な社会復帰支援による再犯防止、❸薬物密売組織の壊滅、末端乱用者に対する取り締まりの徹底及び多様化する乱用薬物等に対する迅速な対応による薬物の流通阻止、❹水際対策の徹底による薬物の密輸入阻止、❺国際社会の一員としての国際連携・協力を通じた薬物乱用防止、の5点が挙げられている。

2016（平成28）年、刑の一部執行猶予制度が施行され、覚醒剤事犯で服役する受刑者に数年の執行猶予期間をつけて早期に出所させ、保護観察所で治療的関与を続けることになった。厳罰主義から回復支援に舵を切ったことになるが、地域での支援の受け皿の充実が求められる。

全国の小中高校では、薬物乱用防止教育の一環として、薬物乱用防止教室が実施されている。薬物乱用は未成年から始まることが多いことから啓発活動は重要である。今後はハイリスクの未成年に対する対策も望まれる。

2 薬物依存症の治療

我が国の薬物依存症の治療の現状をみると、その治療システムはなきに等しい。特に、覚醒剤などの規制薬物では、中毒性精神病の入院治療が終了すると、依存症の治療を提供されることなく早々に退院となる。専門医療機関はきわめて少なく、まったく需要を満たしていない。薬物患者は一般精神科医療機関から敬遠されており、治療の場をいかに確保するかが緊急の課題である。

薬物依存症の治療はアルコール依存症と基本は同じである。セルフヘルプグループにつなぐほかに、認知行動療法的アプローチがエビデンスをもって推奨されている。中心となるのが、リラプス・プリベンション、動機づけ面接法、随伴性マネジメントなどである。いずれも患者と対決することなく、患者の動機づけと治療意欲を高めることを重視する。最近、我が国でもワークブックとマニュアルに基づく治療プログラムが実施され始めている。これは、アメリカMatrix研究所で開発された外来プログラムを手本に、開発されたSMARPPを基本としている。

3 薬物依存症者の支援

我が国の薬物依存症者への治療・回復支援は著しく立ち遅れている。専門医療機関がまったく需要を満たしておらず、地域での回復の受け皿はダルク（DARC：Drug Addiction Rehabilitation Center）しかな

い。

　1985（昭和60）年に薬物依存症回復施設である**ダルク**が誕生して以来、全国に80施設にまで広がっている。**NA**（Narcotics Anonymous）の提示するプログラムに沿った回復支援を行っている。NA は 1953 年にアメリカで誕生した薬物依存症のセルフヘルプグループである。

　最近、刑事施設や保護観察所において覚醒剤事犯者への治療的関与が行われ始めている。我が国の薬物依存症への取り組みは、司法サイドから変革が始まりつつある。

　薬物依存症者の回復支援の障害は、家族、支援者、治療者、地域、社会の薬物依存症者に対する誤解と偏見に基づいた忌避感情である。支援者には、正しい理解のうえに、依存症者ときちんと向き合える姿勢が求められる。

4 ハームリダクション政策

　ハームリダクションとは、薬物使用に関して厳罰主義から害を低減することに視点を移した政策であり、その実践である。

　薬物問題対策として、欧州、カナダ、オーストラリアなどを中心に広がっており、寛容さをもって支援する現実的なものである。注射針の無料交換、安全な注射場所の提供、代替麻薬の提供など、薬物使用の中止を目的とはしておらず、害の軽減や困っていることの支援に重きを置く、人道的で効果的な政策・プログラムである。

　我が国ににわかに導入することは現実的ではないが、治療・支援には大切な視点である。

◇**参考文献**
　・ダルク編『ダルク　回復する依存者たち──その実践と多様な回復支援』明石書店，2018.

● **おすすめ**
　・松本俊彦『薬物依存症』筑摩書房，2018.
　・小林桜児『人を信じられない病──信頼障害としてのアディクション』日本評論社，2016.
　・成瀬暢也『ハームリダクションアプローチ──やめさせようとしない依存症治療の実践』中外医学社，2019.

学習のポイント

- ギャンブル等依存症の概要を学ぶ
- ギャンブル等依存症の回復にかかわる機関と支援の要点を学ぶ
- ギャンブル等依存症に関する施策の概要と現状の課題を学ぶ

1 「ギャンブル依存症」と「ギャンブル等依存症」

❶ギャンブル依存症とその公式診断名

「ギャンブル依存症」とは、自分のギャンブル行動を自分でコントロールできずに反復してしまう病的状態をいう。アルコール・薬物依存症のように体に離脱症状が出る身体依存はないが、借金や家庭不和など種々の問題が生じても、ギャンブルを自制できない状態である。

我が国では、一般にギャンブル依存症の用語が普及されていたが、公式診断名は世界保健機関（World Health Organization：WHO）のICD-10 の「病的賭博」であった。

アメリカは、2013年のDSM-5 の診断基準改訂で、嗜癖性障害が本質であるとの考えから、アルコール・薬物依存症と同じカテゴリーに統一し、病名を「ギャンブル障害（gambling disorder）」とした。統合の理由は、脳の機能で、ギャンブルにもアルコール・薬物の依存症と同じような知見が認められてきたこと、両者が臨床的に同じような経過をたどることの2点である。「ギャンブル障害」の診断名の使用は、我が国でも増えてきたが、WHOの次期疾病分類ICD-11では「ギャンブル症」が訳語候補となり、公式診断名はさらに検討される。

❷ギャンブル等依存症とは

「ギャンブル等依存症」は、我が国の行政の用語である。2016（平成28）年、国はカジノを含む統合型リゾートを観光政策の目玉とする、いわゆるIR推進法を定めた。この法律はカジノという新たなギャンブル産業を民間に認可するものである。

我が国は歴史的にギャンブルを刑法第185条の賭博罪で規制し、公営を原則としていたので、国会は付帯決議で、国に依存症対策の抜本的

★ICD-10
p.26側注参照

★DSM-5
p.26側注参照

★嗜癖性障害
嗜癖とは、自分で自分の行動や習癖をコントロールできず反復することをいう。ある行動を病的に続ける嗜癖性障害は、①渇望（＝突然生じる強烈な欲求）、②自己制御困難、③強迫的に実行する、④悪い結果が生じてもやめない、などで特徴づけられる。

★IR推進法
カジノを中心に、テーマパーク、宿泊施設、商業施設などを整備する統合型リゾート（Integrated Resort）の設立を推進する法律。2016（平成28）年12月公布。正式名称は「特定複合観光施設区域の整備の推進に関する法律」。

な強化を求めた。しかし、国はギャンブル依存症の最多の原因種目であるパチンコ・スロットを、海外と異なり、「遊技」としていた。そこで、ギャンブル等依存症対策基本法第 2 条において「ギャンブル等」という新たな語で、「法律の定めるところにより行われる公営競技、ぱちんこ屋に係る遊技その他の射幸行為をいう」と定義し、パチンコ・スロットも含めて「ギャンブル等依存症」対策に取り組むとした。

❸我が国のギャンブル等依存症の有病率

我が国の有病率調査は、世界的にみても高い数値を示した。2008（平成 20）年、2013（平成 25）年の 2 回とも 500 万人以上と推定された。[1] 2017（平成 29）年の再調査では、12 か月有病率は 0.8%、生涯有病率は 3.6% で、人口換算で前者は約 70 万人、後者は 320 万人と、やはり世界的に高い。[2]

我が国では、生活圏の身近な場所でギャンブルを体験できる。近年は ATM（現金自動預払機）やカードローンが普及し、借金への倫理的ハードルも下がった。高い有病率の背景に、日常的にギャンブルができ、負けたときも借金での深追いが可能な現代の社会環境がある。

❹我が国のギャンブル等依存症の臨床的特徴

報告や総説の臨床像では、[3) 4) 5]年代は 20 代から 70 代までと広く、職業はサラリーマン、公務員、主婦、学生、年金生活者など多様である。男女比は男性が多く、精神保健福祉センターでは 5 対 1 程度で有病率調査の割合に近いが、治療機関では男性がはるかに多い。種目はパチンコ、スロット、競馬の順に多い。借金は 500 万円以上を経験した者が多い。

心理社会的問題では自殺念慮や未遂など自殺問題は高率で、センター受診群で約 28% である。進行例で、病前性格から想像できない横領や窃盗などの犯罪に至る例がある。また、配偶者のうつ病やパニック障害も珍しくない。併存疾患は多く、うつ病が多いが、アルコール・薬物依存症、発達障害、統合失調症慢性期などもあり、まれにパーキンソン病の治療中の発症がある。[6]

2 相談、治療、回復支援の各機関と望ましい対応

以下に、ギャンブル等依存症の回復に関与する機関と各段階での望ましい支援を示す。

第 7 章 精神保健に関する発生予防と対策

❶相談と治療導入

ほかの依存症同様、自ら相談を求めるケースは少なく、家族相談が先のことが多い。相談先は、精神保健福祉センター、保健所、民間の依存症回復施設などだが、依存症治療機関でも家族相談を受けるところもある。国の調査によれば、2017（平成29）年度の全国の精神保健福祉センターの相談件数は3370件、保健所は1473件である。

相談では、家族とともに問題をアセスメントし、ギャンブル等依存症の正しい知識を伝える。ほとんどの家族は借金の肩代わり、尻拭いをしている。家族による「肩代わり」「尻拭い」は、問題を一時的に静穏化するので、ギャンブル等依存症との自覚や治療意欲は高まらなくなる。問題解決が先送りされ、ギャンブル等依存症がさらに悪化してしまったケースは少なくない。しかし、このことで家族を責めずに、かかわり方を適切に変える工夫を提案する。家族が問題を正しく理解すると、家族に促された本人が治療の場に登場する。

一般に、金銭問題が生じるまで、当事者は受診や相談来所を拒むことが多いが、逆に債務に追い込まれたときには家族や後援者が適切にかかわれば指示に従う。初回相談や初診では、依存の仕組みと回復可能な病気であることをわかりやすく説明し、本人の困っている問題を受けとめ、治療に導入する。

❷治療

治療を行えるのは、精神科医療機関のまだ一部だが、依存症の専門医療機関などが取り組んでいる。認知行動療法を基本とした治療の普及のため、依存症対策全国センターなどで国の研修が始まった。集団精神療法や内観療法での治療を行う医療機関もある。

精神保健福祉センターでは、本来の相談での対応に加え、治療プログラムを直に実施するセンターが増えつつある。

❸回復支援

GA（Gamblers Anonymous）は、当事者の自助グループである。AA（Alcoholics Anonymous）の12ステップの指針と同じ考え方をギャンブルに適用し、1957年にアメリカで始まった。日本では1989（平成元）年から始まり、各地にミーティング場ができ、会場はホームページで知ることができる。

施設では、アルコール依存症回復施設のマックや、薬物依存症回復施設のダルクなど、依存症支援の実績がある施設が患者の受け入れを始めた。障害者の支援事業所などの施設も支援の取り組みを始めた。これら

の回復支援を行う施設への国の研修も始まっている。

❹家族への支援

家族はギャンブル問題に巻き込まれ、借金問題や家庭不和、当事者の不祥事などで疲弊する。配偶者などの家族がメンタルな問題を抱えることもある。こうした家族の癒しと成長のために、12 ステップ指針に基づく家族自身の自助グループ、ギャマノンが各地にあり、ホームページも開設している。ほかに、社会的発言もする家族会が少数ある。

❺経済問題のケースワーク

2017（平成 29）年度では、借金の消費生活相談は、「ギャンブル等」に関連すると思われるものが535 件（消費者庁調査による）、財務省財務局・財務支局の多重債務相談で借金をしたきっかけが「ギャンブル等」のものが323 件、地方公共団体の多重債務相談での「ギャンブル等」のものは828 件であった（金融庁調査による[8]）。ギャンブル問題では免責になりにくいので、隠している相談は多く、ギャンブルの実状の確認は必要である。

多重債務や自己破産のケースでは、法テラス、弁護士、司法書士など司法相談機関を利用する。金銭問題のみを考えると、利息の減額や家族の肩代わりでの"早期解決"に走り、依存症対応が手つかずに終わり、やがて貸付側の勧誘が再開して、再燃につながる。

債権者対応は司法の代理人を依頼し負担のない方法を選び、本人は治療に専心する。家族を脅すなど不法な取り立ては、貸金業法の第 21 条で規制しており、代理人の対応で止めることができる。

3　ギャンブル等依存症にかかわる施策と対策の推進体制

❶ギャンブル等依存症対策基本法

2018（平成 30）年施行の本法は36 条からなる。第 1 条で、ギャンブル等依存症は当事者や家族の「日常生活又は社会生活に支障を生じさせるもの」であり、「多重債務、貧困、虐待、自殺、犯罪等の重大な社会問題を生じさせている」として関連問題を明記した。第 3 条では、多重債務、貧困、虐待、自殺、犯罪等の問題と密接に関連することから、有機的に連携して施策がすすむよう配慮を求めている。第 10 条では、国民の理解を深めるため、毎年 5 月 14 日から20 日までをギャンブル等依存症問題啓発週間と定めた。第 12 条では、政府がギャンブル等依

存症対策推進基本計画を定めることを義務づけ、第13条で都道府県ギャンブル等依存症対策推進計画の策定を努力義務に規定した。第24条で、内閣官房長官を本部長、関係国務大臣を本部員とするギャンブル等依存症対策推進本部を内閣に置くとしている。

❷ギャンブル等依存症対策推進基本計画と都道府県の課題

　2019（平成31）年4月に政府は対策推進の基本計画を定めた。基本計画は、1次予防から3次予防まで、考えられる対策を網羅し、関係機関も多岐にわたる。事業者自身の努力も要請したが、実効性が課題である。たとえば競馬場および場外馬券売場への入場制限の本人申告・家族申告制度は1年以上経過しても、本人申告が12件、家族は0件である[9]。

　都道府県は、地域の実情に合う「都道府県ギャンブル等依存症対策推進計画」を立てる努力義務規定がある。都道府県は、少なくとも3年ごとに計画の効果を評価し、検討や見直しを加えることとされた。しかし、地域の実情に応じた計画策定も、立案する際のデータ、基礎調査、研究がきわめて少ないなど課題は多い。

　また関係部署は、国レベルでは農林水産省（競馬）、国土交通省（競艇）、経済産業省（競輪、オートレース）、警察庁（パチンコ）などに分かれており、自治体でも関係部署が多岐にわたる。主管以外の分野が消極的では、計画推進は難しくなる。

　すでに、我が国のパチンコ、スロットの電動マシンギャンブルは世界有数に普及した。公務員でもギャンブル等依存症関連の不祥事はあり、職場のメンタルヘルスの重要な課題になった。リーフレットの配布が予防教育という安易な考えでは発生予防は進まない。ギャンブル等依存症とその関連問題の正しい理解を、各領域の担当者が共有するかどうかが実効性ある推進体制づくりの課題である。

◇引用・参考文献
1）尾崎米厚・金城文「依存症の疫学」『日本臨床』第73巻第9号，pp.1459-1464，2015.
2）松下幸生「ギャンブル障害――現状とその対応」『精神医学』第60巻第2号，pp.161-172，2018.
3）同上
4）森山成彬「病的賭博者100人の臨床的実態」『精神医学』第50巻第9号，pp.895-904，2008.
5）田辺等「嗜癖としてのギャンブル障害――治療経験から」『臨床精神医学』第45巻第12号，pp.1529-1535，2016.
6）藤本健一「パーキンソン病治療に伴う脱抑制性の行動異常」『BRAIN and NERVE――神経研究の進歩』第64巻第4号，pp.373-383，2012.
7）内閣官房『ギャンブル等依存症対策推進基本計画』2019.
8）同上
9）同上

学習のポイント

- 自殺の背景にあるうつ病等の精神障害を見逃さず適切な支援を提供する
- ゲートキーパー養成、かかりつけ医うつ病対応能力向上研修など自殺リスクのある人への支援を拡充させてきた
- 救命救急搬送された自殺未遂者の自殺再企図防止のための救急患者精神科継続支援が重要である

1 自殺とうつ病

うつ病により精神科を受診する患者や国内での自殺者の急増を受け、うつ病対策が自殺防止（予防）対策に組み込まれた。直近のリスクである精神障害への対応が自殺予防のために必要とされる。

1 うつ病の問題の大きさ

厚生労働省の調査によると、精神疾患を有する患者は、2002（平成14）年には258万人であったが、2017（平成29）年では419万人まで増加している。そのうち、特にうつ病などの気分障害は、71万人から128万人に増加している。

うつ病は本人の苦痛や障害だけでなく、家族の負担も大きいことが知られている。さらには、国全体の経済的な損失も大きい。医療費の増大や、うつ病による欠勤などの生産性の低下により、2兆円近くの経済損失となっている。患者本人、家族、地域、国全体にとって、その対応がきわめて重大な問題となっている。

2 自殺の背景としての精神障害

自殺の背景にはさまざまな心理・社会的要因が複雑にかかわっている。しかし、最終的に直接的に希死念慮を生じさせ、自殺行動を起こさせる要因は、希望のなさ、衝動性の高さ、（飲酒などの影響も含めた）脱抑制、不安の高さ、問題解決能力の低さなどである。これらはすべて精神障害の症状であり、精神障害の結果として自殺行動が生じる。逆に、

さまざまな問題を抱えていたとしても、精神障害により生じた苦悩や生活上の障害を適切に治療・支援し、解決すれば、自殺行動に至らない。

海外の研究では、自殺で亡くなる直前には9割以上の人が精神障害に罹患していた状態であったことが報告されている。我が国でも、自殺のために救急医療施設を受診した患者の8割近くに精神障害の診断がつく。さらに、精神障害の診断を受けた患者は、その後に自殺で死亡するリスクが高いことも知られており、自殺の背景には精神障害があり、自殺の予防にはその精神障害の治療と支援が欠かせない。

精神障害の治療・支援は薬物療法だけでなく、さまざまな心理・社会的要因についての介入も含まれる。その際に、精神保健福祉士の担う役割は非常に大きい。精神障害の背景にあるさまざまな心理・社会的な障害に対して適切な評価と、その評価に基づく十分な支援につなげることが重要となる。

2 ▶ 自殺のリスクを抱えた人への介入

1 個別的介入、選択的介入、全体的介入

精神保健の領域で、障害を抱えた人や自殺のリスクを抱えた人に対する方法として、❶個別的介入、❷選択的介入、❸全体的介入に分けて考えることができる。

個別的介入は、リスクの高い人、すでに障害を抱えた個人を対象とするかかわり方である。その個人それぞれのリスクの程度や関連する要因、置かれた状況に合わせて介入することができるので、より効果が高い。

一方で、全体的介入は地域住民全体や国民全体に対して行われる介入である。啓発や教育、制度の改善などが含まれる。全体的介入はリスクを抱えていない人にも影響する一方で、真に支援を必要とする人に効果的にこの介入が届いていない場合もある。そのため、一度に多くの対象者に介入できる一方で、各個人に対する効果が弱い。

その中間が選択的介入であり、比較的リスクが高いとされる集団全体に介入を行う。何らかの社会福祉サービスを利用する人たち全体にうつ病・自殺予防介入を行う場合がこれに当たる。

うつ病や自殺リスクの高い人は、さまざまな情報から取り残されやすく、社会資源のサービスをうまく利用することができない。そのため、全体的介入を行ったとしても、これらの対象にその介入が届きにくい。

よりハイリスクな人を発見し、その人の個別の事情に合わせた継続的な介入が必要である。継続的な介入こそが、うつ病や自殺予防を目指した支援では重要となる。悩んでいる人に気づき、声をかけ、話を聞いて、必要な支援につなげる役割をもつゲートキーパーを養成するための事業が各地で行われてきた。このゲートキーパーの役割を一般住民、家族、勤労者、民生委員、各種相談窓口として学生相談や法律相談、保健師、薬剤師、医療機関など、さまざまな対人支援職の方々に担ってもらうことで、自殺の危険性が高い人の早期発見・早期対応を図る役割を担う人材等の養成が行われてきた。

◢2◣ 個別的介入としてのうつ病患者の治療・支援、自殺予防

我が国の調査では、うつ病の12か月有病率（過去1年間にうつ病であった人の割合）は2％程度とされている（川上憲人ら[1]）。地域住民の50人に1人がうつ病という計算になる。しかし、地域住民中のうつ病相当の人がすべて精神科や精神保健の相談を受けているわけではない。多くの人がうつ病と気づいていないか、気づいていたとしても精神科などでの治療・支援を受けていない。そのため、うつ病に対する個別的介入を行う場合には、どこにも治療や支援を受けていないうつ病の人をどのように発見して、必要な治療や支援に結びつけるかという問題が残っている。

うつ病の人はかかりつけ医療機関を受診する率が高い。そのため、かかりつけ病院や総合病院などを受診している患者のうち、まだ見逃されていたり、気づかれていないうつ病を発見し、適切な治療に導入することが重要である。ここで、うつ病に気づき、適切な治療に導入できれば、個別的介入をその後継続することが可能となる。

◢3◣ かかりつけ医療機関・総合病院等におけるうつ病患者の発見と治療・支援導入

かかりつけ医療機関・総合病院の内科などでは、身体疾患や身体的な不定愁訴に隠れてうつ病が存在する場合が多い。しかし、患者も医療従事者もそのうつ病に気づかず、患者は適切な治療・支援を受けることができていない。内科外来を受診する患者のうち7.4％（約14人に1人）がうつ病で、さらに、12.8％（約8人に1人）に希死念慮がある。一方で、先にも述べたように精神科で治療を受けている患者はその2割にも満たない。内科外来の主治医が気づいたうつ病はそのうちの11％に

第7章 精神保健に関する発生予防と対策

Active Learning

うつ病予防について、地域、かかりつけ医療機関、総合病院でできることを具体的に話しあってみましょう。

とどまり、90％近くを見逃し、多くの患者はうつ病と診断されていない。

医師だけでなく看護師をはじめとした多職種チームでかかわることで、かかりつけ病院におけるうつ病を適切に発見し、治療に導入することができる。うつ病治療により、うつ病だけでなく糖尿病や冠動脈疾患といった生活習慣病も同時に改善する。海外では、かかりつけ医療機関でうつ病・自殺リスクの発見を行うことで、その地域の自殺が減ったという研究がある。我が国でもこの問題に取り組むために2008（平成20）年度から厚生労働省「かかりつけ医うつ病対応能力向上研修事業」が開始され、かかりつけ医師等のうつ病等の精神疾患の診断技術の向上を目指した活動が進められた。

かかりつけ医療機関で一般的に使用されているうつ病スクリーニングとして、こころとからだの質問票（Patient Health Questionnaire-9：PHQ-9）がある。9項目からなる自記式のアンケートで、うつ病の診断スクリーニングだけでなく、うつ病と診断された患者の重症度の縦断的な変化を評価することもできる。質問数も少なく、患者がアンケートに簡単に答えることができ、また、その採点と評価も簡易なため、忙しい臨床場面でも導入可能である。

■4 救命救急センターに搬送された自殺未遂者に対する支援

自殺未遂者のその後の自殺を予防することを目的として、その後の自殺リスクの高い、自殺・自傷のために救命救急センターに搬送された自殺未遂者に対して、精神保健福祉士を含めた多職種チームによるケースマネジメント法が開発され、研究によりその効果が確かめられている。効果が確認されたその介入方法は、救急患者精神科継続支援料として診療報酬の算定が可能となっている。ただし、そのケースマネジメント法を正しく実施するためには（診療報酬を算定し請求するためには）、厚生労働省が定めた研修会を受講する必要がある。たとえば、日本自殺予防学会等が実施している「自殺再企図防止のための救急患者精神科継続支援研修会」がそれに当たる。

このケースマネジメント法では、救急医療施設に搬送され入院した自殺未遂者に対して、

❶定期的な面接
❷生活背景・受療状況に関する情報収集と評価
❸精神科受療の促進
❹精神科・身体科かかりつけ医に関する受療調整

❺受療中断者への受療促進

❻公的社会資源・民間援助組織の紹介と利用の調整

❼心理教育の実施と情報提供

を実施する。ケースマネジメント法に含まれるこれらの多くが精神保健福祉士としての技能を活用できる介入であり、救急医療、精神科の連携のうえで精神保健福祉士の担う重要な役割と考えられる。

　まだ、このケースマネジメント法が病院で実施できる救命救急センターは多くはないが、今後、研修を受けた精神保健福祉士を配置した施設が増えるにしたがい、自殺予防の個別的介入として大きな効果を発揮すると思われる。

3　個別支援とケースマネジメント

　自殺の背景には心理・社会的なさまざまな要因が関連しているが、強力に自殺予防対策を進めるには個別的介入を重視し、直近のリスクである希死念慮と精神障害に対する包括的な治療と支援の導入が重要となる。うつ病などの精神障害の場合、継続的な治療への導入に加えてさまざまな社会福祉的な支援サービスを導入する必要があり、個別の評価に基づくケースマネジメントが重要となる。

◇引用・参考文献

1）川上憲人「精神疾患の有病率等に関する大規模疫学調査研究（世界精神保健日本調査セカンド）総合研究報告書」2016. http://wmhj2.jp/report/

2）精神・神経科学振興財団・国立精神・神経医療研究センター・ACTION-J研究グループ「自殺企図の再発予防にケース・マネジメントが有効――6か月にわたって自殺企図を抑止」 https://www.ncnp.go.jp/press/press_release140908.html

3）稲垣正俊「身体科と精神科との連携によるうつ病・自殺ハイリスク者の支援」『精神神経学雑誌』第133巻第1号，pp.94–101，2011.

4）世界保健機関（WHO）「Preventing suicide: A global imperative（日本語訳は自殺予防総合対策センター「自殺を予防する：世界の優先課題」 https://www.who.int/mental_health/suicide-prevention/world_report_2014/en/

子育て支援と暴力、虐待予防

● 我が国の母子保健施策の概要や法的根拠について学ぶ
● 子育て世代包括支援センターや子育てに関する組織活動の実際について理解する
● 児童虐待の予防・対策と連携のあり方について理解する

　　1999（平成11）年に施行された男女共同参画社会基本法の後押しや、多様な家族形態の受容が進み、女性の社会進出が盛んとなるなかで、妊娠、出産、育児を取り巻く環境が変化している。その背後には、産前産後休業・育児休業後に職場復帰をして子育てをしながら就業継続する女性、育児休業を取得する男性、配偶者のサポートがなくひとりで育児を行う母子家庭や父子家庭などさまざまな状況が存在する。

　　こうしたさまざまな家族形態のなかで、第3章第1節・第2節で述べられているように DV 被害、育児不安や精神疾患、育児放棄などの児童虐待が社会的な課題となっている。

1 　我が国の母子保健施策

　　我が国の母子保健施策は、母子保健法に定められ、保健指導や健康相談などの「保健事業」と「医療対策」によって行われている[1]。

1 妊娠期

　　母子保健法第15条には妊娠届出の義務があり、同法第16条には、市町村は妊娠届出をした者に母子健康手帳を交付するよう義務づけられている。

　　母子保健の出発は、母子健康手帳の交付時である。その際に、出産後の育児支援やきょうだいの有無、就業継続の有無、これまでの妊娠・出産の様子や不安など、母親や家庭の情報を収集する。そのことが出産後の育児不安や児童虐待の早期発見・予防・介入につながる。

　　特に、妊婦に不安が強い場合や持病がある場合、経済的に困難な場合、

きょうだいに障害がある場合などはハイリスクと考える。医療機関と連携しながら、公費補助制度による妊産婦健診において母体の健康状態を把握し、家庭訪問や**母親学級・両親学級**を通じて、妊娠期から細やかな介入をしていく必要がある。

2 出生後

出生後には、乳幼児家庭全戸訪問（**こんにちは赤ちゃん訪問**[2]）が行われ、生後 4 か月までの乳児のいるすべての家庭を訪問し、育児等に関するさまざまな不安や悩みを聞き、相談や**子育て支援**に関する情報提供等を行ったり、支援が必要な家庭に対し適切なサービス提供につなげたりしている。訪問スタッフには、保健師や助産師だけでなく、愛育班員、母子保健推進員、児童委員、子育て経験者等を幅広く登用し、母親のさまざまな悩みに対応している。

山口ら[3]によると「初産婦は 1 か月未満、経産婦は 3 か月未満に産後抑うつ状態が解決できると、それ以降の影響は弱まることが示唆された」と述べており、生後 4 か月までに全戸訪問することで、出産後の母親の育児不安の軽減につながっている。

また、市町村には乳幼児の健康診査が課せられており、母子保健法第 13 条では「妊産婦又は乳児若しくは幼児に対して、健康診査を行い、又は健康診査を受けることを勧奨しなければならない」とされている[4]。

健康診査や保健指導の目的は、子どもの発達や健康状態、心身の異常の有無を把握することであるが、専門職が助言をし、専門機関につなぐだけでは十分とはいえない。同じ年齢の子どもをもつ同じような立場の親同士が、安心して体験を共有する機会であることを紹介するのも必要な支援である。異常の早期発見だけでなく、親同士の交流を深め、気持ちに共感し、情報の交換ができる場としての位置づけも重要である。

2 ▷ 子育て世代包括支援センター

保健、福祉、医療、保育、少子化社会対策、経済面への対応など、現在さまざまな機関が個々に実施している妊娠期から子育て期にわたる支援について、切れ目のない支援を実施するためにワンストップ拠点として 2017（平成 29）年 4 月から**子育て世代包括支援センター**が設置された。

Active Learning

妊娠期から出生後までの、母子に必要な支援を具体的に考えてみましょう。

これは、2014（平成26）年度から実施されている妊娠・出産包括支援事業と、2015（平成27）年度から開始された子ども・子育て支援新制度の利用者支援や子育て支援などを包括的に運営する機能を担うものである。専門知識を生かしながら、利用者の視点に立った妊娠・出産・子育てに関する支援のマネジメントを行うことが期待されている[5]。

3　子育てに関する組織活動

　山縣ら[6]によると、1980年代後半に、子育てについて真剣に話しあえる母親たちの仲間や、子どもたちには友だちと遊べる場が切望され、「子育てネットワーク」と称される組織を結成していく動きがみられた。1994（平成6）年の「エンゼルプラン」では、子育てネットワークの中心として地域子育て支援センターが整備され、2004（平成16）年には文部科学省により「子育てネットワーク」の定義が提示されている。

　「子育てネットワーク」の運営は、行政、社会福祉協議会、NPO法人などが行い、保育士などの専門職が中心となっているところもあれば、シニア世代や子育て中の母親による運営などもある。山縣ら[7]は、子育てサロンなどの子育てネットワークは、自分が自分の子育てをするという「個の課題解決」だけではなく、組織や地域社会にも効果があり、皆で子育てをするといった親の子育て意識の変化にまで効果をもたらしていると述べている。

　これまでの子育て支援は、保育施設の環境整備など親子が受け手である場合が多かったが、最近は当事者である親が運営する子育てサロンや子育てサークルの立ち上げも増えており、親同士の情報交換や不安の解消だけでなく、親自身が役割をもち、主体的に活動し、社会とつながるきっかけにもなっている。

　さらに、双子や障害をもつ子とその親など当事者を対象とした子育てネットワークも誕生しており、一般的な子育てサロンでは出会う機会が少ない、子どもの特徴に応じた悩みや課題をもつ親同士の交流や相談ができ、不安の軽減や情報交換につながっている。また、大川[8]によると、数少ないが10代の母親を対象としたグループもあり、通常、母親同士が集まった際に、同年代の友人をつくることが難しいが、こうしたグループに参加することで悩みを相談したり、母親としての自己認識を深めたりすることができ、不安を解消することにつながっている。

4 児童虐待の予防・対策

❶リスク要因

厚生労働省によると、**児童虐待**は、身体的、精神的、社会的、経済的等の要因が複雑にからみあっており、リスク要因としては、保護者側、子ども側、養育環境が挙げられる。

保護者側の要因としては、身体的・精神的に健康ではない状態、望まない妊娠、受容できない妊娠など、出産について否定的である場合がある。そのため、妊娠中から心身の状態だけでなく、母親の思いや出産後の生活・出産に向けての準備等を把握していく必要がある。

子ども側の要因としては、低出生体重や、障害などの育てにくさをもっている子どもであることが多い。特に発達障害は、育児困難である場合も多いうえに、保護者の育て方やしつけが悪いなどと責められたこともあり、親のストレスは深刻で、育児不安に陥り児童虐待につながることもある。子どもの障害の受け入れに関しては、早期に適切な医療や療育につなぐことで保護者の負担も軽減されるため、社会資源を紹介する。社会資源の活用により、専門職からの指導だけではなく、同じ立場の者同士が安心できる環境で思いを表出することで、前向きに子育てに参加することができる。

養育環境の要因としては、家庭の経済的困窮と社会的な孤立が挙げられる。

❷早期発見と発達障害児への対応

就園・就学後の子どもは、園・学校での定期健康診断等の際に、身体を観察することができ、また担任等が気になる言動を把握することができる。就学前の子どもについては、医療機関受診や自治体で行われる乳幼児健康診査の際に、身体的状況をしっかりと把握し、保護者から情報収集を行う必要がある。以上のように関係機関と連携し、さらに民生委員や近隣からの情報を加味し、地域での児童虐待の早期発見に努める必要がある。

特に**発達障害児**は、保育や教育などの集団生活の場で、発達の遅れや集団への不適応に気づき、発見されることも多い。家庭訪問や健康診査の際に、子どもの観察や保護者からの情報収集を行いながら、発達障害の早期発見を行い、医療や療育などにつなげていくことが重要である。

発達障害児は、生活上何らかの困り感をもちながら生活をしており、

Active Learning

虐待に至るときの親の気持ちを想像し、声のかけ方や利用できる社会資源について話しあってみましょう。

学校・園などの集団・社会生活に不適応をきたすと、自尊感情が低下し、二次障害が発生する。

何ができないのか、どんな支援があれば自分でできるのかを丁寧に観察し、支援の方法を考えるとともに、できていることを評価し、自尊感情の低下を予防することが重要である。現在、都道府県・指定都市には発達障害者支援センターが設置され、相談支援・就労支援・情報提供などを行っている。

❸子育て期の支援のあり方

以上のように、妊娠・出産・育児を行う子育て期は子どもをもつことの喜びも大きいが、家庭の仕事とのバランス等これまでの生活が一変することもあり、親、特に母親にかかる身体的・精神的負担は非常に大きい。

それらの実態を受け、行政や医療機関、NPO 法人、当事者による組織などの草の根活動まで、地域では多くの支援が準備されている。しかし、それらの支援にアクセスすること自体難しい親子も多い。誰にとっても、子育て期はハイリスクであると考え、精神保健福祉士、社会福祉士、保健師、学校関係者などがそれぞれの場所で、対象の把握を行い、情報を共有し、支援のあり方を検討していく必要がある。

◇引用文献
1）厚生労働省「母子保健施策」（2015（平成27）年 9 月2日） https://www.mhlw.go.jp/file/05-Shingikai-12401000-Hokenkyoku-Soumuka/0000096263.pdf
2）厚生労働省「乳児家庭全戸訪問事業（こんにちは赤ちゃん事業）の概要 https://www.mhlw.go.jp/bunya/kodomo/kosodate12/01.html
3）山口扶弥・田川紀美子・藤野成美「乳児をもつ母親の育児不安に関する縦断的研究──経産婦と初産婦の傾向と支援対策の検討『広島都市学園大学雑誌 健康科学と人間形成』第3巻第1号，pp.13-23，2017.
4）前出2）
5）厚生労働省「子育て世代包括支援センター業務ガイドライン」（2017（平成29）年8月）https://www.mhlw.go.jp/file/06-Seisakujouhou-11900000-Koyoukintoujidoukateikyoku/kosodatesedaigaidorain.pdf
6）山縣文治監，中谷奈津子編『住民主体の地域子育て支援──全国調査にみる「子育てネットワーク』明石書店，2013.
7）同上
8）大川聡子「10代の母親が社会化する過程において顕在化する支援ニーズ」『立命館産業社会論集』第46巻第 2 号，pp.67-88，2010.
9）厚生労働省「子ども虐待対応の手引き（平成25年8月改正版）」https://www.mhlw.go.jp/seisakunitsuite/bunya/kodomo/kodomo_kosodate/dv/130823-01.html

認知症高齢者に対する対策

学習のポイント

● 認知症高齢者は大きな社会問題でもあり、国がさまざまな施策を行っている
● 認知症の原因の疾患はさまざまであるが、初期診断が重要である
● 認知症の治療（医療）、介護、支援にはさまざまな職種が関与する

1 認知症の疫学と予防

1 認知症に関する最近の動向

急速な高齢化に伴い、精神医療の分野でも認知症診療の重要性は増してきている。日本では「痴呆（ぼけ）」という名称から2004（平成16）年に「認知症」という名称となった。欧米でも 'dementia' という呼称を改めようという動きがみられる。ちなみに 'dementia' はラテン語の 'de（離れる）' と 'ment（mind：精神、知性、正気）' に由来し、ややネガティヴな意味合いが含まれていることは否定できない。DSM-5[*]では、'dementia' に代えて、'neurocognitive disorder（神経認知障害）' となった。

★DSM-5
p.26側注参照

我が国の認知症高齢者の数は、2012（平成24）年で462万人と推計される。さらに認知症の予備軍とされている軽度認知機能障害（Mild Cognitive Impairment：MCI[*]）は約400万人とされている。2025（令和7）年には約700万人、65歳以上の高齢者の約5人に1人に達することが見込まれる。厚生労働省認知症施策プロジェクトチームは2012（平成24）年9月に「認知症施策推進5か年計画（オレンジプラン）」を発表し、関係各部署でさまざまな施策を行ってきた。

★MCI
認知症の前段階とされるが、一部は正常に回復する。一方、正常な認知機能の人々と比較するとアルツハイマー病等に移行する比率は高い。

厚生労働省では、団塊の世代が75歳以上となる2025（令和7）年を見据え、新たに「認知症施策推進総合戦略～認知症高齢者等にやさしい地域づくりに向けて～」（新オレンジプラン）を関係府省庁と共同で策定した（2015（平成27）年1月27日）。旧オレンジプランの骨子を踏襲しつつ、目標値の引上げなどの具体策が盛り込まれている。新プランでは、認知症の人の意思が尊重され、住み慣れた環境で自分らしく暮らし続けることができる社会の実現を目指すと宣言され、七つの目標を柱

としている。

新オレンジプランの柱（2015（平成27）年）

1．認知症への理解を深めるための普及・啓発の推進
2．認知症の容態に応じた適時・適切な医療・介護等の提供
3．若年性認知症施策の強化
4．認知症の人の介護者への支援
5．認知症の人を含む高齢者にやさしい地域づくりの推進
6．認知症の予防法、診断法、治療法、リハビリテーションモデル、介護モデル等の研究開発およびその成果の普及の推進
7．認知症の人やその家族の視点の重視

　2018（平成30）年に厚生労働省が家族介護者支援マニュアルを作成している。地域包括支援センタースタッフ等が円滑な相談業務および支援が行えるような内容となっている。

　2019（令和元）年には、さまざまな省庁が連携したうえで、内閣が主導して認知症対策を行う認知症施策推進大綱が決定された。認知症の発症を遅らせ、認知症になっても希望をもって日常生活を過ごせる社会を目指し、認知症の人や家族の視点を重視しながら、「共生」と「予防」を車の車輪として施策を推進していくことが掲げられている。

認知症施策推進大綱（2019（令和元）年）

1．普及啓発・本人発信支援
2．予防
3．医療・ケア・介護サービス・介護者への支援
4．認知症バリアフリーの推進・若年性認知症の人への支援・社会参加支援
5．研究開発・産業促進・国際展開

▌2 認知症の初期症状と早期介入・早期診断

　認知症の原因疾患はさまざまだが、神経細胞死（神経細胞変性）が原因の疾患（アルツハイマー病、レビー小体型認知症、前頭側頭葉変性症）と、脳梗塞・脳出血後遺症などが原因の疾患（血管性認知症）で、頻度が高いことが知られている。このような疾患に対して、現在の医療では根治する治療法がないのが現状である。

　一方、頻度は低いが、甲状腺機能低下症、正常圧水頭症、脳腫瘍、脳炎などでも認知機能障害が出現する。適切な診断・治療を行うことで認

知症状が改善するので、このような疾患は治療可能な認知症（treatable dementia）と呼ばれている。初期診断において、詳細な病歴の聴取、血液生化学的検査、脳画像検査などを行い、鑑別することが非常に重要である。

認知症の症状は、本来もっているべき能力が失われていく症状（中核症状）と二次的に生じる行動・心理症状（BPSD）に大別される。

中核症状で最も初期に注意すべきは記憶障害である。アルツハイマー病初期には、最近に経験したことや、会話の内容などを忘れやすくなり、何度も同じことを言ったり、聞いたりするようになる。生活上でも探し物が多くなる、同じ物をまた買うなどの行動が目立つようになる。一方、昔の体験、自身の名前、誕生日、学校などの記憶は保たれていることも特徴である。

見当識は、大きく日時、場所、人物に分けられるが、初期には日時の見当識障害がみられる。病期が進行するにしたがい、場所、人物と障害されていく。判断能力・抽象能力は高次機能の一つであるが、初期からでも障害される。失行、失語、失認は神経心理学的症状であるが、病気が進行してくるとみられるようになる。

BPSD には、抑うつ、不安、幻覚・妄想、異食、興奮・暴言、徘徊などがある。初期には抑うつ、幻覚（特に幻視）・妄想（もの盗られ妄想、嫉妬妄想など）がみられる。

3 認知症の予防

上述のように、認知症の多くを占める神経変性疾患では病状は緩徐に進行していくが、病状の進展抑制のためには早期の治療介入が肝要である。昨今、軽度認知機能障害（mild cognitive impairment：MCI）と呼ばれる、正常と認知症の境界域（グレーゾーン）病態に注目が集まっている。MCI の 60〜70％がその後認知症（多くはアルツハイマー病）になるとされており、MCI レベルからの予防的な介入が、認知症発症のブレーキになると考えられている。

血管性認知症では、多くの原因は動脈硬化に由来することから、高血圧、脂質異常症、糖尿病、過度の喫煙・飲酒が危険因子である。なるべく早い段階から栄養のバランスのとれた食事、適度な運動などを心がけ、メタボリック症候群にならないような生活を送ることが望まれる。ストレスをうまくコントロールすることも大切である。

またヘルスリテラシーの観点からも、患者自身・家族に対する「健康

教育」「啓発」も不可欠である。アルツハイマー病では血管性認知症ほど因果関係ははっきりしていないが、いくつかの危険因子が指摘されており、アポリポ蛋白E4遺伝子、頭部外傷・失神（意識消失）の既往、うつ病の既往、などさまざまな報告がある。ただし、現段階で予防的に介入できることとしては、血管性認知症と同様にメタボリック症候群を避け、日常生活では心身に刺激を与えるような、適度な運動、趣味への関心、対人交流などが推奨されている。

2 認知症の支援

1 認知症の支援機関

　認知症の初期に、必要に応じて診断・治療につなぐ調整を行うのが認知症初期集中支援チームで、各市区町村に設置が進められている。複数の専門職が家族の訴え等により、認知症が疑われる人や認知症の人およびその家族を訪問する。認知症の評価、家族支援などの初期の支援を、包括的、集中的（おおむね6か月）に行い、自立生活のサポートを行う多職種協働チームである。

　新オレンジプランでは、認知症患者・家族の暮らし、生活を支える地域包括ケアシステムの実現が目標とされている。それぞれの地域において、地域の特性に合わせた、住居、医療、介護、予防、生活支援などの多様なサービスが、患者それぞれのニーズに応じて、統合的に提供されることが求められている。認知症高齢者のさまざまなニーズに対応するためには、保健、医療、介護、福祉の連携（ネットワーク）が不可欠である。

Active Learning

あなたの住んでいる地域を担当している地域包括支援センターの所在地や、実際に提供しているサービスを調べてみましょう。

　最も中心的な役割を担っているのが地域包括支援センター（高齢者あんしん窓口、高齢者サポートセンターなど地域によってさまざまな呼称がある）である。同センターは、2005（平成17）年の介護保険法改正により設置された。保健師、ケアマネジャー、社会福祉士、精神保健福祉士などが置かれ、各地域での認知症支援のネットワークの最前線の機関である。

　認知症疾患医療センターは、医療機関や介護機関などと連携を図りながら、認知症の鑑別診断、BPSDへの対応、身体合併症の急性期治療、医療相談などを実施するとともに、かかりつけ医、介護関係者への研修を行う。各地域における認知症の医療・介護の拠点である。

相談窓口としては、ほかに認知症（アルツハイマー病）家族会がある。主に在宅で介護をしている家族（もしくは患者本人）が、介護の状況、思い、悩みなどを共有し、意見交換を行う会である。認知症を在宅で介護する場合には、とかく介護者は孤立しがちであり、家族会は精神的、心理的支えとなる。

2 介護保険法によるさまざまなサービス

介護保険制度では、すべての市区町村が保険者となり、40歳以上のすべての国民が被保険者となる。介護保険財政の50％は公費、残り50％は保険料からの支払で賄われている。介護保険では、被保険者からの申請によって厚生労働大臣の定める基準（社会的支援を要する状態である要支援1・2、部分的な介護を要する状態である要介護1から最重度の介護を要する状態である要介護5までの計7段階）を用いて要介護認定が行われる。この要支援・要介護認定区分ごとにサービス利用の限度額が設定されており、被保険者や介護者がケアマネジャーと相談しながら、受けるサービスの内容を決定する。介護保険で利用できるサービスは、居宅系サービス、居住系サービス、施設系サービスなどに大別される。要介護認定を受けた人は1割（一定以上の所得者は2割、現役並みの所得者は3割）の自己負担と、9割（8割もしくは7割）の保険者等負担でサービスを利用することができる。

居宅系サービスには、訪問介護（ホームヘルプサービス）、訪問入浴介護、訪問看護、訪問リハビリテーション、通所介護（デイサービス）、通所リハビリテーション（デイケア）、短期入所生活介護（ショートステイ）などがある。認知症高齢者では、生活環境の変化によって急速に認知症状が進行したり、BPSDが悪化したりすることがよく経験される。介護者を支援しながら、生活環境を変えずに、在宅で行えるサービスを積極的に活用することは非常に重要である。

居住系サービスには、サービス付き高齢者向け住宅（サ高住）、高齢者グループホーム、有料老人ホームなどがある。

施設系サービスには、介護老人福祉施設（特別養護老人ホーム）、介護老人保健施設、介護医療院★がある。

最近はさらに地域密着型サービスも整備されてきている。認知症対応型通所介護、認知症対応型共同生活介護（グループホーム）、小規模多機能型居宅介護などである。これらは次第に充実してきているが、いまだ整備されていない市区町村もあるのが現状である。

★介護医療院
医療の必要な要介護高齢者の長期療養・生活施設。2023（令和5）年度末に廃止される介護療養型医療施設の主な受け皿になっている。

在宅支援を中心に進める施策のなかで、介護者へのケアも重視されてきている。介護離職、介護うつ、さらには介護心中などの深刻な事態も社会的問題となっている。介護者の「レスパイト（休息、息抜き）」という側面も重要な視点である。

■3 認知症高齢者の権利擁護

認知症を含め、成人で自身の財産管理ができない人の財産権の保護のため、日本では長らく禁治産・準禁治産制度があった。禁治産と判定されると後見人、準禁治産と判定されると保佐人がつけられていたが、鑑定が煩雑で、法律的な諸問題も多くあった。

そのため2000（平成12）年から新たに成年後見制度が導入された。法定後見・保佐（禁治産、準禁治産に相当）、法定補助、任意後見と細分化され、鑑定も簡便になった。本制度では、財産の管理だけではなく、身体面の保護も含めた権利擁護も保証されている。

認知症高齢者の権利擁護では、虐待対策も重要である。2005（平成17）年に高齢者虐待の防止、高齢者の養護者に対する支援等に関する法律（高齢者虐待防止法）が制定されており、虐待に気づいた人は、市区町村に通報する義務があることが定められている。

■4 精神科病床における認知症高齢者の現状

精神科病床の入院患者の診断別内訳の推移を第2章第1節 p.14 図2-3 に示した。統合失調症患者が減少する一方、認知症（アルツハイマー病）患者がここ十数年で急速に増加している。精神科病床における血管性認知症、アルツハイマー病などの認知症を合わせると、全入院症例の内訳で約20〜25％を占める。

また、精神科病床入院患者の平均年齢も年々上昇している。徘徊など事故につながる BPSD の治療の必要でやむを得ないケースはあると思われるが、社会資源の活用、介護（虐待）の問題、社会福祉的な側面についても課題が多い現状にある。

◇参考文献
・日本精神神経学会日本語版用語監，髙橋三郎・大野裕監訳『DSM-5精神疾患の診断・統計マニュアル』医学書院, 2014
・厚生労働省「認知症施策推進総合戦略──認知症高齢者等にやさしい地域づくりに向けて（新オレンジプラン）」 https://www.mhlw.go.jp/stf/houdou/0000072246.html
・認知症施策推進関係閣僚会議「認知症施策推進大綱」2019年6月18日

学習のポイント

- 発達障害の概要について学ぶ
- 発達障害をもつ人の特徴や課題について学ぶ
- 発達障害に対する対策や具体的支援のあり方について学ぶ

1 発達障害の概要

　発達障害者支援法第2条において、発達障害は「自閉症、アスペルガー症候群その他の広汎性発達障害」「注意欠陥多動性障害」「学習障害」を中心に定義されている。この法律が成立施行後、DSM*の改訂に伴い、同法で定義される発達障害は「神経発達症群・神経発達障害群」として位置づけられ、診断カテゴリーにも変化が生じている。医学的診断基準の詳説は別巻に譲り、ここでは発達障害者支援法における発達障害の定義に従ってその概要について説明していく。

★DSM
p.26側注参照

1 自閉症、アスペルガー症候群その他広汎性発達障害

　ICD-10*においては「アスペルガー症候群」や「小児自閉症」を含む「広汎性発達障害」、DSM-5では「自閉スペクトラム症/自閉症スペクトラム障害」に該当する。❶社会的コミュニケーションおよび対人的相互反応における持続的な欠陥、❷行動、興味、または活動の限定された反復的な行動様式を特徴としている。

★ICD-10
p.26側注参照

　「社会的コミュニケーションおよび対人的相互反応における持続的な欠陥」として、①対人的—情緒的関係の欠落、②対人的相互反応で非言語的コミュニケーション行動を用いることの欠陥、③人間関係の発展・維持・理解することの欠陥などがあるとされている。

　DSM-5では、症状は早期に存在していなければならないとしながらも、社会的要求が能力の限界を超えるまでは症状は表出しない可能性、あるいは生活で学んだ対応の仕方によって隠されている場合も指摘され、発見が遅れる可能性も示唆している。

■2 注意欠如・多動性障害

ICD-10では「多動性障害」、DSM-5では「注意欠如・多動症／注意欠如・多動性障害」に該当する。注意欠如・多動性障害（ADHD）は、❶注意・集中統制力の欠如、および❷多動性・衝動性が基本的な特徴とされている。それぞれ6か月以上持続していて、12歳になる前から存在していることが診断の条件とされている。

「注意・集中統制力の欠如」の部分がより顕著な不注意優勢と、多動性・衝動性が目立つ多動・衝動優勢、そしてこれらが混合して存在している場合がある。

■3 学習障害

ICD-10においては「特異的読字障害」や「特異的綴字（書字）障害」、「特異的算数能力障害（算数能力の特異的障害）」を含む「学力の特異的発達障害」、DSM-5は「限局性学習症／限局性学習障害」に該当する。学習障害（LD）は、基本的には全般的な知的発達に遅れはないが、読み・書き・計算など特定の学習能力に障害を示す。学業困難は学齢期に始まるとされているが、学校や職場での要求が、その人の限られた能力を超えるまでは明らかにならないこともある。

■4 その他の発達障害

DSM-IVの小児神経発達症に含まれるコミュニケーション症群（障害群）や発達性協調運動症群（障害群）、チック症群（障害群）なども、いわゆる発達障害として支援教育や福祉の対象として扱われる場合も少なくない。発達障害は、社会（対人）認知や注意集中、そして学習能力などのような、認知能力（＝情報処理能力）の不器用さが特徴とされ、神経レベルの発達の偏りが原因であるとされている。

しかし周囲からはそのように理解されないことも多く、本人の性格の問題や親の子育ての問題として認識されるなかで、本人や保護者が自信喪失に陥り、成長に応じた社会生活の発達が阻害されてしまうところに、彼らの生きづらさがある。

2 ▷ ライフステージと生活場面における発達障害の特徴と支援

1 就学前児童期

乳幼児期については、「眠らない」、「かんしゃくもち」などのように、育てづらさを感じるような子もいれば、一人遊びばかりして手がかからないという子もいる。始語や始歩が遅いこともあれば、逆にほかの子よりも早い場合もある。乳幼児健診のなかで、発達の問題（その可能性）が指摘されることも多い。保育園や幼稚園などの集団生活のなかで「育ちに対する困り感」が本格的に具体化されることもある。他児と遊ばない、じっとしていられない、指示が通らない、粗暴行為があるなど、発達障害の特徴がそのまま集団生活の場で繰り広げられる。

就学前児童にとっての支援のキーワードは、発達障害者支援法にも明記された早期発見と早期介入、そして子育て不安に対する支援である。乳幼児健康診査は早期発見の仕組みとして定着してきている。また巡回支援専門員整備業では、保育所・幼稚園など日常生活でのいわゆる「（育ちの）気になる子ども」の早期発見・介入が期待される。言語訓練や親子通園などを行う療育機関だけでなく、保育所・幼稚園における日常のかかわりは早期介入として重要な役割を担うものである。

一方、我が子の育ちへの不安を抱えた保護者に対する支援としては、これまでも行われてきた子育て教室、ペアレントトレーニングやストレスマネジメントに加えて、ペアレントメンターによるサポートやペアレントプログラム、ピアサポート推進事業により家族同士が支えあうための新たな取り組みが展開されてきている。保護者自身が障害や経済的問題などを抱えている場合、発達障害児の子育てはさらに困難なものとなり得る。障害児等療育支援事業や相談支援事業による個々のケースに応じたサポートは、発達障害児を抱える家族を支えるための重要な資源である。

2 学童期

学童期になると学校生活という構造化された環境のなかで、発達障害の子どもたちが生きづらさを経験する。授業中の離席に始まり校内外への立ち歩き、他児への妨害行為や粗暴行為、思い通りにいかなかったときのかんしゃくなど、発達障害の子どもの行動に、クラス全員が振り回されることも少なくない。子どもの問題行動をめぐって、教師が大きな

★ペアレントトレーニング
子どもの行動に注目した対応を行っていくための保護者を主な対象としたプログラム。

★ペアレントメンター
発達障害の子育ての経験をもち、かつ一定のトレーニングを受けた者のことで、発達障害児をもつ保護者に対して共感的支援を行っていくことを目的に活動を行っている。

★ペアレントプログラム
育児に不安がある保護者などを地域の支援者が効果的に支援できるよう設定されたグループプログラムである。

★構造化された環境
構造化という言葉はいろいろな意味があるが、ここでは「規則化された」という意味で使用している。小学校からは時間の決まり・場所の決まり・活動の決まりなど、保育園や幼稚園に比べて子どもたちの生活が規則化（構造化）されていく。

ストレスを抱えてしまうこともある。**不適応**を繰り返す子どもの扱いや子育てをめぐって、夫婦間・嫁姑間など家族間の不和へと発展することも少なくない。

　子ども本人は親や先生からの叱責や罰が多いだけでなく、子ども同士のルールが守れず、仲間からのけ者にされることも少なくない。集団不適応が著しいほど、周囲の大人や仲間たちは翻弄され、子ども本人に厳しくつらく接することが多くなる。発達障害児者の大きな問題は、こうしたやりとりの積み重ねの結果として、周囲との関係の悪化や自己評価の低下を招くところにある。

　学童期の発達障害児支援は、言語学級や情緒学級、知的学級など特別支援教育や教育相談による支援に加え、学校外からの学校支援も重要な役割を果たす。地域の多分野・多機関との連携は、発達障害者支援法の基本理念でも目指すべき支援の形として明記されており、学校現場の取り組みを支援していくことが、子どもと家族への支援にもつながる。放課後等デイサービスや学童保育事業所は子どもたちが学校外の時間を過ごす場所として、保育所等訪問支援は学校・保育所を含む子どもたちの施設への訪問支援として活用される。著しい行動化や家庭不和があるときには、ショートステイや行動援護の導入も有効である。**特別支援コーディネーター**やスクールソーシャルワーカーなどは学校の内と外をつなぐ役割を果たすとされている一方、学校側のキーパーソンがそれぞれのケースにより異なる現状もある。

　学童期に学校の集団生活や学習のつまずきをきっかけにして医療機関受診に至るケースは多い一方、児童思春期を対象とする医療機関の不足から、初診に至るまでの期間が長期化している問題がある。2016（平成28）年にはかかりつけ医の発達障害への対応の底上げを図る取り組みとしてかかりつけ医等発達障害対応力向上研修事業が、2018（平成30）年には発達障害専門医療機関ネットワーク構築事業の実施により、初診待機長期化への対策がなされた。

3 思春期・青年期

　思春期以降、特に自己評価の低下や周囲との関係の悪化は、本来の発達障害から派生する**二次障害**といわれる問題へと移行することがある。いじめ、不登校、ひきこもりのような、集団からの回避行動などの内に向かう行動化（acting-in）であったり、逆に暴力や非行などの怒りや衝動性を発散させるような外に向かう行動化（acting-out）となって

現れることもある。精神疾患や、嗜癖・依存のような形で現れることもある。著しい行動化におよばないにしても、学校を修了・卒業できない、進路を決めきれない、就職できない、仕事が続かないなどの問題から、30代、40代になっても自分の生活が確立できずにいる人たちも少なくない。ニートやひきこもり、ホームレス状態になる者もいる。

　思春期後期から青年期にかけて子どもたちは学校生活を終了し、就職という形で社会参加を始め、やがて自分の家庭をもつようになる。青年期以降、発達（障害）の問題が二次障害として展開するとき、子どもとしての学校生活・家庭生活の問題から、成人としての（あるいは成人になるための）就労や家庭生活、社会生活の問題へと影響することになる。

　非行や触法行為が関連するケースでは、児童相談所や家庭裁判所、保護観察所などが支援にかかわってくる。DVや虐待の被害者・加害者として登場することもあれば、薬物・アルコール依存や精神疾患、時にはパーソナリティ障害と考えられている人たちにも発達障害がベースにあるという場合もある。ひきこもり地域支援センターや地域若者サポートステーション、パーソナルサポートセンター（生活困窮者自立支援事業）などにおいても、発達障害を抱える青年期・成人期の人たちがみられる。特に青年期以降は、学童期のような「発達」のケースとしてではなく、さまざまな生活上のトラブルへの支援の対象となる者のなかに発達障害者が多くみられるようになる。

Active Learning

発達障害では学童期や思春期・青年期で、どんな困難が学校や生活場面で起きやすいか考えてみましょう。

3 ▶ 発達障害児者支援と精神保健福祉士

　これまでの発達障害者支援は、乳幼児期から成人期までのライフステージごとに支援が異なる分野で構成されていたため、断片化されたものになり、継続性の乏しい支援体制となっていた。たとえば就学前児童期は母子保健や療育、学童期に入ると教育委員会（放課後は障害福祉の児童デイサービス）、非行関連は法務省関連の機関（家庭裁判所、少年鑑別所、保護観察所）、ひきこもりは地域若者サポートステーションやひきこもり地域生活支援センター、青年期・成人期には就労支援サービスなどである。

　発達障害者支援法は、継続的な支援を組み立てるための「とぎれない支援」を目指し、地域の多分野連携を前提とした支援体制の構築をその基本理念の一つとしている。この法律の趣旨に従い「とぎれのない支援」

体制を構築するための中核的機関として、発達障害者支援センターが各都道府県に設置されることになった。

　精神保健福祉士は、精神障害者の地域移行とともに、地域生活支援を主な役割として登場した。メンタルヘルスの問題、ひきこもりや発達障害など児童思春期の子どもたちの心の問題など、精神保健福祉の対象のすそ野に広がりがみられる。これらのケースでは、精神科病院への長期入院や地域移行がテーマとなることは少なく、精神保健福祉士にとって、これまでとは違った新しい分野となっている。多様化する国民の精神保健福祉に対するニーズに応えるためにも、領域や年齢の垣根を越えた新しい実践の構築が課題となっている。発達障害児者支援は、特定の子どもの専門家だけの領域ではなく、子どもから大人までのさまざまな領域の支援者、そしてその家族がかかわり続ける分野であることを認識しておかなければならない。

第9節　社会的ひきこもりに対する対策

学習のポイント

● ひきこもりケースに対する地域支援について学ぶ
● ひきこもりケースに対する支援の課題について学ぶ
● 新しい支援制度や支援技法について学ぶ

1　ひきこもりに関する諸施策

1　ひきこもりケースに対するこれまでの地域支援

　ひきこもりケースに対する公的な地域支援としては、1990年代後半から精神保健福祉センターや保健所をフィールドとした、いくつかの支援実践が報告されるようになった。その後、精神保健福祉センターでは、個別的な相談支援のほか、家族への心理教育や本人を対象としたグループ支援などが全国的に定着し、いくらかの地域差はあるものの、地域支援の中核機関として、あるいは地域ネットワーク支援の一部として機能してきた。

　また、本人・家族への直接支援のほか、教育、就労支援、障害福祉など、関係領域との連携を保健所・保健福祉事務所が担っている自治体や、独自に相談窓口を開設する自治体が少しずつ増えてきているようである。社会福祉協議会が中心的な役割を担っている自治体もある。たとえば秋田県藤里町（人口3892人）では、住民のニーズ把握を目的とした訪問調査によって、18〜55歳の住民のうち113人が長期不就労状態で自宅などにひきこもっていることを把握し、町おこし活動と連動させた支援活動に取り組んでいる。[1]

　さらに、自治体からの委託によってさまざまな支援に取り組んでいる民間支援団体のほか、市区町村から相談支援事業の委託を受けている事業所でも、ひきこもりケースに対応する機会が増えているようである。

2　ひきこもりの評価・支援に関するガイドライン

　ひきこもりケースの治療・支援に関しては、本人に会える以前の家族支援や自宅への訪問の進め方、心理療法的アプローチや社会参加に向け

Active Learning

あなたの暮らしている地域のひきこもり相談窓口や、自治体や民間支援団体の活動内容を調べてみましょう。

たケースワークなど、多くの検討課題がある。相談支援活動に活用できる国レベルの指針としては、厚生労働省による「10代・20代を中心とした「ひきこもり」をめぐる地域精神保健活動のガイドライン——精神保健福祉センター・保健所・市町村でどのように対応するか・援助するか[2]」、「ひきこもりの評価・支援に関するガイドライン[3]」が示されている。

「ひきこもりの評価・支援に関するガイドライン」の要点は以下のとおりである。

❶ ひきこもりの背景にある精神障害に焦点を当てた治療、本人の心理的な自立を助けるための支援、家族や環境への介入といった生物的−心理的−社会的な多次元モデルを提唱していること

❷ 地域におけるネットワーク支援の仕組みづくりを推奨していること

❸ 包括的で一貫した支援体制の必要性を指摘していること

❹ 本人が医療・相談機関を利用していないケースにおける家族支援の進め方を示していること

❺ 本人への治療・支援について、個別から小集団の経験を経て社会参加や就労へ、といった段階的な治療・支援プロセスと、それぞれの段階における留意点を示していること

❻ ケースによっては、薬物療法が必要となる可能性を示していること

❼ 自宅への訪問に関する標準的な指針を示していること

❽ 自傷他害などの緊急事例に対する介入の指針を示していること

❾ 個人療法的な支援や中間的・過渡的なグループでの支援段階にとどまり続けるケース、あるいは一切の支援を拒んでひきこもり状態を続けるケースもあり、画一的に社会参加や一般就労を目標とすることはできないという認識を示していること

■3 ひきこもり地域支援センター

厚生労働省が2009（平成21）年度に事業化した「ひきこもり対策推進事業」に基づき、各都道府県・政令指定都市を実施主体として、ひきこもり地域支援センターの設置が進んでいる。ひきこもりに特化した第一次相談窓口としての役割をもつ機関であり、ひきこもりケースが支援に結びつきにくいという課題の解消を目的とした事業である。センターでは、ひきこもり問題に関する中核機関として、本人と家族を対象とした来所相談やグループ支援のほか、家庭訪問を中心とするアウトリーチ支援、医療機関、教育、福祉、就労などの関係機関で構成される連絡協議の開催、リーフレットの制作・配布、研修会や講演会の開催、保健所

や市町村、民間支援団体などへの技術的支援、ひきこもりケースにかかわる関係機関の職員のためのスキルアップ研修などに取り組んでいる。

ひきこもりの背景要因は多様、複雑であり、精神医学的、心理的、社会的な視点から包括的にアセスメントする必要があるため、**ひきこもり支援コーディネーター**として精神保健福祉士、社会福祉士などの専門職が配置されている。ただし、ひきこもりケースの支援は数年にわたることが多く、その過程でさまざまな専門性をもったスタッフが必要になることから、第一次相談窓口を開設するだけでは必ずしも有効な支援には結びつかない。本格的な支援を重視した自治体は、ひきこもり地域支援センターを精神保健福祉センター内に設置するなどして体制整備を図っているが、それでも専任スタッフ（非常勤を含む）と兼務スタッフ、4～5名の体制で数多くのケースに対応しており、十分な支援体制が整ったとはいい難い。

ひきこもり地域支援センターは自治体直営のほか、NPO法人や社会福祉法人などに全部または一部が委託されている場合もあり、設立母体や活動内容も多様である。センター同士の情報交換や職員の支援技術の向上を求めるために、2011（平成23）年12月に「ひきこもり地域支援センター全国連絡協議会」が設立された。

Active Learning
ひきこもりや生活困窮の支援において精神保健福祉士に求められる役割を考えてみましょう。

■4 生活困窮者自立支援法に基づくひきこもり支援施策

生活困窮者自立支援法は、生活保護に至る前の段階からさまざまな課題を抱えている生活困窮者に対して、福祉事務所単位を基本とした総合的な支援を提供するための法律である。制度の体系としては、必須事業、任意事業、その他事業があり、❶生活に困っている人であれば誰でも相談を受け付ける自立相談支援事業、❷失業等により住居を失う可能性がある人への支援を行う住居確保給付金の支給（資産要件有り）は必須事業である。任意事業としては、①就労準備支援事業（資産要件有り）、②家計相談支援事業、③一時生活支援事業（いわゆるシェルター、資産要件有り）、④子どもの学習支援事業がある。これらの制度に基づく事業は自治体直営のほか、社会福祉法人等に委託して実施することもできる。

また、生活困窮者自立支援法の施行に伴い、上記の「ひきこもり対策推進事業」も、「その他の事業」としてこの法制度体系に組み込まれることとなった。法施行の前、2013（平成25）年から平成2015（平成27）年6月までに実施されたモデル事業によれば、生活困窮者として支援を開始した8509人中、8.8％がニートを含む社会的孤立の状態に

あった。今後この制度は、ひきこもりケースに対する地域援助体制として一定の役割を果たしていくものと考えられる。

2 これまでの課題とこれからの支援

1 地域における相談支援活動の課題

第一に、相談にあたる援助者の専門性と支援技術の担保が課題である。ひきこもりは、生物的、心理的、社会的な要因がさまざまに関連しあって形成される問題であり、それらを的確にアセスメントする技術が求められる。

第二に、ひきこもりケースの支援は長期化することが多く、それぞれの支援段階に応じた多様な支援メニューが必要になる。これは一次的な相談窓口の設置だけでは解消できない課題である。

第三に、地方自治体の政策立案能力が問われている。厚生労働省の施策とは別に、内閣府は、子ども・若者育成支援推進法に基づく「子ども・若者総合相談センター」の開設や、子ども・若者支援地域協議会の設置を地方自治体に求めている。地方自治体においては、これらの諸制度を過不足なく組み合わせ、真に有効な支援体制を構築することが課題となる。

第四に、ひきこもりケースは家族からの相談によって事例化することが多く、家族との相談面接のスキルが求められる。しかし、多くの援助者が家族相談の進め方に困難を感じており、現状を改善してゆく必要がある。

2 暴力を伴うケースへの支援

近藤らは、保健所や精神保健福祉センターの精神保健福祉相談において出会う暴力を伴うひきこもりケースについて、また、警察との協働が必要になるような危機状況に対する支援についてまとめている。要点としては、❶家族の安全確保、❷本人と家族との関係を修復するような家族療法的アプローチ、❸家族に警察の役割と機能を理解し、暴力の抑止手段として有効に活用してもらうこと、❹特に非精神病圏のケースでは、家族も援助者も入院治療に期待しすぎないこと、の4点に集約される。

このうち、多くの援助者にとって最も難しいのが家族療法的アプローチであろうと思われる。具体的には、まずは両親の関係を強化すること、

親と子どもの間にあるべきヒエラルキー（階層・序列）を取り戻すこと、限界設定などによって子どもの心理的対応を抑制すること、ふだんの家族関係を修復し、暴力を誘発しやすいコミュニケーション・パターンを変化させること、さらに必要な場合には、外部のシステムから受けている影響や両親の生活歴、原家族における体験にも目を向けることなどが考えられるが、いずれも家族療法の研修を受けることで初めて習得できる技術であると思われる。

　たとえば、児童虐待対策の一つとして児童福祉司に対する任用後研修（児童福祉法第13条第9項）を義務づけているように、保健所等の精神保健福祉担当者に相応の研修を義務化するような施策についても検討が必要であると思われる。

3 新たな支援手法

　近年における新たな家族支援の手法として、認知行動療法に基づき、本人の受診・相談につながることを目的とした「コミュニティ強化と家族訓練（Community Reinforcement and Family Training：CRAFT）プログラム」を応用した手法が、かなり現場に定着してきたように思われる[5)6)]。また、これまでにも日常的に実施されてきた自宅への訪問活動にオープンダイアローグの手法を取り入れた試みも報告されて[7)]おり、今後の展開が期待される[8)]。

　いわゆる「8050問題」と呼ばれるような長期化・高齢化した状態で事例化するケースに対しては、介護保険、障害福祉、精神保健福祉、生活困窮者支援、生活保護など、多領域にわたるネットワーク支援が求められるため、今後の取り組みと発信が待たれる。

◇引用・参考文献
　1）藤里町社会福祉協議会・秋田魁新報社編『ひきこもり町おこしに発つ』秋田魁新報社，2012.
　2）厚生労働省「10代・20代を中心とした「ひきこもり」をめぐる地域精神保健活動のガイドライン──精神保健福祉センター・保健所・市町村でどのように対応するか・援助するか」 https://www.mhlw.go.jp/topics/2003/07/tp0728-1.html
　3）厚生労働省「ひきこもりの評価・支援に関するガイドライン」 https://www.mhlw.go.jp/file/06-Seisakujouhou-12000000-Shakaiengokyoku-Shakai/0000147789.pdf
　4）近藤直司・広沢昇「暴力を伴うひきこもりケースに対する治療・支援」『精神科治療学』第33巻第8号，pp.953−958，2018.
　5）境泉洋・野中俊介「CRAFTひきこもりの家族支援ワークブック──若者がやる気になるために家族ができること』金剛出版，2013.
　6）山本彩・室橋春光「自閉症スペクトラム障害特性が背景にある（または疑われる）社会的ひきこもりへのCRAFTを応用した介入プログラム──プログラムの紹介と実施後30例の後方視的調査」『児童青年精神医学とその近接領域』第55巻第3号，pp.280−294，2014.
　7）近藤直司・境泉洋・石川信一他「地域精神保健・児童福祉領域におけるひきこもりケースへの訪問支援」『精神神経学雑誌』第110巻第7号，pp.536−545，2008.
　8）石川真紀「精神保健福祉センターの訪問支援におけるオープンダイアローグ的対話の試み」『精神科治療学』第33巻第3号，pp.325−330，2018.

第7章 精神保健に関する発生予防と対策

災害時の精神保健に対する対策

学習のポイント

● 災害によって生じるストレスや精神障害の増悪について学ぶ
● 災害被災者に対する支援と支援者ケアについて学ぶ

1 ▶ 我が国の現状

1 災害の状況

　我が国は自然の恵みも多い反面、世界でも有数の地震多発帯、火山活動多発帯であり、地殻の上昇も加わって非常に脆弱な地盤をもっている。地理的、地形的、気象的な条件が重なり、自然災害が多く、近年でも相次ぐ豪雨、豪雪等でその発生件数が多いことがあらためて認識されている。

　災害の種類は、自然災害、人為災害、特殊災害に分けられ、さらにこれらの災害が同時に発生する複合災害がある。地震、津波、風水害、雪害、停電、テロ、原発事故、交通寸断などのさまざまな原因で、被災地域内の包括的な社会機能の障害が引き起こされ、人々の安楽な生活が阻害される状態が災害である。そして、災害は再び起こり、繰り返すものである。災害サイクルは社会の対応や状況で分けられる（**図 7-2**）。

Active Learning

最近起きた災害を調べ、現在の身の回りの災害リスクについて、考えてみよう。

図7-2　災害サイクルと支援

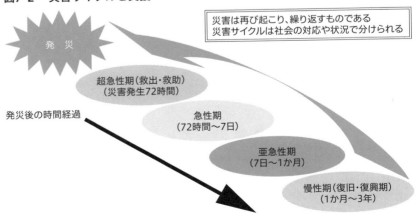

> 災害は再び起こり、繰り返すものである
> 災害サイクルは社会の対応や状況で分けられる

発　災

発災後の時間経過

超急性期（救出・救助）
（災害発生72時間）

急性期
（72時間〜7日）

亜急性期
（7日〜1か月）

慢性期（復旧・復興期）
（1か月〜3年）

出典：日本集団災害医学会用語委員会企画・編集『日本集団災害医学会用語集CD-ROM』日本集団災害医学会，2008．を一部改変

2 災害対策法制

　我が国の災害対策法制は、災害の予防、発災後の応急期の対応および災害からの復旧・復興の各ステージを網羅的にカバーする「災害対策基本法」を中心に、災害類型に応じて各々の個別法によって対応する仕組みとなっている。

　発災後の応急期には「災害救助法」が、大規模災害からの復興には「激甚災害に対処するための特別の財政援助等に関する法律」（激甚災害法）をはじめとして、被災者への救済援助措置、災害廃棄物の処理、災害復旧事業、保険共済制度、災害税制関係等に関するさまざまな制度が、各ステージにおいて被災者の暮らしを支える。

2　被災後に起きるストレス障害とその対策

1 災害によって生じる心身の反応とこころのケア

　災害時は、被災者の「安全・安心・安眠の確保」が何よりも優先される。救命救急から始まり、生活再建、地域復興を経て再建期のそれぞれの段階に応じて、医療・生活ニーズへの対応が求められる。

　支援者は、被災した住民に対して災害後のさまざまな心身の不調は、災害という非日常的、異常事態に対する正常な反応であることを伝え、症状が長引いた場合には、専門家に相談できることを広く啓発する広報活動が必要になる。

　また避難生活では、急激な変化に伴う環境ストレスを極力減らす工夫が必要となる。特に、持病や精神障害がある人の治療・服薬中断は、悪化を防ぐために早急に状況を把握して対応する。また発達障害や知的障害のある人は、起こっている事態や避難の必要性が理解できずにいたり、避難所に合流することが困難であったりする場合もあるため、対応にはより気をつける。

　地域で精神障害を抱えながら生活を継続してきた人々が、大きな心理的なダメージを受けていたり、日頃から慣れた生活環境を変える必要が生じたり、さまざまな事態に直面することにより、生活課題が顕在化してくる。そのため元来の精神疾患が増悪することがある。

　専門的なケアが必要と判断されるものには、医療機関や相談機関に結びつけ、その後も医療や相談が中断していないかなどの確認が必要になってくる。災害復旧後、被災体験を表現することを通して回復してい

くのには、個々人のペースを尊重することが重要である。

① 被災直後～１週間

　被災者は死別・負傷・家財喪失からくる悲嘆や抑うつ状態、支援の遅れや情報の混乱などから起こる怒り、些細なことでのイライラ・不眠・孤立感の高まり・悪夢などのフラッシュバックといったストレス反応が起きる。反対に、強い使命感、興奮、精神的な高揚感を抱くこともある。

② 被災後１週間～１か月

　災害発生に伴う混乱は収束に向かう。その一方で、被災状況を目の当たりにしたり、避難生活の長期化、自宅に戻ってからの復旧作業がはかどらないなど、それまで頑張ってきた人でも、過労や過重なストレスから心身の不調を起こしやすくなる。不安、抑うつ、パニック症状、アルコール関連問題などが出現しやすい時期でもある。

③ 被災後１か月～３か月

　徐々に平常を取り戻していく一方で、生活再建や経済的な問題が浮上し、さまざまな困難に直面していく時期である。生活のめどを立てて立ち直っていく人と、遅れていく人の二極化が進む。また、心的外傷後ストレス障害（PTSD）の症状がはっきりしてくることがある。

④ 被災後３か月以降

　徐々に平常の生活に戻っていく時期であるが、回復に向かう過程で、さまざまな差が現れる。地域の人間関係が急激に変化したり、転居して新しい地域になじめないために、家に閉じこもっていたりする時期になる。そのため、孤立防止や自殺対策について視野に入れる必要がある。

2 復興と心の変化

　復興が進むにつれ、被災者は世間から忘れ去られていくように感じる。同じ被災者の間でも、時間経過とともに、精神的に立ち直っていく者と精神的な不健康さを抱える者とに分かれる。その格差間は広がり続ける鋏状較差（図7-3）として指摘されている。

　さらに、うつ状態やアルコール関連問題、DVなどが現れたり、ひきこもりがちなために支援者が状況を把握できない人も出てくるため、PTSDが見過ごされてしまうこともある。

★鋏状較差
災害の被害が、地域によって程度や質が大きく異なり、精神保健医療福祉に関して、「まだら状較差」が生じるのに対して、復興の過程で、被災者には、生活再建対策が進行する者と、長期間の生活環境ストレスにさらされ、ストレスが重なりあい、回復が遅れる者やより深刻な精神的な課題を抱える者が出てくる。その両者の較差を意味する。孤立防止や自死対策を講じて、心理的・社会的な較差を埋めるための支援が必要とされる。

図7-3　被災者の回復の二極分化（鋏状較差）

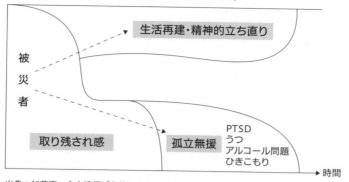

出典：加藤寛，金吉晴編『心的トラウマの理解とケア（第2版）』じほう，p.86，2006.

3 ▶ 災害被災者に対する支援と具体的な対策

■1 災害発生後の早期支援

　災害発生後早期（直後〜4週間）に心理的、社会的な支援法として推奨される心理的応急処置に「サイコロジカル・ファーストエイド（Psychological First Aid：PFA）」がある。深刻な危機的出来事に見舞われた人に対して実際的な支援として行われる。

　Sphere*（2011）やIASC*（2007）によれば、PFAとは、苦しんでいる人、助けが必要かもしれない人に、同じ人間として行う、人道的、支持的な対応のことである。PFAは、ニーズに沿った手助けであり、行動原則にある「見る」「聞く」「つなぐ」は、災害支援に従事するさまざまな立場の人々がとるべき態度や姿勢になっている。

> **PFAとは何か**[1)]
> ・実際に役立つケアや支援を提供する、ただし押し付けない
> ・ニーズや心配事を確認する
> ・生きていく上での基本的ニーズ（食料、水、情報など）を満たす手助けをする
> ・話を聞く、ただし話すことを無理強いしない
> ・安心させ、心を落ち着けるように手助けする
> ・その人が情報やサービス、社会的支援を得るための手助けをする
> ・それ以上の危害を受けないように守る

★Sphere（スフィア）
難民や被災者に対する人道援助の最低限を定めている基準。

★IASC
Inter-Agency Standing Committee：機関間常設委員会。参考文献参照のこと。

Active Learning
「見る」「聞く」「つなぐ」について、具体的にどうすればよいか考えてみよう。

第7章　精神保健に関する発生予防と対策

2 支援者のケア

　さまざまな業務への対応や長時間勤務、悲惨な光景の目撃などによって、災害支援者にもさまざまなストレス反応が起きることがある。

　これは、「異常な状況に対する自然な反応」と考えられ、多くの場合、時間の経過に伴って収まるといわれている。業務中、被災者から怒りをぶつけられることがあるが、それは支援者個人に向けられた怒りではない。被災者の深い悲しみに接して、自分自身が辛い気持ちになることもある。こうした際には、仲間同士でお互いの経験や気持ちを話してみることが、ひとりの抱え込みを防ぐことにつながる。

　支援の終了後に、バーンアウト*という形をとることもある。支援者への感情移入から二次受傷・二次性トラウマという概念も提唱されている。

　専門的な支援者だからといって、傷つかない特別な存在というわけではない。そのためふだん以上に自分自身の健康管理やストレスケアに加え、支援者を送り出し、そして帰ってきた支援者を迎え入れる周囲の配慮も大切になってくる。

★バーンアウト
燃え尽き症候群(burnout syndrome)の意味で用いられる。それまで精力的に仕事に打ち込んでいた人が、心身の極度の疲労により、意欲や関心を失ってしまい、社会的に適応できなくなってしまう状態のこと。

◇引用文献
1）World Health Organization,War Trauma Foundation and World Vision International, *Psychological first aid:Guide for field workers*, WHO:Geneva, 2011.
（国立精神・神経医療研究センター，ケア・宮城，プラン・ジャパン訳「心理的応急処置（サイコロジカル・ファーストエイド：PFA）フィールド・ガイド」2012．）

◇参考文献
・重村淳「支援者のメンタルヘルス」精神保健医療福祉白書編集委員会編『精神保健医療福祉白書2018/2019──多様性と包括性の構築』中央法規出版，p.48，2018.
・山田正夫「災害派遣精神医療チームの活動と実際」精神保健医療福祉白書編集委員会編『精神保健医療福祉白書2018/2019──多様性と包括性の構築』中央法規出版，p.46，2018.
・松岡洋夫「東日本大震災と精神保健医療福祉の中長期計画──宮城県の場合」『精神神経学雑誌』第114巻第3号，pp.218-222，2012.
・Inter-Agency Standing Committee（IASC）「災害・紛争等緊急時における精神保健・心理社会的支援に関する IASC ガイドライン」IASC，2007．https://saigai-kokoro.ncnp.go.jp/document/pdf/mental_info_iasc.pdf
・Sphere Association「スフィアハンドブック──人道憲章と人道支援における最低基準 日本語版 第4版」2019．https://jqan.info/sphere_handbook_2018/

●おすすめ
・中島康『アクション・カードで減災対策』日総研出版，2016.
・東京都防災ホームページ「東京防災」 https://www.bousai.metro.tokyo.lg.jp/1002147/1008042/1008074.html

第8章

地域精神保健に
関する偏見・差別等
の課題

　地域精神保健活動に係るさまざまな現実的な課題を支援
するには、その支援に必要な枠組みがとても重要である。
本章では、精神保健福祉士が担う役割を実践的に遂行する
ために、必要な情報や価値観などのあり方を基本的事項と
して整理している。

　第1節では、地域精神保健活動に必要な法制度の趣旨と
その範囲、第2節では、期待される心の健康増進を推進す
るために必要な人材育成、第3節では地域精神保健活動で
長年の課題となっている偏見と差別に対する啓発活動のあ
り方などを学び、今後期待されるソーシャルワーク実践に
つなげていただきたい。

● 地域保健法の沿革および概要を理解する

● 母子保健法の概要を理解する

● 精神保健の諸問題に関連する法規について理解する

　地域保健法は、地域保健にかかわる対策を総合的に推進するために、国や都道府県、市町村が取るべき施策について規定する法律である。それまでは保健所法を根拠に保健所が地域保健サービスの中心的役割を担ってきた。ただ、地域保健の課題は社会情勢の変化によって変わり、それにしたがって対応策や中心機関も変える必要があった。

　ここでは地域保健の課題の変容と対策の変遷について紹介する。その後、地域保健法と母子保健法、地域精神保健関連法規として、ストーカー行為等の規制等に関する法律（ストーカー規制法）、配偶者からの暴力の防止及び被害者の保護に関する法律（DV 防止法）、心神喪失等の状態で重大な他害行為を行った者の医療及び観察等に関する法律（医療観察法）について概説する。

1 地域保健法・母子保健法

1 地域保健法へ至る社会状況の変化と対策の経緯

　明治維新後の公衆衛生の課題対応のため、旧・保健所法により各地区に**保健所**が設置されたが、戦争突入の時期と重なったため全国を網羅するまでに至らなかった。終戦直後には社会的混乱状態のなか、公衆衛生は伝染病や性病の蔓延という課題を抱えていたが、保健所も機能停止の状況であった。

　1947（昭和 22）年に新・保健所法が成立し、保健所が整備され、感染症予防や母子乳児保健に対応といった対人保健サービスを担うようになる。その後、精神衛生法改正により保健所に精神衛生の相談・指導といった業務が加わる。

　この頃、**公衆衛生**の課題も結核などの感染症から生活習慣病へと変

表8-1　地域保健法へ至る社会状況の変化と対策の経緯

年代	1937 （昭和 12）年	1947 （昭和 22）年	1965 （昭和 40）年	1978 （昭和 53）年	1989 （平成元）年	1994 （平成 6）年
	旧・保健所法	新・保健所法	精神衛生法改正 母子保健法制定	第 1 次国民健康づくり計画	「地域保健将来構想報告書」	地域保健法 母子保健法改正
社会情勢・地域の課題	公衆衛生意識の涵養 伝染病対策 乳児死亡	引揚者・復員者や国民動態の混乱 伝染病、性病の蔓延	1964（昭和 39）年 ライシャワー駐日大使刺傷事件	WHO「アルマ・アタ宣言」 高齢化の予兆	高齢化社会 都道府県保健医療計画策定	疾病構造の変化 少子高齢化 地方分権
主な内容	保健所の役割の規定	結核・性病・伝染病の予防	保健所業務に精神衛生が追加	市町村による保健サービスの強化へ 国保保健婦の市町村への移管	保健所機能分担 市町村保健センターの位置づけ	市町村 都道府県 国 それぞれの責務を定めた

わっていく。これら疾病構造の変容や高齢化、政治・行政の地方分権化といった社会状況の変化に加え、1978 年の「アルマ・アタ宣言」で示された「プライマリヘルスケア」や、1986 年「オタワ憲章」での「ヘルスプロモーション」といった認識の変化によって、疾病の早期発見・予防といった公衆衛生活動は、健康の維持・増進といった地域保健へとその活動を変えていく。

　1989（平成元）年には地域保健の将来像として、保健所と市町村保健センターの役割を整理する提案がなされ、1994（平成 6）年保健所法は地域保健法に改正・改称された。住民の生活の場に近い市町村が対人保健サービスを提供し、都道府県は人材確保と地域性の高い調査などを行うという都道府県と市町村の役割分担が示されることとなった。

2 地域保健法

　1994（平成 6）年に保健所法から改正された地域保健法は、その目的を「地域保健対策の推進に関する基本指針、保健所の設置その他地域保健対策の推進に関し基本となる事項を定めることにより、母子保健法その他の地域保健対策に関する法律による対策が地域において総合的に推進されることを確保し、もって地域住民の健康の保持及び増進に寄与すること」（第 1 条）としている。市町村は市町村保健センターを設置することができるとされ、住民に身近な健康相談、保健指導および健康診査その他地域保健に関し必要な事業は当該センターで行うとされた（第 18 条）。

　それまで地域保健の一線機関であった保健所は市町村に対する後方支

援といった位置づけとなっている。対人保健サービスの提供を市町村中心に行うとした地域保健法は、国の役割を「国は、政令で定めるところにより、予算の範囲内において、人材確保支援計画に定められた都道府県に対し、当該事業に要する費用の一部を補助することができる」（第22条）とし、都道府県の役割を「地域保健対策の実施に当たり特にその人材の確保又は資質の向上を支援する必要がある町村について、町村の申出に基づき、地域保健対策を円滑に実施するための人材の確保又は資質の向上の支援に関する計画を定めることができる」（第21条）とした。

このように地域保健法は、地域の状況に応じた柔軟な対応をするために市町村の役割を重視し、専門的・技術的助言および研修といった保健所機能の強化、都道府県および国の役割を明確にした点に特徴がある。

3 母子保健法

明治期より戦後にかけ、乳児死亡率の高さは公衆衛生の中心問題の一つであった。1948（昭和23）年に施行された児童福祉法によって、母子健康手帳の交付や妊産婦や乳幼児に対する保健指導、乳幼児の健康診査が実施されたが、母子保健対策に特化した法整備の必要性から、1965（昭和40）年に母子保健法が制定された。

母子保健法の第1条には「母性並びに乳児及び幼児の健康の保持及び増進を図るため、母子保健に関する原理を明らかにするとともに、母性並びに乳児及び幼児に対する保健指導、健康診査、医療その他の措置を講じ、もって国民保健の向上に寄与する」とその目的が記されている。

母子保健対策は保健所を中心に行われてきたが、1958（昭和33）年から市町村に母子健康センターの設置が進められ、1978（昭和53）年には国保保健婦が市町村へ移管されるなど早い時期に市町村にその権限が移されている。

1994（平成6）年の地域保健法に合わせた形で改正された母子保健法では、母子保健サービスは住民に身近な市町村で実施し、都道府県は市町村への指導・助言・連絡調整と専門的サービス（療養医療、療育指導）を行うといった役割分担が明確にされた。市町村実施の主な母子保健サービスは、妊産婦等に対しての妊娠出産または育児に関する保健指導の実施（第10条）、1歳6か月児および3歳児に対する健康診査（第12条）、必要に応じた妊産婦または乳児もしくは幼児に対する健康診査（第13条）、母子健康手帳の交付（第16条）である。

2019（令和元）年には改正母子保健法が成立し、現在予算事業とし

★国保保健婦
1938（昭和13）年の国民健康保険法公布により、国民健康保険組合に国保保健婦が配置された。
国民健康保険法は、1958（昭和33）年に全面的な改正が行われ、国民健康保険の保険者は、市町村となる。それに伴い国保保健婦も国保の保険者（市町村）に所属し、活動したが1978（昭和53）年に市町村の保健婦に統合された。

て実施している市町村事業の「産後ケア事業」を法律で規定し、「産後ケア事業」の実施努力義務を市町村に求めた。「産後ケア事業」とは、産後ケアを必要とする出産後1年を経過しない女子および乳児に対して、心身のケアや育児のサポート等（産後ケア）を行い、産後も安心して子育てができる支援体制を確保するものである（事業の全部または一部の委託可）。実施施設[*]は、病院、診療所、助産所その他厚生労働省令で定める施設である。

★実施施設
実施施設の類型として、①短期入所型、②通所型（デイサービス型）、③居宅訪問型（アウトリーチ型）が示されている。

2 ▶ 精神保健の諸問題に関連する法規

■1 ストーカー行為等の規制等に関する法律

ストーカー行為等の規制等に関する法律（ストーカー規制法）は、多発するストーカー犯罪に対応するため2000（平成12）年に施行され、「個人の身体、自由及び名誉に対する危害の発生を防止し、あわせて国民の生活の安全と平穏に資すること」（第1条）を法律の目的としている。

被害者より「ストーカー行為[*]」を受けていると申し出を受け警告を求められた場合、警察本部長等は行為者に対して「更に反復してつきまとい等を行ってはならない旨を警告することができる」（第4条）としている。

ストーカー規制法には、ストーカー行為をした者に1年以下の懲役または100万円以下の罰金（第18条）の規定や、禁止命令等に違反してストーカー行為をした者や禁止命令等に違反してつきまとい等をすることによりストーカー行為をした者に対して2年以下の懲役または200万円以下の罰金（第19条）、そのほか、禁止命令等に違反した者には6か月以下の懲役または50万円以下の罰金（第20条）という罰則の規定がある。

★ストーカー行為
具体的には、つきまとい、待ち伏せ、押しかけ、うろつき、監視していると告げる、面会・交際等の要求、著しく粗野または乱暴な言動、無言電話、連続した電話・メール・SNSのメッセージ等、汚物などの送付、名誉を傷つける行為、性的羞恥心の侵害等である。

■2 配偶者からの暴力の防止及び被害者の保護に関する法律

2001（平成13）年、配偶者からの暴力を防止し被害者の保護等を図ることを目的として「配偶者からの暴力の防止及び被害者の保護等に関する法律」（DV防止法）が施行された。DV防止法では被害者を女性と限定してはいないが、内閣府男女共同参画局は「配偶者からの暴力の被害者は、多くの場合女性である」としており、法律前文においても「女性に対する暴力を根絶しようと努めている国際社会における取組にも沿

第8章
地域精神保健に関する偏見・差別等の課題

うものである」と女性被害者に配慮した内容が記されている。

この法律では、婚姻の届出をしていないいわゆる「事実婚」や離婚後も対象となるが、デートDV（同居をしていない恋人等からの暴力）は対象外である。ここでの暴力の定義は、身体に対する暴力またはこれに準ずる心身に有害な影響を及ぼす言動を指す。被害者の申立て後、配偶者等に対して裁判所は接近の禁止（第10条第1項第1号）、退去の命令（第10条第1項第2号）、被害者の子どもへの接近の禁止（第10条第3項）などを対象者に命じる。福祉専門職者が支援に当たる際には、DV防止法第23条*に留意する必要がある。

★DV防止法第23条
「被害者の保護、捜査、裁判等に職務上関係のある者は、その職務を行うに当たり、被害者の心身の状況、その置かれている環境等を踏まえ、被害者の国籍、障害の有無等を問わずその人権を尊重するとともに、その安全の確保及び秘密の保持に十分な配慮をしなければならない」

3 心神喪失等の状態で重大な他害行為を行った者の医療及び観察等に関する法律

2001（平成13）年に発生した大阪池田小学校事件を受け、2005（平成17）年に施行された心神喪失等の状態で重大な他害行為を行った者の医療及び観察等に関する法律（医療観察法）は、心神喪失または心神耗弱の状態で、重大な他害行為を行った人に対して、適切な医療を提供し社会復帰を促進することを目的とした制度である。

医療観察法は、検察官が処遇を地方裁判所に申し立てることで開始される。審判申立てがなされると鑑定入院等が行われ、地方裁判所は裁判官1名と精神科医1名による合議体で処遇の要否と内容を決定する。審判の結果、入院処遇の決定を受けた者には、厚生労働大臣指定入院医療機関において専門的な医療の提供がなされる。また入院処遇中から、保護観察所に配置されている社会復帰調整官により退院後の生活環境の調整が実施される。

通院処遇決定を受けた者および退院を許可された者については、厚生労働大臣指定通院医療機関で医療を受ける（原則3年）。この際に、社会復帰調整官は地域処遇に携わる関係機関と連携しながら処遇実施を進めていく。

Active Learning

医療観察法の手続きについて、確認しておきましょう。

◇参考文献
・逢見憲一「保健所法から地域保健法へ──戦前・戦中・戦後のわが国の公衆衛生の発展」『公衆衛生』第82巻第3号，pp.188-194，2018.
・田上豊資「地域保健法の制定──地域保健法が目指した保健所のあり方」『公衆衛生』第82号第3号，pp.196-201，2018.
・西牧謙吾・新平鎮博「これからの母子保健(1)──日本の公衆衛生がたどってきた歴史と保健所の役割を中心に」『大阪市立大学生活科学部紀要』第43巻，pp.253-270，1995.

精神保健にかかわる人材育成

学習のポイント

- 精神保健にかかわる人材について理解する
- 法に規定される人材とは何かを理解する
- 専門職ならびに非専門職としての人材育成の必要性を理解する

　我が国では、先の東日本大震災や原発事故による被災者支援、さまざまな犯罪被害者支援、自殺者問題と自死遺族支援、いじめや児童虐待など、私たちの身近に起こっている多様な精神保健上の課題に対する心のケアの必要性が日に日に高まっている。

　このように大きく変動する現代社会では、精神保健にかかわる人材育成は、狭義のメンタルヘルス（精神障害者支援）にとどまらず、広義のメンタルヘルス（心の健康問題）においても重要であり、精神障害者への正しい理解と偏見や差別のない社会づくりなど共生社会の実現に向けてとても大きな意味をもつ。

1 法に規定される人材

　2017（平成 29）年「これからの精神保健医療福祉のあり方に関する検討会」報告書において、精神障害者が、地域の一員として安心して自分らしい暮らしができるよう、医療、障害福祉・介護、社会参加、住まい、地域の助け合い、教育が包括的に確保された「精神障害にも対応した地域ケアシステム」の構築を目指すことが新たな理念とされ、精神保健福祉士の今後求められる役割はさらに拡大している。

1 精神保健福祉相談員

　地域精神保健活動における人材の確保については、地域保健法第3条で各自治体の地域保健活動を推進していくための規定が明記され、そのなかに「地域保健対策が円滑に実施できるように、（略）人材の確保及び資質の向上等に務めなければならない」とあり、都道府県は市町村に対し、国は市町村および都道府県に対し、その求めに応じ必要な技術的

扶助を与えるとしている。

　住民に身近で頻度の高い保健サービスを提供する主体は市町村であり、保健所は広域かつ専門・技術的な業務を担当している。地域精神保健業務を遂行するには、精神保健福祉相談員（主に精神保健福祉士）のほか、保健師等の看護職などが配置され、専門性をもち業務を行っている。

　地域精神保健活動として位置づけられる保健所の業務は、精神保健福祉相談や訪問指導、受療援助、措置診察等の法施行業務、普及啓発、地域移行支援事業、自殺対策、障害者の日常生活及び社会生活を総合的に支援するための法律（障害者総合支援法）関係業務、当事者グループや家族会、断酒会など関係団体および組織育成援助、ソーシャル・クラブ育成支援、関係機関や団体に対する技術協力援助業務、就労支援事業、普及啓発事業など多岐にわたる。また、同様に市町村は、障害者総合支援法関係業務、訪問指導、精神保健福祉相談以下、保健所が行う法施行業務以外の多くの業務を担っている。

　精神保健福祉相談員は、精神保健及び精神障害者福祉に関する法律（精神保健福祉法）第48条に規定される職員であり、任用資格では「精神保健福祉士」が第一順位とされていることから、今後は、精神保健福祉士の資格を有する者が保健所の精神保健福祉相談員として多く任用されることが期待されている。

　また、市町村における地域精神保健活動の場合、その中心は保健師などの看護職であり、精神保健福祉士の登用がなかなか進んでいない現状では、福祉の専門職である精神保健福祉士が市町村専任職員へより広く登用されることが期待される。

■2 退院後生活環境相談員

　精神保健福祉法の2013（平成25）年の改正により、法第33条の4に基づき医療保護入院者の早期退院支援の中心的な役割を担う退院後生活環境相談員の配置が規定された。

　退院後生活環境相談員の主な業務は、入院者や家族等からの相談に応じる相談支援業務、退院に向けた地域援助事業者等との連携、退院後の居住の場の確保など生活環境の調整を行い、入院者の円滑な地域生活への移行を図ることとされている。なお、退院後生活環境相談員として有するべき第一順位の資格は精神保健福祉士である。精神保健福祉士の入院者の退院移行に向けた新たな役割が明確化された。

2 ▷ 専門職団体の人材育成

　対人サービスにかかわりのある専門職種では、たとえば、社会福祉士の認定研修制度や看護師および保健師の認定看護師制度、臨床研修制度などがあるが、ここでは地域精神保健活動の中心的な役割を担う精神保健福祉士の人材育成を紹介する。

　精神保健福祉士は、精神保健福祉法第48条（精神保健福祉相談員）に規定された地域精神保健福祉活動の主な担い手であり、精神保健福祉士法を法的根拠とした国家資格である。精神保健福祉士の職域（フィールド）は、精神科病院などの医療機関をはじめ、福祉ホームや地域活動支援センターなどの地域支援施設、行政福祉機関、司法機関、教育関係など幅広く、年々拡大が進んでいる。

　精神保健福祉士の専門職団体である日本精神保健福祉士協会では、専門職の技能・知識・資質の向上を目的に、さまざまな研修制度を確立し、継続教育として基礎的教育と卒後教育を行い、専門領域の人材を育成している。

　また、精神保健福祉士が専門職としての信頼を高めるための責任を果たすこと、政策的課題への取り組みの一環として時代の要請に応えられる人材養成を充実すること、職務に関する知識・技術ならびに倫理・資質の向上を図ることなどを目的として、2008（平成20）年度から構成員を対象とした「生涯研修制度」に取り組んでいる。

Active Learning

「生涯研修制度」の具体的な内容を確認してみましょう。

3 ▷ 非専門職の人材育成

　厚生労働省は「精神保健医療福祉の改革ビジョン」（2004（平成16）年）で、「入院医療中心から地域生活中心へ」の方針を打ち出し、「国民の理解と深化」「精神医療の改革」「地域生活支援の強化」を示した。

　精神保健福祉領域の法制度の拡充と併せ、障害者福祉に関する国民意識の変化もあり、精神障害者が地域社会で安全で安心した生活を営むことができる環境が徐々に整いつつあるが、精神障害者に対する社会的偏見と誤解の払拭は、依然として我が国においては大きな課題である。

　精神障害者に対する地域住民の理解と支援の促進に大きな波及効果が期待できるのは、地域社会における非専門職の活動であり、その人材

育成は特に重要である。

■1 精神保健福祉ボランティア

❶ボランティアの誕生

近年、精神保健福祉領域のボランティアなどの活動が活発になっている。その理由は、災害被害時の心のケアなど、さまざまな心の健康問題がマスメディアに取り上げられ、心の問題が国民一人ひとりに、より身近なものとして認識されてきたことにある。

精神保健福祉ボランティアは、1984（昭和59）年頃から全国の精神保健福祉センターで「精神衛生ボランティア講座＊」が開催され、受講者が精神保健福祉領域のボランティア活動を展開してきたことに始まる。活動の場は、当時の小規模作業所や精神科デイケア、ソーシャル・クラブとしての保健所デイケアなどで、その後各領域に広がりを見せてきた。

現在、このボランティアは、全国各地域で組織化され、1999（平成11）年には「精神保健ボランティア全国のつどい」が神奈川県で開催された。以降、毎年各地もち回りで継続的に実施されている。

❷ボランティアの役割

ボランティアは、地域でともに生きる人と人とが、ともに支えあう関係が基本となる。ボランティアがもつさまざまな生活能力と経験知は、生活に必要なさまざまな情報や知恵の習得や、生活圏の拡大など、精神障害者の生活の質の向上に大きく影響する。また、精神障害者に対するボランティアの新たな障害者観を、ほかの地域住民に伝えることで「精神障害者と地域住民との橋渡し役」が期待できる。

よって、ボランティアには、身近な理解者、地域とのパイプ役、アナウンス効果をもつ伝道者、精神障害者の思いを伝える代弁者として、地域社会に変化を起こす変革者の役割がある。

❸ボランティアへの期待

今までの精神障害者を取り巻く人間関係では、精神障害者の多くが「治療や支援を受ける人」というように、生活のすべてが常に受動的であったが、ボランティアとの新たな人間関係は、地域社会をともに生きる「平等」「横並び」「相互理解」の関係が基本となる。

医療機関と自宅という空間的にも時間的にも閉鎖的な環境に、ボランティアがかかわることで、精神障害者の生活環境や価値観、生活様式は、拡大変化し、社会的偏見や誤解も大きく軽減されていく。

精神障害者支援は、今まで専門機関（専門職）を中心に行われてきた

★精神衛生ボランティア講座
法律の名称改正に伴い、ボランティア講座も、精神衛生から精神保健、精神保健福祉と名称を変えている。

Active Learning
精神保健福祉ボランティアの活動の実際を調べてみましょう。

経緯があり、精神障害者のさまざまなニーズに適切に対応するため、専門職は常に機能・課題別のスキルアップが求められ、人材育成にも同様の配慮が必要であった。

一方、ノーマライゼーションの理念に基づいた、誰もが安心して暮らせる「共生社会」の実現には、精神障害者が地域生活の主体者として自己の生活能力を高め、生きていく力を獲得する必要があり、そのためにはボランティア活動が絶対になくてはならない存在となっている。今後、一般市民レベル（非専門職）におけるボランティアなどの人材を1人でも多く育成する必要がある。

ボランティアと、精神障害者本人・家族と、専門職が、緊密な連携を取り合い、相互に支えあえる地域づくりを目指していかなくてはならない。

2 ピアサポーター

近年では、全国で展開されるリカバリーフォーラム（地域精神保健福祉機構：コンボ主催）、WRAP（元気回復プラン）、IPS（個別就労支援プログラム）などの研修等で、リカバリーやレジリエンス、ストレングスという新たな志向を基盤とした当事者性を活かした人材育成の重要性が高まってきている。

共生社会の実現には、当事者同士が対等に支えあう**ピアスタッフ**や**ピアヘルパー**などが、退院促進や地域移行のための今後の新たな方向性として明確に位置づけられ、その存在はなくてはならない不可欠なものとなっている（第9章第6節参照）。

ピアサポートを行う人の権利意識の高まりとともに、地域社会における対等な関係に基づく支援と役割の需要は、さらに大きくなっており、今後を期待されている。

◇参考文献
・厚生労働省「精神保健福祉士の養成の在り方等に関する検討会中間報告書」 https://www.mhlw.go.jp/stf/shingi2/0000152029_00001.html
・石川到覚編『精神保健福祉ボランティア——精神保健と福祉の新たな波』中央法規出版，2001.
・精神保健医療福祉白書編集委員会編『精神保健医療福祉白書 2018/2019年版』中央法規出版，2018.
・久保紘章『セルフヘルプ・グループ——当事者へのまなざし』相川書房，2004.

第8章 地域精神保健に関する偏見・差別等の課題

第3節 精神保健における偏見・差別

学習のポイント

- 偏見に類似する用語を理解する
- 精神障害者に対する偏見形成について理解する
- 偏見や差別を乗り越えるための方策を理解する

　精神障害者は現在もなお、多くの偏見にさらされる厳しい現実と直面している。それは、精神障害者本人はもとより、その家族や近しい者の心や尊厳を著しく傷つけている。さらには精神障害者が地域に、そして社会に参加していく際の大きな障壁となっている。

　この節では主に偏見と差別に併せて、ステレオタイプ（stereotype）、スティグマ（stigma）といった類似する概念も示していきたい。

1 用語の整理

① 偏見

　偏見は、今までさまざまな定義づけがなされてきた。辞典によると、偏見は「かたよった見解。中正でない意見[1]」とされている。

　偏見は、勘違いや誤解とは異なり、客観的な根拠に基づかないまま、特定の人や集団に対してもつ、偏った、そしてネガティブ（否定的）な判断や意見のことである。対象となるのは、個人や集団だけでなく、年齢、性別、職業なども含まれる。固定性があり、正しい知識を提供しても容易には変化しない性質を有している。

② ステレオタイプ

　一般的には、「ものの見方・態度や文章などに思い込みがあること[2]」であり、広く社会に浸透している固定的なイメージや概念やイメージを指す。主に社会学や政治学の分野で用いられていたが、昨今ではビジネス場面をはじめ、さまざまな機会で使われている。ステレオタイプには正しくないものもあるので、偏見や差別へつながることが懸念される。

③ スティグマ

　個人や集団に対する否定的な周囲の反応のことである。特定の人種、

ジェンダー、疾病や障害などの健康状態、社会階級などに関連し、根拠がなくもたれることが多い。スティグマの対象となった人（たち）を劣っているなどと捉え、交流を避けるべきという認識もあった。もともとは、ギリシャで奴隷の所有権表示や社会的制裁のための烙印を指す言葉であった。

④　差別

「ある基準に基づいて、差をつけて区別すること。扱いに違いをつけること。また、その違い[3]」、「差をつけて取りあつかうこと。正当な理由なく劣ったものとして不当に扱うこと[4]」である。つまり、性別、障害の有無、その他の何らかの属性や基準によって区別を行い、その人（たち）に対する対応や扱いなどに差をつけることである。

2 精神障害者に対する偏見形成

では、どのようにして精神障害者に対する偏見が形成されていくのであろうか。以下に、いくつかの研究に基づいた偏見形成について述べていく。

「精神障害者＝無能力＝危険＝隔離＝恥」、「精神障害者になると、一生精神障害の烙印を押される」、「自分の家に精神障害者がいるとしたら、それを人に知られるのは恥である」といったステレオタイプ化された認識が、地域住民の精神障害者に対する社会的距離を拡大している[5]。また、かつて統合失調症は「精神分裂病」という呼称が使われていた。しかし、この病名が与える疾患へのイメージが悪く、病名が偏見の形成や強化につながっていき、患者や家族に不利益を与えてしまうことや、そもそも精神分裂病という名称がこの病気の本質を表していないことが問題となり、2002（平成 14）年「統合失調症」に名称が変更になった。ほかにも、精神薄弱→知的障害、痴呆症→認知症などの例がある。

また、精神障害者が起こしたとされる事件報道が、精神疾患全体に対する偏見を増大させている側面も看過できない。こうした報道により、あたかも精神疾患をもっている人が危険な行動をとるかのような認識が広がってしまうが、『令和元年版 犯罪白書』によれば、検挙された刑法犯に占める精神障害者の比率は1.3％である[6]。誤ったイメージが広がることは、精神障害者やその家族の生活のしづらさにつながっている。

このような古典的な偏見があると同時に、精神疾患に罹患したことに

対して「その人の問題」あるいは「その人の責任」という認識がもたれてしまうことが少なくない。アルコール依存症や薬物依存症などである。疾患であるという認識よりもむしろ、その人の人格に何らかの問題があると捉えられ、それが差別につながる場合がある。つまり、疾患をもつ人がその気になれば制御が可能であるという偏見をもたれてしまうことである。精神疾患は、その人の意思でかかるものではない。精神障害者やその家族とかかわり支援を展開していく際、周囲の人たちや地域の住民に理解を促進していくことは不可欠である。

<h2>3 偏見や差別を乗り越える</h2>

1 施設コンフリクトや NIMBY の問題

こうした偏見やスティグマは、長くそして深く浸透してきた価値観や文化をその基盤にし、そのうえに重大な事件にまつわる報道による強い衝撃が加わって形成されるという構造にある。そしてこの偏見やスティグマが、差別や排除などの差別的な態度や行動につながっていく。

施設コンフリクトも、その一つである。精神保健福祉分野における施設コンフリクトとは、精神障害のある人たちが利用する福祉施設や医療機関などの新設計画が、近隣住民の反対運動によって中断もしくは停滞することである。発生の背景や原因は多様であるが、誤解や偏見、ステレオタイプが影響を及ぼしているケースも少なくない。聞き慣れない言葉ではあるが、実は身近に発生している。

Active Learning
施設コンフリクトの実際を調べてみましょう。

類似した概念に、NIMBY（ニンビー）がある。これは、「Not In My Back Yard」の頭文字をとった略語で、「その施設の必要性は認めるけれども、自分の住む地域には建ててほしくない」という住民たちの主張や態度のことである。対象となる施設は、迷惑施設と称されることが多い。具体的には、火葬場、下水処理場、核関連施設、食肉処理場、ごみ焼却場などがあり、保育所・幼稚園、小・中学校も含まれる。

2 ICF の視点に基づくアプローチの必要性

★ICF
International Classification of Functioning, Disability and Health の略。日本語訳は国際生活機能分類。2001（平成13）年に世界保健機関（Wolrd Health Organization：WHO）によって採択された。

ICF★では、障害を「生活機能」が何らかの理由によって制限されている状況と捉えている。心身機能に障害があるだけではなく、「学校に通うことができない」「仕事をすることができない」という状況も、「活動や参加に制限や制約がある」として考えるのである。

そして、生活機能や障害の状況に影響を与える要素を「環境因子」と「個人因子」で捉えている。「環境因子」とは、人の生活機能に影響を与える外的な要因のことで、たとえば、建物の設備や交通機関のバリアフリー状況などの物理的な環境、家族や友達、地域社会の誤解や偏見などの人的な環境、医療や福祉、保健サービスなどの制度的な環境などである。

精神障害者への誤解、偏見、差別が根強く残っている日本の社会のなかで、精神障害者が病院から退院し地域で安心して生活を営んでいく（地域移行）ために、本人の病状が安定し症状が軽減することはもちろん重要であるが、同時に、生活をサポートする多様な社会資源が必要となる。併せて、同じ地域に住む住民の理解や協力、許容的な態度が不可欠である。以下に、偏見や差別を乗り越えるための具体的な方法を示していく。

3 具体的な方法

❶メンタルヘルスリテラシー教育

ヘルスリテラシーとは、健康に関する情報を入手・理解し、効果的に活用するための個人的な能力レベルを指す（第 7 章第 1 節 p.185 参照）。

メンタルヘルスに関しての知識や理解があるほど、自分自身の精神面の不調に気がつきやすく、また、不調になることを予防することに役立つため、メンタルヘルスリテラシーを高める教育を進めていくことが、精神的健康を保持するために有効である[7]。

知識は精神障害者に対する偏見の軽減にも効果があるとされているが、異議も唱えられている[8]。

❷啓発活動・広報活動

啓発活動は、人々に何かを気づいてもらうために行われる一連の活動のことである。さまざまなメンタルヘルス課題が地域に起きている現状において、それらに関する情報を提供し、対応・対策を講じることが必要となる。たとえば、専門家から情報を提供してもらう場や、地域での定期的な勉強会の開催などがある。今まで気づかなかった地域の課題について、地域住民に認識を促す機会となる。

広報活動とは、人々の理解を深めるため、パンフレット、インターネット、広報誌、看板等のさまざまな媒体を使った活動のことである。理解を促進したり、活動のことを知ってもらったりするために、多くの人に伝えることを目的としている。

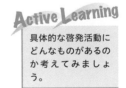

Active Learning

具体的な啓発活動にどんなものがあるのか考えてみましょう。

❸メンタルヘルス福祉教育

　精神疾患や精神障害を抱えても、安心して暮らせるまちをつくることを目指して、地域住民（子どもから大人まで）に対して行われる教育活動である。メンタルヘルス課題への気づきやその解決に向けた諸活動を通して、精神障害者やその家族が排除されることなく、ほかの人々とともに互いに支え・支えられながら、安心して日々の生活を営み自分の望む人生を追い求めることのできる地域や社会をつくることを目指して、小・中学校、高等学校、大学、地域の学びの機会で行われる。福祉教育により新しい価値観を構築することで、精神障害者だけでなく、誰もが大切にされる社会をつくり上げていくことが期待できる。

❹直接的な交流体験

　精神障害者と直接的にかかわる交流体験は、偏見の軽減や理解促進に効果的である。しかし、単に交流しさえすれば理解が深まり、自動的に好意的なイメージに変化するという結論に結びつけるのは早急である。

　交流の内容は体験者の理解の質に影響を及ぼすし、交流の頻度（時間）によっても理解の深さは変わってくる。つまり交流体験は、その内容が問われなくてはならず、プログラムの内容や回数などに工夫を講じることが必要である。

　また、交流体験で涵養されるべきものは、「助けてあげるべき存在」としての精神障害者観ではない。精神障害者のもつ力量やストレングスに触れることのできる交流体験であり、一方向でなく相互に理解し学ぶ場であることに意識を向ける必要がある。

◇引用文献
　1）『広辞苑　第六版』岩波書店，p.2543，2008.
　2）『大辞林　第三版』三省堂，p.1345，2006.
　3）前出2），p.1025
　4）前出1），p.1142
　5）大島巌「精神障害者に対する一般住民の態度と社会的尺度——尺度の妥当性を中心に」『精神保健研究』第38巻，pp.25-37，1992.
　6）法務省『令和元年版 犯罪白書』 http://hakusyo1.moj.go.jp/jp/66/nfm/mokuji.html
　7）大久保千惠・市来百合子・井村健他「中学生におけるメンタルヘルスリテラシーが精神的健康に与える影響について」『教育実践開発研究センター研究紀要』第22号，2013. など
　8）H. スチュアート・J. アルボレダ-フローレス・N. サルトリウス，石丸昌彦監訳『パラダイム・ロスト——心のスティグマ克服、その理論と実践』中央法規出版，pp.86-99，2015.

◇参考文献
　・松本すみ子『メンタルヘルスと福祉教育』大学図書出版，2012.

●おすすめ
　・H. スチュアート・J. アルボレダ-フローレス・N. サルトリウス，石丸昌彦監訳『パラダイム・ロスト——心のスティグマ克服、その理論と実践』中央法規出版，2015.

第9章

精神保健に関する専門職種と国、都道府県、市町村、団体等の役割および連携

　精神保健にかかわる多様な課題への対応において、関係する国や都道府県、市町村などの行政機関、各団体などの役割や、さまざまな専門職種の役割、機能を十分に把握して、適切な連携をとることはとても大切である。

　本章では、行政機関や法規、多職種連携、学会や啓発団体、インフォーマルなセルフヘルプグループ、市民活動などを明示し概観するとともに、その活動に期待される役割や意義について具体的に解説している。本章で提示する各項目を通じ、精神保健福祉士がさまざまな精神保健の課題に対し適切に対応するための基本的な知識と学びを深めていただきたい。

国の機関とその役割

● 我が国の精神保健・医療・福祉の法制度が変遷してきた経緯を学ぶ
● 今日の精神保健・医療・福祉施策において国とその機関が果たす役割について学ぶ

1 法制度の変遷と役割

1 立法府と行政府

　法律のレベルで精神保健・医療・福祉の方向性を定めるのは立法府（国会）である。行政府（政府）は法律そのものを定めることはできないが、法の運用を円滑にするための細則などを定める政令・省令・通知などを発することができる。ただし我が国では従来から議員立法が少なく、所轄の省が策定した法案を内閣が国会に提出する形（閣法）が圧倒的に多い。精神保健・医療・福祉の基本法である精神保健及び精神障害者福祉に関する法律（精神保健福祉法）や関連の諸法もまた例外ではなく、厚生労働省（旧・厚生省）が法の制定や改正を事実上主導してきた。

　国政の場において、身体疾患の医療や身体障害者福祉の領域に比べて、精神医療や精神障害者福祉、また精神障害者の権利擁護に詳しい国会議員が少ないことは大きなハンディキャップとなっている。それはまたこの領域についての国民一般の関心の低さや根強い偏見の反映でもある。私たちの今後の努力が求められるところである。

2 重大事件を契機に変えられてきた法制度

　本来、法制度を改良するには、精神保健・医療・福祉を利用する当事者やその支援者である専門職らの意見の積み上げがその原動力となるべきである。ところが我が国ではそうしたあるべきプロセスよりも、精神障害者とされる人が引き起こした重大な事件をきっかけとして法制度が変えられることのほうが多かった。こうした場合、議論が精神障害者施策の公安的側面に集中するきらいがあり、差別・偏見のない共生社会の実現という理念に逆行するような制度ができるリスクを孕んできた。

　いくつかの例を挙げると、ライシャワー事件（1964（昭和 39）年）

によって喚起された保安処分導入の是非をめぐる論争は、折りしも検討されつつあった精神衛生法の大改正（1965（昭和40）年）に大きな影響を与えた。

　また、池田小学校事件（2001（平成13）年）は、国会での大論争の果てに、事実上の保安処分類似制度との批判のある心神喪失等の状態で重大な他害行為を行った者の医療及び観察等に関する法律（医療観察法）（2003（平成15）年）を生み出すきっかけとなった。

　そして津久井やまゆり園事件（2016（平成28）年）では、措置入院制度の不備が事件の核心であり、再発防止のためにはその強化が重要であるとの論調に基づいて、措置入院制度の手直しを中心とする精神保健福祉法改正案が国会審議された（衆議院解散によって2018（平成30）年に一旦廃案となった）。

　このように社会を揺るがす一つの事件が法制度改変の契機になると、それまでに積み上げられてきた重要課題についての取り組みが先送りされてしまうことがある。

　私たちが精神保健・医療・福祉の近現代史から学ぶべき教訓である。

① ライシャワー事件

　1964（昭和39）年3月24日、知日派の学者として知られていた駐日アメリカ大使ライシャワー（Reischauer, E. O.）が、精神疾患のある日本人青年に刺されて重傷を負った事件。日米外交の機微にかかわる事態であることから、政府は対応に苦慮した。事件後、多くの国内メディアが「精神障害者の野放し」（当時の新聞報道の表現）を批判する論陣を張ったこともあり、保安処分制度導入の是非をめぐる大論争に発展した。

② 保安処分

　将来犯罪行為を行う危険性が大きいとされた対象者（特に累犯者など）に対して、治安のために刑罰とは別に課す処分のこと（拘禁や原因除去を目的とした強制治療を含む）。精神医療との関連で政策課題となることが多く、その場合、精神障害のために将来犯罪（特に再犯）を行う危険があるとされた対象者を予防的に拘禁し強制治療する制度のことをいう。個別の精神障害者の犯罪予測は医学的・科学的にほぼ不可能であることから、根拠の乏しい無期限の拘禁という人権侵害につながるとして強い批判がある。

③ 池田小学校事件

　2001（平成13）年6月8日、男が小学校に侵入して無差別殺傷を行い、児童8名を殺害し多数を負傷させた事件。犯人に措置入院歴があったこ

とから、時の小泉純一郎首相の決断により触法精神障害者を処遇するための新法制定が進められ、医療観察法が成立した。一方犯人はその後の裁判で精神鑑定結果も踏まえて刑事責任能力は完全責任能力と判断され、死刑が確定し2004（平成16）年に執行された。つまり事件当時にこの制度があったとしてもこの犯人は対象者とはならず、こうした犯罪を防ぐこともできないことが示される形となった。

④　津久井やまゆり園事件

　2016（平成28）年7月26日、相模原市にある神奈川県立の知的障害者施設に元職員の男が侵入して、入所者19名を殺害し多数を負傷させた事件。「障害者は不幸をつくることしかできない」との極端な優生思想が犯行の主な動機になったとされることから、いわゆるヘイトクライムとして事件を捉えるのが妥当と考えられる。一方、犯行の数か月前に短期間の措置入院歴があったこと、大麻使用歴があったことなどから、何らかの精神症状が犯行に影響を与えた可能性も指摘され、裁判の行方は予断を許さない状況であったが、2020（令和2）年3月、一審の死刑判決を被告が控訴せず判決が確定した。また被害者の実名公表を遺族の多くが拒んだことから、社会に根強い障害者への差別意識や、一般市民の内なる優生思想といった問題にも焦点が当たった。

2　各機関の役割

1　厚生労働省における精神保健・医療・福祉担当部局

　厚生労働省において、国の医療政策を統括するのは医政局である。ところが医療のなかでも精神医療だけは例外的に、社会・援護局にある障害保健福祉部精神・障害保健課の所轄となっている。

　たとえば精神科の入院医療を規定する条項を含む精神保健福祉法の所轄も精神・障害保健課である。また、後述する医療計画（2018（平成30）年度から第7次）も、医政局が全体を統括するなかで精神医療だけは精神・障害保健課の担当である。精神医療の利用者の多くが、精神疾患の患者であると同時に福祉的支援を要する障害者であることなどから、歴史的に医療の部局ではなく障害福祉の部局が担当してきたのである。これは精神障害の特性からして一定の理があったともいえるが、一方、精神医療を特殊な領域として差別せず一般医療に包摂すべきとの理念にかなっているとはいえない。実際に一般医療との連携体制を構築

しようとする際に円滑を欠く要因ともなってきたのである。[i]

　ちなみに都道府県の組織もほとんどが厚生労働省の役割分掌に倣っており、都道府県医療計画においても精神医療関係だけは障害福祉部局が担当していることが多い。

2 医療計画のなかの精神医療

　1985（昭和 60）年の医療法改正により、均衡ある地域医療を実現させるために地域医療計画を策定することが都道府県に義務づけられた。医療圏や基準病床数の設定などが内容に含まれ、これらを目安として地域における医療機関の適正な配置や、病院の機能分化の促進が図られるとしている。従来は 5 年ごとに策定していたが、2018（平成 30）年度に開始した第 7 次医療計画からは、介護保険事業（支援）計画との整合性を図るため 6 年ごととなった。

　計画では、都道府県ごと、二次医療圏ごとの医療供給体制を比較できるように共通の指標によって現状を把握し、計画（Plan）→実行（Do）→評価（Check）→改善（Action）のいわゆる PDCA サイクルを適切に回して指標の見直しを実施することとしている。

　また第 7 次医療計画では、計画に盛り込まなければならない 5 疾病 5 事業として初めて精神疾患が位置づけられた（5 疾病：がん・脳卒中・心筋梗塞等の心血管疾患・糖尿病・精神疾患、5 事業：救急医療・災害時医療・へき地医療・周産期医療・小児救急を含む小児医療。このほかに在宅医療が挙げられている）。これは精神医療にとって大きな前進であるが、一方で精神医療機関の大多数が民営であり政策誘導がされにくい現状があるため、実効性のある医療計画のあり方が問われている。

　国は都道府県が策定した医療計画をとりまとめる役割を担うが、その際に一律の基準を課すのではなく地域の実情に委ねるスタンスをとっている。このため、たとえば都道府県ごとの医療圏の数をみると、特に精神医療圏と精神科救急医療圏の設定はきわめてまちまちな考えになっていることがわかる。

　精神医療の計画で圏域内の医療機能を明確化すべき疾患等として挙げているのは、統合失調症、認知症、児童・思春期精神疾患、発達障害、精神科救急、身体合併症、自殺対策、うつ病等、PTSD、依存症、てん

---

i　こうした歴史的経緯のなかで、DPAT（災害派遣精神医療チーム）の担当部局が 2019（平成31）年度から災害医療の一部として医政局に移管された。これまでにない動向であり、DMAT（災害派遣医療チーム）との連携強化が期待される。

かん、高次脳機能障害、摂食障害、災害精神医療、医療観察法の15分野である。ただし、各分野でどのような高度・専門性のある医療機関をリストアップするかは目下のところ都道府県の裁量に委ねられている。たとえば統合失調症を診療対象としていない精神医療機関はほとんどないなかで、治療抵抗性統合失調症治療薬（2020（令和2）年現在認可されているのはクロザピン）の使用や、無痙攣電撃療法の実施等をどのように差別化するかは今後の課題である。

■3 調査・研究

❶精神保健福祉資料（630調査）とその活用

　厚生労働省は我が国の精神医療の状況について、毎年6月30日を期日とする全国調査を行い、集計結果を公表している（通称「630調査」）。このデータを読み込み年次比較することで、精神科病床の種別ごとの増減や疾病構造の変化（たとえば統合失調症が漸減し認知症性疾患が急増していること、患者層の高齢化が進んでいることなど）、地域による違いなどがわかり、今後の精神保健・医療政策を検討する際になくてはならない基礎資料となっている。厚生労働省精神・障害保健課が所轄し、都道府県がデータを回収し、その解析は精神保健研究所が行っている。同研究所のホームページで結果を閲覧できる。

　主な調査項目は、精神医療を行う病院数、病棟数、病床数、入院料の種別、入院患者の状況（疾病分類、年齢階層、性別、入院形態、在院期間、開放・閉鎖病棟の区分、入院後3・6・12か月時点の退院率、退院後3・6・12か月時点の再入院率、隔離・身体的拘束の実施数など）、外来患者の状況、医療観察法病棟の状況などである。

　2018（平成30）年4月に公表された2017（平成29）年度分からは、従来の「630調査」の統計項目を一部変更したデータに加えて、全科にわたる医療機関診療実績（いわゆるレセプトデータ）であるNDB（ナショナルデータベース）も含めて集計した新精神保健福祉資料として公表された。

　ところがこの新たな調査方法によると超長期在院者の個人が特定されかねないとの理由から、日本精神科病院協会が今後の調査への協力に難色を示すという事態に発展した。また近年、精神科病床における身体的拘束の増加が問題となっているなかで、こうした項目をどのように調査し公開するかについても論争が起きている。

❷精神保健研究所

　国民の精神保健福祉の向上を目的とした研究と専門知識の普及・啓発のための研修などを行う公的機関として精神保健研究所が設置されている。もとは厚生労働省の直轄であったが、現在は国立研究開発法人国立精神・神経医療研究センター（NCNP）のなかの一機関である。

　2020（令和 2）年時点で、ストレス・災害時こころの情報支援センター、精神医療政策研究部、薬物依存研究部、行動医学研究部、児童・予防精神医学研究部、精神薬理研究部、精神疾患病態研究部、睡眠・覚醒障害研究部、知的・発達障害研究部、地域・司法精神医療研究部の 10 の研究部・センターから構成されている。

　先述した「630 調査」の解析は、精神医療政策研究部が担当している。

４ 障害者権利条約と国内制度

　2014（平成 26）年、日本は国際条約である障害のある人の権利に関する条約（障害者権利条約）を批准した。国際条約は、それが批准されると憲法には優位しないが法律の上位という重い位置づけとなる。このため批准の準備段階で、国は条約に沿うように、いくつかの法改正や新法制定を行った。精神障害者施策に関係するものとしては、障害者基本法改正（2011（平成 23）年公布）、障害者自立支援法から障害者の日常生活及び社会生活を総合的に支援するための法律（障害者総合支援法）への変更（2012（平成 24）年公布）、障害者の雇用の促進等に関する法律（障害者雇用促進法）改正（2013（平成 25）年公布）、精神保健福祉法改正（2013（平成 25）年公布）、障害者虐待の防止、障害者の養護者に対する支援等に関する法律（障害者虐待防止法）制定（2011（平成 23）年公布）、障害を理由とする差別の解消の推進に関する法律（障害者差別解消法）制定（2013（平成 25）年公布）などがある。

　一方、このように見直された法制度でも条約をクリアするには十分ではないとの意見がある。たとえば、精神保健福祉法で規定する医療保護入院（家族等という私人の同意によって行う非自発的入院）は、条約の理念に反するとの意見がある。またいわゆる「社会的入院」の状態は条約に抵触するとの意見も少なくない。

　私たちが精神障害者施策や制度を考え、また運用しようとするとき、条約の光に照らしてみることを求められる時代となったのである。

◇参考文献
・岡崎伸郎『精神保健医療のゆくえ――制度とその周辺』日本評論社，2020.

第2節 精神保健に関係する法規

学習のポイント

● 地域精神保健活動の歴史的な背景を理解する
● 今後期待される地域精神保健活動を理解する
● 地域精神保健に関連する代表的な法律を理解する

1 精神衛生と地域精神保健

　地域精神保健活動という観点から、我が国における精神障害者にかかわる法律である精神保健及び精神障害者福祉に関する法律（精神保健福祉法）の変遷をみてみると、1950（昭和25）年に精神衛生法が制定され、1987（昭和62）年に精神保健法、1995（平成7）年に精神保健福祉法と改称されている。法施行以降45年が経過したあとに初めて法律名に「福祉」が明記され、精神障害者等の「自立と社会経済活動への参加のために必要な援助」が法の目的とされた。

　制定時の法の名称が「精神衛生」である意味は、公衆衛生の考えに基づくものである。地域における公衆衛生の向上と増進を目的とする行政機関である「保健所」が長年その中核的な役割を担ってきた我が国の**精神障害者対策**は、いわゆる疾病対策＝「精神病患者に対する施策」であり、施策そのものが精神障害者を病者として地域から隔絶してきた。

　保健所は、結核などの感染症が発生すると、疾病対策として早期発見、早期治療を優先し、地域社会から隔絶し強制的な入院治療を行った。精神疾患も同様で、当時の行政組織に障害者福祉という観点は薄かった。

　我が国では精神疾患や精神科医療などに対し、今なお根強い偏見と誤解があり、精神障害者の地域復帰や社会的自立、社会参加の妨げとなっているが、上述したように精神障害者を公衆衛生の対象に位置づけて疾病対策を講じたことがその一因であると考えられる。

　地域精神保健には、狭義のメンタルヘルス（精神疾患、精神障害者など）と広義のメンタルヘルス（一般市民の心の健康問題）が含まれるが、現代社会は、自殺や災害・犯罪被害、ひきこもりや児童虐待などのほか、家庭や職場における人間関係の悩み・トラブルも少なくなく、地域精神

保健活動（＝心の健康をよりよくしていく活動）にかかわる諸問題は幅広く、誰にとっても決して他人事ではない。

2 地域精神保健から障害者福祉へ

かつての地域精神保健活動は、精神医療対策としてほかの疾病対策と同様に、早期発見・早期治療が最優先され、いかに迅速に適切な精神科医療を提供するかに主眼が置かれてきた。1993（平成5）年12月の障害者基本法の改正で、精神障害者は身体障害者や知的障害者と同様に「障害者」として法的に位置づけられた。この改正を受け、我が国の精神障害者施策は、障害者福祉施策の実現に向けて大きく舵を取ることになる。

つまり、地域精神保健活動では、単なる病者ではなく障害者としても位置づけ、地域住民が健康に生きることを目指すのと同様に、精神障害者も疾病や障害をもちながらも地域社会で安心して健康に生きることを目的とした。

この考え方は、1978年のアルマ・アタ宣言に基づく Health for All（すべての人々の健康）活動、1986年に世界保健機関（World Health Organization：WHO）が提唱したヘルスプロモーション（health promotion：健康増進運動）活動に根ざすものである。

Active Learning
地域精神保健における生活課題を考えてみましょう。

3 これからの精神保健活動に向けて

2014（平成26）年4月の精神保健福祉法改正により、長期入院の解消、積極的な地域移行施策の展開など、地域生活中心の精神保健福祉施策が従前に増して行われることとなった。

一方、少子高齢化のもと、児童虐待と育児支援、ひきこもりへの支援、災害被害や犯罪被害への心のケア、LGBTへの支援など、地域精神保健活動はますます多様になり、かつ増加していく。従来の精神障害者を対象とした施策だけでなく、一般住民をも対象とした「心の健康課題への支援」と「心の健康づくり」の両面を視野に入れた広範な展開が必要となる。

そのため、精神保健福祉士は、かかわる対象者が「今、どのような状態にあり、どのような課題を抱えているのか」を適切に判断し、支援し

ていかなくてはならず、幅広くかつ高い専門性が求められている。

4 関係法規

Active Learning

医療観察法の審判に至る手続きの流れを確認しておきましょう。

❶心神喪失等の状態で重大な他害行為を行った者の医療及び観察等に関する法律

本法（医療観察法）の主管省庁は法務省で、重大な他害行為を行った者に対して、責任能力の有無の判断を経て、検察官が地方裁判所に申立てを行い、審判で裁判官と精神保健審判員の合議によって処遇を決定する。精神保健福祉士等は、審判の際に精神保健参与員として精神保健福祉の専門的な観点から意見を述べる。詳細は第8章第1節p.240参照。

❷自殺対策基本法

2016（平成28）年4月施行の本法改正の趣旨などを踏まえ、自殺総合対策大綱の見直しを行った。新たな大綱では、当面の重点施策が9項目から12項目に拡充された。地域における計画的な自殺対策の推進を図るため、すべての自治体に自殺対策計画策定を義務化した。大綱はおおむね5年を目処に見直しを行う。法律の詳細は第6章第3節pp.138-139参照。

❸児童福祉法

2018（平成30）年度に全国の児童相談所が対応した児童虐待の件数は15万9850件、虐待による死亡件数は、2017（平成29）年度の心中を除く虐待死が52人であり、年次推移では横ばい傾向にある。このような事態を受け、虐待が繰り返されないよう児童の安全確保を優先させ、転居の際などは各児童相談所との連携を強化し、保護者による体罰を禁止した児童福祉法改正が2019（令和元）年6月に行われた。

❹障害者の雇用の促進等に関する法律

本法（障害者雇用促進法）は、障害者雇用施策を障害者基本計画に沿って、障害者雇用対策基本方針を具体的に実現するための根拠法となるものである。雇用の促進や職業リハビリテーションなどを通じて障害者の職業生活促進のための施策を講じることとしている。具体的な施策は、障害者雇用率制度や障害者雇用納付金制度、障害者に対する差別の禁止や合理的配慮の提供義務等である。第5章第1節p.105参照。

❺その他の関係法規

精神保健施策は、従来の精神障害者支援にとどまらず、現代社会のさ

まざまな心の健康問題への対応が求められ、医療中心から保健・福祉への転換が必要となっている。特に近年の児童虐待やいじめや労働環境を含む自殺の問題などは日々マスメディアに取り上げられ、心の健康に対する一般市民の関心も高くなっている。

援助専門職である精神保健福祉士が地域精神保健活動を実践していくためには、これらの日常的な情報収集と併せて、その問題課題の対処に必要な関係法規をよく理解し、それぞれに提供されるさまざまな精神保健サービスの根拠と範囲を知ることが不可欠である。

以下に記載する精神保健関連法規は、本巻だけでなく他巻にも取り上げられている。法が整備された意義や目的などについて、十分に理解し学んでおく必要がある。

① 障害者の支援に関連する法規

障害者基本法、地域保健法（pp.237-238 参照）、精神保健福祉法（p.258 参照）、社会福祉法（p.155 参照）、身体障害者福祉法、知的障害者福祉法、障害者総合支援法、障害者差別解消、障害者虐待防止法など。

② 各ライフステージに関連する法規

母子保健法（pp.238-239 参照）、教育基本法（p.87 参照）、学校教育法（p.87 参照）、学校保健安全法（p.87 参照）、児童虐待防止法（p.41 参照）、子ども・若者育成支援推進法、労働基準法（p.119 参照）、労働安全衛生法（pp.119-120 参照）、老人福祉法、老人保健法、介護保険法（pp.217-218 参照）、高齢者虐待防止法など。

③ 精神保健の諸問題に関連する法規

発達障害者支援法、DV 防止法（pp.239-240 参照）、ホームレスの自立の支援等に関する特別措置法、健康増進法、生活困窮者自立支援法（p.227 参照）、災害対策基本法、ストーカー規制法（p.239 参照）など。

★精神保健福祉法
精神保健及び精神障害者福祉に関する法律

★障害者総合支援法
障害者の日常生活及び社会生活を総合的に支援するための法律

★障害者差別解消法
障害を理由とする差別の解消の推進に関する法律

★障害者虐待防止法
障害者虐待の防止、障害者の養護者に対する支援等に関する法律

★児童虐待防止法
児童虐待の防止等に関する法律

★高齢者虐待防止法
高齢者虐待の防止、高齢者の養護者に対する支援等に関する法律

★DV防止法
配偶者からの暴力の防止及び被害者の保護等に関する法律

★ストーカー規制法
ストーカー行為等の規制等に関する法律

◇参考文献
・「児童相談所運営指針について」（平成 2 年 3 月 5 日児発第133号厚生省児童家庭局長通知）
・「第 9 回児童虐待防止対策に関する関係府省庁連絡会議資料」平成30年 9 月28日
・朝日新聞朝刊「虐待防止へ一歩」令和元年 6 月20日
・川崎二三彦『児童虐待——現場からの提言』岩波書店，2006.
・厚生労働省編『自殺対策白書 令和 2 年版』2020.

多職種の役割と連携

学習のポイント
- 地域精神保健活動にかかわる専門職種について理解する
- それぞれの専門職の役割とその専門性を理解する
- 地域精神保健活動における多職種連携の必要性について考える

我が国における心の健康の対象領域は、年々多様化、複雑化しており、医療、保健、福祉領域にとどまらず、教育、司法、労働領域も含む。その支援には、従来から専門職といわれる単独の職種だけではできることに限りがあり、専門職のもつ高い専門性と技術を連携することでより効果的なかかわりが可能となる。

多職種連携について、精神保健活動を概観した場合には、たとえば、教育現場におけるいじめや自殺対策では、スクールカウンセラーや養護教諭との連携が不可欠である。また、精神科医療における患者の権利擁護では、法曹資格を有する弁護士など精神保健領域関係以外の職種とのかかわりが必要であり、精神医療審査会などが法に規定されている。

Active Learning

精神保健福祉士の配置されている機関とその業務を調べておきましょう。

1 精神保健福祉活動にかかわる専門職種

1 精神保健福祉士

精神保健福祉士は、精神保健福祉士法により定められた精神科ソーシャルワーカーの国家資格である。名称独占の資格であり、精神保健福祉士でない人が精神保健福祉士を名乗って業務を行うことはできない。2020（令和 2）年 7 月現在の登録者数は 9 万 808 人である。

精神保健福祉士の主な役割は、精神障害者の社会復帰のための相談援助と日常生活支援で、具体的な業務は、精神障害者に対する相談支援、退院促進、家族支援、生活課題への支援、就労支援、人権擁護や地域の支援体制づくりなど、多岐にわたる。

また、登用される職場は、医療機関や地域施設、行政機関のほか、保護観察所や刑務所などの司法領域や、スクールソーシャルワーカーとしての教育現場、EAP を導入しリワーク支援を実践する企業などもあり、

職域は年々増加拡大が進んでいる。

なお、業務を行うにあたって、対象者に主治医がいるときには、主治医の指導を受けなければならないという規定がある。

2013（平成 25）年の精神保健及び精神障害者福祉に関する法律（精神保健福祉法）の改正では、医療保護入院者の退院後の生活環境に関する相談および指導を行う者として精神科病院管理者が選任する退院後生活環境相談員（第 8 章第 2 節 p.242）が創設された。また、精神医療審査会の委員のうち「精神障害者の保健又は福祉に関し学識経験を有する者 1 名」とされ、精神保健福祉士等の登用が促進された。

2 医師（精神保健指定医）

医師は、医師法により定められた国家資格である。医師法第 17 条による業務独占の資格である。2018（平成 30）年 12 月現在の登録者数は 32 万 7210 人であり、病院や診療所などに約 31 万人が勤務し、介護老人施設や行政機関、産業医などとして一般企業などにも勤務する。

精神科医は、精神科医療を専門分野として、精神疾患を有する患者の治療方針を立て治療に当たる。治療は、薬物治療、精神療法などのほか、リハビリテーションにかかわる業務を行う。また、治療スタッフである看護師や薬剤師などに対する指示も行う。

精神保健指定医は、精神保健福祉法第 18 条の規定に基づく。精神科臨床 3 年以上を含む 5 年以上の臨床経験をもつ医師が、厚生労働省指定の研修、精神科臨床を修了後、レポート提出をもって合否が決定される。措置入院や医療保護入院など非自発的入院の判断、行動制限などの医学的な判断を行う資格をもつ医師である。

3 看護師・保健師

看護師は、保健師助産師看護師法により定められた国家資格である。看護師は医師と同様「業務独占」の資格であり、保健師助産師看護師法に規定されているとおり医師の下で業務を行う。2018（平成 30）年末現在の看護師登録者数は 121 万 8606 人、准看護師 30 万 4479 人である。勤務先は、全体の 85.1 ％が病院・診療所であるが、ほかに介護老人保健施設等、訪問看護ステーション、社会福祉施設と幅広い。

また、保健師も保健師助産師看護師法により定められた国家資格であり、看護師の資格を得たうえで取得する資格である。2018（平成 30）年末現在の保健師登録者数は 5 万 2955 人である。主な業務は、地域社

Active Learning
精神保健指定医の法律に規定される業務を調べておきましょう。

会をフィールドとした地域住民の健康保持増進である。保健所や市町村保健センターなど行政機関における精神保健施策だけでなく、乳幼児から高齢者まであらゆるライフステージを対象として保健指導を行う。栄養指導や運動指導、服薬指導などを通じ、対象者の行動変容や日常生活の改善を図ることが大きな役割である。

4 作業療法士

作業療法士は、理学療法士及び作業療法士法により定められた国家資格であり、同法第2条第4項に規定された資格である。有資格者数は、7万676人である。

入院患者などへのスポーツ運動療法のほか、手芸や園芸などの精神的、身体的な作業療法を治療の一環として実施し、社会復帰に向けた社会適応能力の向上など精神科リハビリテーションの担当者としての役割をもつ。

近年は、精神障害者スポーツとして、ソフトバレーボールやフットサル、バスケットボール、ソフトボールの全国大会や国際大会の振興にも大きな役割を担っている。

5 公認心理師・臨床心理士

公認心理師は、2015（平成27）年に成立した公認心理師法に規定される比較的新しい国家資格である。医療・保健、福祉、教育、司法・矯正、産業などのさまざまな各領域において心理的な支援および援助が期待される資格であり、2020（令和2）年6月現在の登録者数は3万5285人である。

公認心理師は同法第2条に規定されているとおり、心理学に関する専門的知識および技術をもって、対象者の心理状態を観察し、相談に応じ、助言、指導を行い、教育および情報を提供するとされている。心理検査やカウンセリングなどの心理的援助、メンタルヘルスにかかわる啓発活動などが主な業務である。

なお、業務を行うにあたって、対象者に主治医がいるときには、その指示を受けなければならないとされる。

臨床心理士は、公益財団法人日本臨床心理士資格認定協会が定める民間認定の資格である。

職域は、健康保持・増進と予防、健康教育の実践として、医療、保健福祉領域だけではなく、産業、司法、教育分野にも配置されている。い

じめやひきこもりにかかわるスクールカウンセラーなど、メンタルヘルスとソーシャルサポートの役割を担う。

臨床心理士は心理臨床家の実践内容を職業名称として具現化したものであり、資格取得には協会が行う審査に合格する必要がある。また、資格の更新継続には5年ごとの更新研修を受講しなければならない。心理検査のほか、臨床面接や臨床心理的地域援助活動、カウンセリングやコンサルテーションなどが主な業務である。

6 栄養士・管理栄養士

栄養士と管理栄養士は、栄養士法に規定される国家資格である。管理栄養士は、精神科病院などの特定多数の利用者に対して、食事や栄養状態を管理し、食事指導などのコンサルテーションや栄養改善指導を行うことを業務とする。

精神科病院の慢性病棟では、生活習慣病などの患者も多く、食生活の改善や病人食の提供など、一人ひとりに合った栄養指導を行わなくてはならない。保健所などでの地域精神保健活動の実践では、デイケアなどのスタッフとして料理教室に参加し、単身の在宅精神障害者の食生活改善や簡単にできる調理方法の指導などの役割を担う。

7 弁護士・司法書士

弁護士は、弁護士法により規定された国家資格である。民事事件から刑事事件までさまざまな領域で業務を行っており、その内容は多岐にわたる。

精神保健領域では、精神医療審査会の合議体構成員（法律委員）として非自発的入院である措置入院や医療保護入院患者の人権を確保する業務を担い、書類審査や退院請求や処遇改善請求に係る審査を行う。

法曹資格をもつ弁護士との連携や連絡調整は、施設コンフリクトに象徴されるような事案にとどまらず、被災者と風評被害、性的マイノリティ、発達障害やひきこもりなど、「いわれなき中傷」による差別や偏見への対処として、ますます重要になっていくはずである。

司法書士は、司法書士法により規定された国家資格である。資格取得には、司法書士試験に合格する場合と、認定司法書士として法務大臣の認可を受ける場合とがある。業務は、不動産登記等の登記業務（業務独占）のほかに相続や債務整理などの書類作成業務がある。

自己破産や多重債務処理の過程で自殺する人の増加に伴い、司法書士

が自殺企図者や自死遺族とかかわることもあり、司法書士の役割は、今後重要性を増していくことが予測される。

2 ▷ 多職種の連携

Active Learning

ACTで実践されるチーム連携の実践を具体的に調べておきましょう。

　精神保健福祉士をはじめとする対人援助職は、地域精神保健活動を実践するにあたり、それぞれの職種の専門的な高い技術力をもち、対象者への援助支援を行っている。しかし、対象者のもつ相談支援ニーズは、その時々の病状や家庭環境、経済状況などによって変化し、担当職種の専門領域だけでは十分に対応できないことも少なくない。適切に日常生活支援や処遇を行うためには、精神保健活動に関連するほかの支援機関やほかの職種への働きかけや連携は不可欠である。

　全国で展開している包括型地域生活支援プログラム（ACT）は、重度の在宅精神障害者に対して24時間365日の訪問型支援アプローチであり、多職種のチーム連携による実践的な支援の代表例であるといえる。これらの活動は、多職種間で常に連携していることで、対象者の情報共有と処遇検討を行うことが可能となり、高度に個別化されたチームサービスを提供することができる。

　本節では、精神保健活動にかかわる専門職をいくつか掲げ、それぞれの職種の専門性と役割について紹介してきた。昨今の地域精神保健活動の対象が多様化し拡大している現代社会において、専門職種以外の人材との連携も含めて考えていく必要がある。

　専門職は、精神障害者やメンタルヘルスの課題をもっている人たちに対して、その多様なニーズに適切に対応できるよう、常に情報共有や意見交換を図りながら実践的かつ効果的な支援ができるよう努力していかなければならない。

◇参考文献
・厚生労働省「平成30年（2018年）医師・歯科医師・薬剤師統計の概況」 https://www.mhlw.go.jp/toukei/saikin/hw/ishi/18/index.html
・厚生労働省「平成30年衛生行政報告例（就業医療関係者）の概況」 https://www.mhlw.go.jp/toukei/saikin/hw/eisei/18/
・厚生労働省「医療従事者の需給に関する検討会 理学療法士・作業療法士分科会（第3回）」 https://www.mhlw.go.jp/stf/shingi2/0000132674_00001.html
・日本弁護士連合会編著『弁護士白書 2017年版』2017.
・「公認心理師法第42条第2項に係る主治の医師の指示に関する運用基準について」（平成30年1月31日文部科学省初等中等教育局長・厚生労働省社会・援護局障害保健福祉部長通知）

第4節 地域精神保健にかかわる行政機関の役割および連携

学習のポイント

- 地域精神保健活動にかかわる行政機関の役割を理解する
- 国、都道府県・政令指定都市、市町村のそれぞれの役割を理解する
- 地域精神保健活動と今後期待される行政機関とは何かを考える

1 国の機関

　我が国の精神保健福祉施策を推進する行政機関は厚生労働省であり、社会・援護局障害保健福祉部精神・障害保健課が主管する。厚生労働省は地域精神保健に関する調査研究を実施することによって、今後精神保健領域で求められる現実的な対策はもちろんのこと、中長期的な視点に基づく施策と、地域保健対策に係る人材の育成と資質の向上に努めていくとともに、都道府県および市町村がその業務を遂行できるよう支援する役割を担う。

　また、精神障害者の雇用促進は職業安定局障害者雇用対策課が主管しており、障害者の雇用の促進等に関する法律（障害者雇用促進法）に基づく実施機関であるハローワーク（公共職業安定所）において職業相談や職業紹介などを行っている。全国の都道府県に設置される障害者職業センターなどでは、個別の障害の程度に応じた専門的な職業訓練指導が実践されている。

　なお、2006（平成 18）年に施行された自殺対策基本法に規定される自殺対策の策定および実施の責務は、2016（平成 28）年度より内閣府から厚生労働省に移管された。

2 都道府県・指定都市

1 保健所

　保健所は、地域住民の疾病予防や健康増進、生活環境の安全保持を業務とする公衆衛生に関する行政機関として位置づけられる。1947（昭

Active Learning

都道府県および政令市の主幹課の業務と役割を調べてみましょう。

和22）年、地域保健法（旧・保健所法）に基づき、都道府県、地方自治法に規定する指定都市、中核市のほか、政令で定める市および特別区に設置された。全国の保健所数は、2020（令和2）年4月1日現在469か所である。

精神保健相談援助の領域では、「保健所及び市町村における精神保健福祉業務運営要領」に、精神保健行政機関として精神保健及び精神障害者福祉に関する法律（精神保健福祉法）をはじめとする関係法規に規定された業務を行うと規定されている。地域住民の需要に応じた幅広い精神保健福祉サービスを実施するため、都道府県知事や市町村長に任命された精神保健福祉相談員が配置される。精神保健福祉業務に係る職種には、精神保健福祉士をはじめとして、医師、保健師、看護師、公認心理師などがいる。

精神保健福祉業務には、❶精神障害者の福祉的ニーズに基づく企画調整や障害計画の策定、❷心の健康に関する普及啓発活動、❸市町村や施設等職員を対象とした研修の実施、❹患者会や家族会、断酒会等の自助グループ、ボランティア団体などの組織育成、❺医師（精神科嘱託医を含む）、精神保健福祉相談員、保健師などを中心とした精神保健福祉相談、❻危機介入や受診勧奨、日常生活支援などに関する訪問指導、❼社会復帰および自立と社会参加に向けた保健所デイケアなどの支援、❽入院等関係事務として、精神保健福祉法に規定される保護申請、通報、届出等の措置入院関係ならびに医療保護入院や定期病状報告などに関する事務、❾ケース記録の整理および秘密の保持等、❿市町村への協力および連携などがある。

保健所は、地域精神保健福祉活動の中心的な行政機関として、精神保健福祉センターや市町村、精神科医療機関、障害福祉サービス事業所、当事者団体等と連携しながら、精神障害者の社会的自立や社会参加の促進を図り、さらに地域住民の心の健康の保持増進を推進していくことが大きな役割となっている。

特に今後は、専門的・広域的に対応していくために、在宅精神障害者の支援施策を実践する市町村が円滑な業務を行えるよう支援と技術的な協力を行っていくことが必要である。

2 精神保健福祉センター

精神保健福祉センター（以下、センターという）は、1965（昭和40）年精神衛生法一部改正時に、精神衛生に関する技術的中核機関と

★保健所及び市町村における精神保健福祉業務運営要領
「保健所及び市町村における精神保健福祉業務について」（平成12年3月31日厚生省大臣官房障害保健福祉部長通知障発第251号）の別紙

して位置づけて設置された行政機関である。現在、都道府県（49 か所、うち東京のみ 3 か所）と政令指定都市（20 か所）に計 69 か所設置されている。2002（平成 14）年に、精神医療審査会の事務局業務がセンターに移管されたことを契機に必置化された。

　センターは、行政機関として位置づけられ、「精神保健福祉センター運営要領」に、都道府県および政令指定都市における精神保健福祉に関する総合的技術センターとして地域精神保健福祉活動推進の中核となる機能を備える、と明記されている。

　センターの目標は、地域住民の精神的健康の保持増進、精神障害の予防、適切な精神医療の推進から、社会復帰の促進、自立と社会経済活動への参加の促進のための援助に至るまで、広範囲にわたって規定される。

　センターの業務は、精神保健福祉法第 6 条第 2 項の規定により、❶精神保健福祉に関する知識の普及および調査研究、❷精神保健福祉に関する複雑困難な相談指導、❸精神医療審査会の事務、❹精神障害者保健福祉手帳の交付申請に対する決定および自立支援医療（精神通院医療）の支給認定（判定）、❺障害者の日常生活及び社会生活を総合的に支援するための法律（障害者総合支援法）の規定により、給付費等の支給の要否決定にあたり市町村に意見を述べること、❻障害者総合支援法の規定により、市町村に対し技術的事項についての協力援助を行うこととしている。

　一部のセンターでは、その他の業務として、診療機能やデイケアなどのリハビリテーション機能、精神科救急情報センターの機能（特に夜間・休日の精神医療相談窓口の設置）、心神喪失等の状態で重大な他害行為を行った者の医療及び観察等に関する法律（医療観察法）における医療機関の紹介や受診指導など地域社会における処遇を行っている。

　近年では、これら法定業務のほかに、思春期関連問題、アルコール・薬物・ギャンブル依存症、高齢者のうつ病、ひきこもり、虐待予防、広域災害発生時の心的外傷後ストレス障害（PTSD）、犯罪被害者支援、自死遺族支援、性的マイノリティ（LGBT）支援、多文化社会における異文化適応障害、偏見差別などへの対応等、心の健康に関する今日的な課題への対応が求められている。

★**精神保健福祉センター運営要領**
「精神保健福祉センター運営要領について」（平成 8 年 1 月 19 日健医発第 57 号）の別紙

Active Learning
精神保健福祉センターに配置されている職種と役割を整理してみましょう。

3 ▶ 市町村

❶市町村の役割

　地域精神保健福祉活動は、1965（昭和40）年の精神衛生法（現・精神保健福祉法）改正時より、保健所が地域における精神衛生行政の第一線機関として位置づけられ、都道府県および保健所を中心として精神保健福祉業務が行われてきた。

　現在、基本的な住民サービスは身近な行政機関である市町村で行われ、精神障害者社会復帰施策でも、身近で利用頻度の高い生活支援などの福祉サービスは市町村が中心である。障害者の福祉サービスの窓口と支給決定も市町村が担っている。

Active Learning

保健所と市町村の役割の違いを考えてみましょう。

　具体的な**市町村精神保健業務**は、❶企画調整および障害福祉計画策定（地域に居住する精神障害者のニーズを把握）、❷普及啓発事業の実施、❸相談指導（市町村地域生活支援事業に基づく相談支援事業の実施）、❹社会復帰および自立と社会参加活動への支援、❺入院時の市町村同意（医療保護入院）および自立支援医療費（精神通院医療）に関する申請受理事務、❻ケース記録の保管、秘密の保持、などである。

　地域保健法に規定される**市町村保健センター**は、2020（令和2）年4月1日現在で2468か所ある。精神保健福祉活動の総合的な拠点として、地域住民の健康増進を促し、保健指導や検診および健康相談などを実施している。

❷市町村の課題

　市町村によって精神保健業務の実施体制や人員配置にはかなりバラツキがある。担当部署名もそれぞれで、健康増進担当課、障害担当課などとされている。業務の分担や分掌事務の区分は各自治体により異なる。

　市町村の担当職種は、保健師、精神保健福祉士、認定心理士などである。また、保健所から市町村へ業務移管された背景に、市町村の専門職の多くが保健師であったことが挙げられる。精神保健福祉士の配置は全国的に促進されてきているものの、いまだに未配置の市町村もあり、今後、より多くの登用を期待したいところである。

　現在、精神保健福祉業務の責任と役割は、保健所が医療および保健に関する業務、市町村が個別の福祉サービスを中心とする業務、と分担が明確化されているため、保健所は日常生活支援や退院促進事業など精神障害者の社会的自立や社会参加に直接かかわる障害福祉サービス業務が

少なくなっている。一方、市町村においても財政的に裕福な市町村とそうでない市町村では、さまざまな日常生活支援事業の運用をみると利用量に格差がある。

　上述の精神保健福祉士登用の格差も同じく、在宅精神障害者の日常生活支援に差がなくなるように、全国一律にサービスが享受できるシステムにしていく方策を考える必要がある。

4 今後の行政機関と連携の必要性

❶各行政機関の役割と分担

　我が国では、「保健所及び市町村における精神保健福祉業務運営要領」を軸にして、地域精神保健福祉活動の中心に保健所を置いている。保健所には、精神保健福祉センターや市町村、精神科医療機関、障害福祉サービス事業所、当事者会や家族会などと連携・連絡を十分に行い、医療と保健を基盤としつつ専門性と広域性をもって地域に根ざした精神障害者支援を展開していく役割がある。

　精神保健福祉センターには、調査研究活動の実践、精神保健ボランティアなどの人材育成、現代社会の課題に関する情報を把握したうえでの具体的な支援事業展開、さまざまな業務を通じて行う精神障害者への社会的偏見と差別の払拭などの啓発活動、が求められている。

　また、長期入院精神障害者の地域移行に向けた具体的方策の今後の方向性が打ち出されている現在、市町村が担う役割は大変大きい。精神障害者の社会的自立と社会参加の早期の促進が図られるように、市町村はその地域独自の有用性を活かした相談支援体制や、マンパワーと障害者施策の充実強化がとても大事である。

　各行政機関の関係性では、精神保健福祉センターは保健所に対して協力・指導・援助を行い、保健所は市町村に対して相互の連携・協力を継続していく必要がある。

❷行政機関の連携

　地域社会における在宅精神障害者の多様なニーズに、丁寧に寄り添いながら対応する相談支援体制の構築は、精神障害者の社会復帰に不可欠である。そのためには、市町村へ精神保健福祉士の積極的な登用を促進させること、担当職種の専門性の充実とスキルアップが常に図られていること、自治体ごとの格差がなく、どこに居住しても不公平なく同じよ

うな充実した相談支援が享受できることが望ましい。

　現代社会における心の健康課題は、児童虐待やいじめと自殺問題、ひきこもりと8050問題、薬物乱用などの依存症の問題など枚挙にいとまがない。個々のライフステージにおける課題だけではなく、たとえば、地震や豪雨など異常気象に起因する大規模災害などでは、緊急対応を含めた広域かつ包括的な支援策を講じていかなくてはならない。

　日々求められる地域精神保健福祉活動は常に社会情勢により変化する。都道府県（保健所、精神保健福祉センター）、市町村という行政機関が個々の枠組みで対応するのではなく、それぞれの役割と特性を十分に活かしながら情報を共有し、有機的な連携と柔軟な連絡調整ができる重層的な支援体制を整備することが重要である。

　地域住民がもつさまざまな心の健康課題に寄り添った支援やサービスを提供するために、行政機関には機関同士の連携強化が強く求められていることを忘れてはならない。

◇参考文献
・日本公衆衛生協会編『我が国の精神保健福祉 ―― 精神保健福祉ハンドブック 平成27年度版』2016.

第5節　学会や啓発団体

　本節は、地域精神保健活動の推進にあたって、いくつかの学会や当事者団体、職能団体、関係団体、啓発団体を取り上げ、それらの団体が果たしている役割や機能を概説する。我が国においては多くの団体が地域精神保健活動の推進を目的に活動してきている。ここでは、❶日本精神神経学会、❷日本精神障害者リハビリテーション学会、❸全国精神保健福祉会連合会、❹全日本断酒連盟、❺日本精神保健福祉士協会、❻日本介護福祉士会、❼全国精神保健福祉相談員会、❽日本精神衛生会、❾日本精神保健福祉連盟、❿日本いのちの電話連盟、⓫全国精神障害者地域生活支援協議会、の具体的活動を取り上げてみたい。

1　学会

❶日本精神神経学会

　公益社団法人日本精神神経学会は、1902（明治35）年に呉秀三らが中心となり発会し（当時は日本神経学会という名称）、1935（昭和10）年に名称を変更し、現在の日本精神神経学会となった。主な活動として、❶学術総会の開催、❷機関紙（精神神経学雑誌）の刊行、❸専門医制度の運営、❹調査・研究事業、❺教育・研修事業等を行っている。

　1993（平成5）年に、全国精神障害者家族会連合会（全家連）が日本精神神経学会に対して「精神分裂病」という病名の変更を要望したことを契機に、日本精神神経学会は病名変更の必要性を提唱した。2002（平成14）年8月、1937（昭和12）年から使われてきた「精神分裂病」という病名を「統合失調症」に変更することを決定した。現在では「統合失調症」という病名が我が国において使用されている。

❷日本精神障害者リハビリテーション学会

　日本精神障害者リハビリテーション学会は、1993（平成5）年に研究会として発足し、翌々年に学会を創設した。精神医学的リハビリテーションにとどまらず、保健・福祉・教育・労働の各領域にわたるリハビリテーション専門職を加えた学際的な学会である。精神障害者が、普通の市民として地域社会で当たり前に暮らしていくために必要な活動を展開することを使命としている。「ベストプラクティス賞」を制定し、心理社会的リハビリテーション活動として地域で先進的な取り組み成果が認められる実践を表彰している。

2　当事者会

❶全国精神保健福祉会連合会

　公益社団法人全国精神保健福祉会連合会（みんなねっと）は、精神障害者の家族が結成した団体であり、個人会員3731名、団体会員7989名となっている（2017（平成29）年7月末現在[3]）。みんなねっとの前身は全国精神障害者家族会連合会（全家連）であり、全家連は1965（昭和40）年に設立された。家族同士が語りあい、学びあい、社会に働きかける組織として活動を続けてきた。全家連は2007（平成19）年に解散したが、前年の2006（平成18）年には新たな全国組織として、みんなねっとが発足しており[4]、全家連の活動理念は継続されている。

　主な活動として、❶政策提言（ソーシャルアクション）、❷情報発信、❸精神障害に関する啓発・普及活動、❹家族と当事者を支援する活動、❺全国組織を運営する活動が挙げられる[5]。

❷全日本断酒連盟

　断酒会はアルコール依存症からの回復を目指して活動が始まった。1963（昭和38）年に全国組織として公益社団法人全日本断酒連盟[6]が成立し、現在はアルコール依存症からの回復を目指す人たちが断酒会活動に参加している。

　断酒会は実践第一を掲げ、「例会活動」や「啓発活動」を行ってきている。例会（ミーティング）とは、小グループで約2時間、本人や家族が酒害体験（アルコールで失敗した経験等）を話し、ほかのメンバーはその人の酒害経験を聴くものである。この例会を通して、自分だけではない、みんなが仲間だという一体感が生まれ、それぞれが依存症である

という「気づき」を得ていく。[7] 断酒会は家族や関係者に対して例会の参加を奨励している。本人は酩酊状態のときのことを忘れていることが多く、家族や関係者から聞かされる「酒害」は、本人を過去の現実へと引き戻してくれる。家族や関係者の声を聞くことは、本人の回復に不可欠なものとなっている。

3 職能団体

❶日本精神保健福祉士協会

公益社団法人**日本精神保健福祉士協会**は、1964（昭和39）年に日本精神医学ソーシャル・ワーカー協会として設立された。2013（平成25）年に日本精神保健福祉士協会（以下、協会）に名称変更を行った。

1973（昭和48）年に起こった「Y問題」は協会に大きな影響を与えた。協会はこの大きな問題提起に対して真摯に向きあい、長い時間をかけ議論を行い、PSWの専門性は「精神障害者の社会的復権と福祉」を目指すことであり、精神障害者の社会参加のための実践がPSWの役割であることを結論として導いた。[8] また、Y問題を通して、1988（昭和63）年には倫理綱領をまとめ、[9] 精神保健福祉士の国家資格化に向けて尽力した。[10]

精神障害者の生活と権利の擁護、精神保健福祉士の資質向上、精神保健福祉および精神保健福祉士の調査研究などさまざまな活動を行っている。[11]

❷日本介護福祉士会

公益社団法人**日本介護福祉士会**は、1994（平成6）年に設立された。介護福祉士の職業倫理や資質の向上を目指し、介護に関する専門的教育および研究を行っている。専門職団体として倫理綱領や倫理基準を制定している。

最近では効果的な介護実習に関する調査を実施している。また、外国人介護人材の介護現場定着のために、日本語学習ができるような環境整備への取り組みにも力を入れている。

❸全国精神保健福祉相談員会

全国精神保健福祉相談員会（全精相）は、全国の保健所、精神保健福祉センター、市町村等において精神保健福祉業務に従事している公務員等で構成されている任意団体であり、1982（昭和57）年に東京で結成大会が開催され、会としての活動が始まった。

★**日本精神保健福祉士協会**
2020（令和2）年、協会の英語表記をJapanese Association of Psychiatric Social Workers から Japanese Association of Mental Health Social Workers に変更した。

★**Y問題**
1969（昭和44）年に起きたYさん（19歳）の本人不在のまま無診断入院（強制入院）をめぐる人権侵害事件と、1973（昭和48）年に本人と母親から協会の全国大会においてなされた告発への対応に関連する一連の問題。

Active Learning
日本精神保健福祉士協会の役割と機能を考えてみましょう。

主な活動としては「全国精神保健福祉業務研修会」の開催が挙げられる。研修会では、全国の自治体職員の精神保健福祉業務の研鑽や交流を目的に、地域精神保健福祉活動の先駆的な取り組みの共有や地域精神保健福祉活動における行政の役割を検討している。そのほかに、会員の援助技術向上のためのセミナーの開催や、出版事業、精神保健福祉に関する調査・研究等を行っている。

4 関係団体

❶日本精神衛生会

公益財団法人日本精神衛生会は、世界的にみても非常に早い段階で組織化された精神衛生のNGO（non-governmental organization：非政府機関）である。1902（明治35）年に創設された精神病者慈善救治会は、その後幾多の変遷を経て、1950（昭和25）年に財団法人日本精神衛生会として発足した。

日本精神衛生会元会長の秋元波留夫が「精神障害者に対する差別と偏見の闘いこそが時代をこえて精神保健運動の中核である」と述べているとおり、日本精神衛生会は社会変革を目指した実践を行っている。[12]主な活動は、❶「メンタルヘルスの集い」（日本精神保健会議）の開催、❷精神保健シンポジウムの開催、❸国際精神保健活動への協力である。

❷日本精神保健福祉連盟

公益社団法人日本精神保健福祉連盟は、1953（昭和28）年に8団体が参加して「日本精神衛生連盟」として設立された。2012（平成24）年に「日本精神保健福祉連盟」となり、11団体で構成されている。[13]

主な活動として、精神保健福祉全国大会の開催、精神保健福祉事業功労者の表彰、全国精神障害者スポーツ大会・ブロック大会の開催を行っている。精神障害者スポーツの振興により、精神障害者のQOLの向上とともに、精神障害への偏見や誤解の除去を目標にしている。[14]バレーボールのほかにもサッカー、フットサルなどにも力を入れ、精神障害者スポーツの振興に尽力している。

❸日本いのちの電話連盟

一般社団法人日本いのちの電話連盟の結成は、1953年にイギリスのロンドンで開始された自殺予防のための電話相談に端を発している。我が国では1977（昭和52）年に結成された。[15]2019（令和元）年現在、連

盟加盟センターは 50 センターとなり、約 6100 名の相談員が活動している[16]。

　主な活動は「自殺予防いのちの電話」である。電話相談員は養成研修を修了し認定を受けたボランティアである。電話相談員は重い相談を受けることから、電話相談員を支えるシステムとして継続研修が行われ、電話相談の現状に即した実際的な研修やグループスーパービジョン等を行っている[17]。最近では「電話相談」と併せて「インターネット相談」等も実施されている[18]。またいくつかのセンターでは自死遺族支援活動も行っている。

❹全国精神障害者地域生活支援協議会

　特定非営利活動法人全国精神障害者地域生活支援協議会[19]（全精協、あみ）は、精神障害者小規模作業所、グループホーム等、地域生活支援活動を行っている団体が、全国精神障害者家族会連合会の協力を得て、1997（平成 9 ）年 7 月に東京で設立した。2002（平成 14）年 3 月には、東京都から特定非営利活動法人の認証を得ている。

　「私たちのめざすもの──あみのビジョン」として、「精神科医療の適正化と地域生活支援の充実」、「今も残る課題の克服を──居場所・ネットワーク・地域格差」、「暮らしに活きる権利条約を[20]」の三つのビジョンを掲げ活動を行っている。活動内容は、❶政策提言・要望活動、❷全国大会やブロック研修の開催、❸機関紙・ニュースレターの発行、❹ネットワークづくり、❺調査・研究、❻普及・啓発活動等となっている。

　あみは、2013（平成 25）年に、全国精神障害者社会福祉事業者ネットワーク（全精福祉ネット）と日本精神保健福祉事業連合（日精連）と連携し、「精神保健福祉事業団体連絡会」（精事連）を発足させた。全国団体である三団体が連携をとり、精神保健福祉の充実・促進を目指し調査研究や情報提供、政策提言を行っている。

5 その他の団体

　ほかに精神保健福祉士と連携する代表的な専門職団体として、日本社会福祉士会、日本弁護士連合会、日本薬剤師会、日本司法書士会連合会、日本行政書士会連合会などが挙げられる。

　以上、我が国における学会や当事者団体、職能団体、啓発団体の活動を概観した。直接的な支援はもちろんのこと、研修やセミナー、フォー

ラム、シンポジウムの開催、機関紙等の発行、出版、調査研究など活動は多岐にわたる。各団体が地域精神保健活動の推進に大きな役割を果たしているのである。地域精神保健活動の推進を目指す団体は、精神障害者に対する社会の偏見への解消を目指している。つまり、地域精神保健活動の中核は社会変革であり、学会や当事者会、啓発団体、NPO法人やボランティア団体は、それぞれのもち味を生かして多種多様な実践を行っているのである。

◇引用文献
1 ）日本精神神経学会「テーマ2：旧病名の弊害と新病名「統合失調症」の意義」 https://www.jspn.or.jp/modules/advocacy/index.php?content_id=60
2 ）日本精神神経学会「はじめに：呼称変更の経緯」 https://www.jspn.or.jp/modules/advocacy/index.php?content_id=58
3 ）全国精神保健福祉会連合会「みんなねっと団体紹介」 https://seishinhoken.jp/profile/organization
4 ）飯塚壽美「家族会」精神保健医療福祉白書編集委員会編『精神保健医療福祉白書 2018/2019』p.79，2018.
5 ）全国精神保健福祉会連合会「活動内容」 https://seishinhoken.jp/profile/organization/activity
6 ）全日本断酒連盟「断酒例会とは」 https://www.dansyu-renmei.or.jp/reikai/
7 ）坂元義篤「断酒会活動参加によるアルコール依存症からの回復」『日本アルコール関連問題学会雑誌』第20巻第1号，2018.
8 ）柏木昭編著『新精神医学ソーシャルワーク』岩崎学術出版社，pp.24-25，2002.
9 ）同上，pp.59-61
10）同上，pp.18-19
11）日本精神保健福祉士協会「協会の概要」 http://www.japsw.or.jp/syokai/gaiyo.htm
12）日本精神衛生会編『図説日本の精神保健運動の歩み 改定増補版——』2018.
13）日本精神保健福祉連盟「日本精神保健福祉連盟のあゆみ」 http://www.f-renmei.or.jp/aboutus/history/index.html
14）日本精神保健福祉連盟「精神障害者スポーツ大会　精神障害者スポーツ大会の歴史」 http://www.f-renmei.or.jp/sports/outline/index.html
15）日本いのちの電話連盟編『自殺予防いのちの電話——理論と実際』ほんの森出版，pp.18-20，2009.
16）日本いのちの電話連盟「沿革」 https://www.inochinodenwa.org/about.php
17）前出15），p.115
18）日本いのちの電話連盟「いのちの電話の相談」 https://www.inochinodenwa.org/soudan.php
19）大友勝「NPO法人全国精神障害者地域生活支援協議会（全精協，あみ）」『精神障害とリハビリテーション』第6巻第2号，2002.
20）全国精神障害者地域生活支援協議会「「あみ」について」 http://www.ami.or.jp/about

◇参考文献
・日本のいのちの電話連盟編『自殺予防いのちの電話——理論と実際』ほんの森出版，2009.
・日本精神衛生会編『図説日本の精神保健運動の歩み 改定増補版』2018.
・日本精神衛生会「日本精神衛生会の主な事業と活動」 http://www.jamh.gr.jp/katudou.html
・全国精神保健福祉会連合会（みんなねっと） https://seishinhoken.jp/profile/organization
・精神保健医療福祉白書編集委員会編『精神保健医療福祉白書 2018/2019』2018.
・全日本断酒連盟 https://www.dansyu-renmei.or.jp/reikai/
・日本精神保健福祉士協会 http://www.japsw.or.jp/
・日本介護福祉士会 http://www.jaccw.or.jp/home/index.php
・全国精神障害者地域生活支援協議会 http://www.ami.or.jp/
・日本精神保健福祉連盟 http://www.f-renmei.or.jp/index.html
・全国精神保健福祉相談員会 https://www.zenseisou.com/resume-c46c
・蜂矢英彦・岡上和雄監『精神障害リハビリテーション学』金剛出版，2000.
・日本精神障害者リハビリテーション学会 https://japr.jp/

セルフヘルプグループと地域精神保健を課題とした市民団体

学習のポイント

- セルフヘルプグループとピアサポートグループの役割や意義を学ぶ
- 市民団体の役割や意義を学び、精神保健福祉における必要性を考える
- インフォーマル資源とフォーマル資源の連携や協働の必要性について考える

 セルフヘルプグループとピアサポートグループ

1 セルフヘルプグループとピアサポートグループの定義

セルフヘルプグループ（self-help group：SHG）とは、ある個人やその家族が自分ひとりでは解決できそうにない共通の悩み（問題、課題）をもつ当事者として、対等な関係のもと、課題に取り組む自発的かつ意図的に組織されたグループである。それらは、専門職支援からは独立し、これまでの支援とは異なるオルタナティブ★な社会資源として、自主的・自律的に運営され、継続的な活動を行う。SHG は、自身の解決したい悩みや課題があり、そこからの解放を主目的とした、自身のために参加するグループである。

一方、ピアサポートグループ（peer-support group：PSG）は、それぞれの解決したい共通する悩みや課題のある人が集まり、支えあう、もしくは「支える ― 支えられる」関係を越えて活動することを通して、ともにリカバリーすることを目的としている。互いに支えあう場をつくるファシリテーター（促進者）として、トレーニングを受けたピアスタッフや専門職者がいる点が特徴である。

結果的には、両グループともに、個々の苦しみや孤独から解放され、仲間を得て、リカバリーが促進される。

2 セルフヘルプグループとピアサポートグループの役割

SHG および PSG の専門職支援とは異なる特徴的機能を、以下の 3 点に整理して述べる。これらの機能の基盤として、「経験的知識★」と「ヘルパーセラピー原理★」の援助特性がある。

★オルタナティブ
「既存・主流のものに代わる（何か）」を意味する言葉で、精神保健福祉領域では、既存の専門職主導の支援やサービス等に代わる新たな社会資源を意味する言葉である。セルフヘルプグループやピアサポートなど、既存の制度の枠組みにしばられない、当事者にとって必要なものを当事者自身によって産み出し、支援全体をもつくりかえていこうとする。日本精神保健福祉士協会・日本精神保健福祉学会監『精神保健福祉用語辞典』中央法規出版，2004.

★経験的知識
　（experiential
　knowledge）
まさに体験に見舞われ、身体・精神を含めてその人の全体が巻き込まれ、その体験のなかを生き抜く過程を通じて獲得されるものである。専門職が専門性の基盤とする専門的知識に比べて、実際的・実用的、より包括的な特徴をもつとされる。Borkman, T., 'Experiential knowledge: A new concept for the analysis of self-help groups,' The Social service review, 50(3), pp.445-456, 1976.

★ヘルパーセラピー原理（the "helper" therapy principle）
「援助するものがもっとも援助を受ける」という摂理を説いたもので、支援を受けるばかりではなく、時に支援する側になる機会があることで、人は自らに存在価値を見出し、エンパワメントする。この原理を活用しているのがピアサポーターとして、自身の経験を活かしてともにリカバリーを歩む人々である。Riessman, F., 'The "Helper" Therapy principle,' Social work, 10(2),pp.27-32, 1965.

① **本人および個人に対する働き**

　同じ経験をしている人との出会いによって「苦しい思いをしているのは私だけではない」ことがわかり「孤立から解放」される。そして少し先を歩む人との出会いによって「ロールモデルを獲得」し、病気や障害であきらめていたことでも「私にもできるかもしれない」と「希望」を見出すことができる。こうした過程が「苦しみからの解放」につながる。そして「病者」「障害者」ではない新たな自分を位置づけ、自分のもっている力を信じ、発揮していく。つまりエンパワメントを促進し、リカバリーへのきっかけとなる働きがある。

② **これまでの専門職（サービス）に対する働き**

　オルタナティブなサービスとして、これまでの専門職中心の支援を問い直す批判的役割をもつ。支援の受け手でしかなかった当事者を、サービスをつくり出すプロデューサーとして位置づける。そのことによって「支援する ― される」の固定化した関係から脱却し、新たな支援関係を構築する。

③ **社会に対する働き**

　自分たちを苦しめてきた、差別や偏見、制度や仕組みなど、社会に目を向けるようになる。精神障害者に対するスティグマや周辺に存在する諸々のスティグマを軽減する活動や運動を展開したり、自分たちが排除された制度や仕組みを変えていったりするなど、当事者目線での社会変革を促す契機となる。

■3 セルフヘルプグループとピアサポートグループの実際

　SHG および PSG としての当事者会や家族会は、インフォーマルな社会資源として、専門職等の社会資源に取って代わることのできない役割を果たしている。

❶当事者会

　当事者会の歴史は、アルコール依存症のセルフヘルプグループであるAA（Alcoholics Anonymous）に始まる。その後、日本生まれの断酒会が発足し、各地域レベルのグループ活動を展開している。アルコール依存症本人のほか、家族のグループ、また、アルコールのほかにも疾患・障害や課題ごとにグループが結成されている（**表9-1**）。

　これら SHG 同士の交流や情報交換等を目的とした連合組織として、「全国精神障害者団体連合会（ぜんせいれん）」「発達障害当事者協会」「Node（全国ひきこもり当事者ネットワーク）」「生きづらさ JAPAN（生

表9-1　主なセルフヘルプグループ

種類	名称	対象
アルコール	断酒会	アルコール依存症者（日本独自の自助グループ）
	AA (Alcoholics Anonymous)	アルコール依存症者（アメリカ生まれの自助グループ）
	アラノン (Al-Anon)	アルコール依存の問題をもつ人の家族と友人
	家族の回復ステップ 12	
	アラティーン	アルコール依存症の親をもつ子どもたち
薬物	NA (Narcotics Anonymous)	薬物依存症者
	ナラノン (Nar-Anon)	薬物依存症者の家族や友人
	薬家連（やっかれん：全国薬物依存症者家族会連合会）	薬物依存症者を抱える家族
ギャンブル	GA (Gamblers Anonymous)	病的賭博（ギャンブル障害）者
	ギャマノン (Gam-Anon)	ギャンブル問題の影響を受けた家族・友人
	全国ギャンブル依存症家族の会	
浪費	DA (Debtors Anonymous)	強迫的買い物・浪費・借金依存症で苦しむ人
万引き	KA (Kleptomaniacs Anonymous)	病的窃盗者（窃盗癖、クレプトマニア）
摂食障害	OA (Over Eaters Anonymous)	過食・過食嘔吐・拒食・下剤乱用などに苦しむ人
	NABA（ナバ：日本アノレキシア・ブリミア協会）	摂食障害のある人（アノレキシアは神経性無食欲症（拒食症）、ブリミアは神経性過食（大食）症（過食症）の意味）
	やどかり	摂食障害者の家族・友人・パートナー
性依存	SA (Sexaholics Anonymous)	性依存・性的な問題で苦しむ人
	エサノン (S－Anon)	家族やパートナーに性的な問題がある人
	SCA－JAPAN (Sexual Compulsives Anonymous)	性的強迫症（性依存症、セックス依存症）で苦しむ人
恋愛依存	LAA (Love Addicts Anonymous)	恋愛依存症者
感情・情緒の問題	EA (Emotions Anonymous)	感情・情緒的な問題で苦しむ人
共依存	CoDA（コーダ：Co-Dependents Anonymous）	共依存症者
AC	ACA (Adult Children Anonymous)	子ども時代をアルコール依存症やそのほかの機能不全のある家庭で過ごした成人
	ACODA (Adult Children of Dysfunctional Families Anonymous)	
	ACoA (Adult Children of Alcoholics)	アルコール依存または機能不全家庭で育った人
ゲーム	ゲームをやめる会	ネットゲーム等ゲーム依存者
ひきこもり	HA（ひきこもりアノニマス）	現在ひきこもり状態にある人、または過去ひきこもっていた経験がある人
トラウマ	JUST（日本トラウマ・サバイバーズ・ユニオン）	さまざまな心の傷（トラウマ）から生き延びてきた当事者
対人恐怖	SPA（社交不安アノニマス）	対人恐怖症、社会（社交）恐怖（社交不安症）のある人
双極性障害	ノーチラス会	双極性障害のある人

出典：特定非営利活動法人アスクホームページ「自助グループ一覧」　https://www.ask.or.jp/article/6521 に加筆

きづらさを抱えている人々のネットワーク組織）」などがあり、さまざまな形態で活動が広がっている。

　SHG には、専門職から「支援される」関係だけでは得られない、同じ経験をした者同士の対等な関係性がある。ありのままに語りあい、分かちあうなかで、人が生きていくうえで大切な力を得ることができる。経験や思いを語りあうミーティングを中心に、普及啓発等の社会的活動を行うなど、そのありようはさまざまである。本来 SHG は、自立性が保たれていることが前提であるが、我が国では、設立や運営に専門職が

手厚くかかわるグループもあり、そのかかわり方は多様である。

　ピアスタッフは「支援する ― される」を越えた関係を利用者とつくる新たな職種であるが、利用者と同じ病気や障害のあるピアの立場と、サービス提供者であるスタッフの立場の両方をもつため葛藤を抱えやすく、また職場内にピアスタッフが少ない一人職場[*]が多いため、孤立しやすい。そこで、ピアスタッフ同士の支えあい、学びあい、情報共有や交流を目的に、2014（平成26）年に全国組織「日本ピアスタッフ協会」が設立され、毎年「全国ピアスタッフの集い」等を開催している。

★一人職場
ある職種や立場がその職場に一人であることを意味する。ここではピアスタッフが職場に一人であることが多いことを意味する。

❷家族会

　精神障害者の家族会は1950年代後半より全国各地で精神科病院単位につくられ、1965（昭和40）年に全国精神障害者家族会連合会（全家連）が結成された。2007（平成19）年解散後の後継組織としては全国精神保健福祉連合会（みんなねっと）がある（本章第5節 p.274 参照）。また2007（平成19）年には地域精神保健福祉機構（コンボ）が創設された。

　家族は、歴史的にも制度的にも、多くの負担を強いられてきた。本人同様にひた隠しにして生きざるを得ず、孤立してしまう家族は少なくない。「親亡きあと」を心配して死ぬに死ねないと嘆く親たちがいる。行政や医療機関に相談しても、「本人を連れてきてください」と言われあきらめ、あげくに家に閉じ込めてしまった家族など、悲惨なニュースはあとを絶たない。

　家族は、当事者にとって最も身近な支援者であるが、当事者とは異なる苦しみやつらさを抱えている。家族もまた支援を必要としているのである。しかし、医療も福祉も基本的には本人を対象とする。本人へのサービス提供に付随して家族の相談にのることがあったとしても、家族への相談支援はない。

　このようななかで、家族会は家族にとって重要な役割を果たす唯一の支援組織である。近年は兄弟姉妹の会や、精神障害のある親をもつ子どもたち（ヤングケアラー）の会など、家族の構成メンバーの変化に合わせたグループが形成されている。

Active Learning

家族会のもつ課題について考えてみましょう。

事例

ピアサポートグループの実際

　新潟県上越地域で活動する「絆 with ピア」は、「ピアサポート

の輪を広げ、世の中のつながりのなかで自分らしい生き方を探すため、同じ意志をもつ仲間と希望を共有し、共に歩んでいくための団体」である。

　発足のきっかけとなったのは「ピアサポート講座」である。ピアサポートについて市民を含めて当事者、家族、専門職が立場を超えて、対等に学びあう場を共にしたなかで結成されていった。

　誰もが集い、経験をありのままに語りあうことができる「お茶べり会」を定期的に開催している。

2 フォーマルな社会資源とインフォーマルな社会資源

　社会資源には、公的機関や専門職によるフォーマルな社会資源と、それ以外のインフォーマルな社会資源がある。

1 地域精神保健福祉を課題とする市民団体

　市民とは、ある地域に住むすべての構成員を指し、そのなかには当然、精神障害者も家族も専門職も含まれる。つまり、本節でいう「市民団体」とは、地域精神保健福祉にかかわる当事者や家族、ボランティアや専門職等の関係者と、それ以外の「市民」が主体となって活動している団体とする。実のところ、当事者、家族、専門職、ボランティアという関係者と、それ以外という境界は限りなくあいまいである。

　誰もがなり得る病であるということを知れば、明日は我が身と捉え、活動していく。精神障害やメンタルヘルスの課題を社会化し、暮らしやすい街をつくる一助になる。

事例

市民団体の実際

　「精神保健福祉教育について考える会〜こころの輪〜」は、大学で精神保健福祉を学ぶ学生らが、「義務教育で精神保健福祉教育を！」を合言葉に開始した活動である。

　地域に出て、活動目的を伝え、協力を依頼するも、厳しい対応が続いたが、福祉教育に熱心な社会福祉協議会担当者から「夏ボラ」(小

中学生たちが参加する夏のボランティア学習プログラム）を勧められ参加することができた。自分たちも学びの途上であることから、「当事者体験談（リカバリーストーリー）から、共に学ぶ」を軸にプログラムを作成し、当事者を招き、実施した。

その後、地元の活動助成金を得て「ここ輪セミナー」「ここ輪ゼミナール」など当事者による体験発表を中心に行った。

一方、活動の担い手と継続は常に課題で、卒業後の活動は難しくなる場合もあり、また関心のある学生がいなくなれば活動は停滞してしまう。卒業生だけで細々と続ける時期もあったが、現在は再び関心のある学生によって活発に動き始め、近隣中学校 PTA への講座や、地域の人権セミナーなどに呼ばれ、当事者の体験談から共に学ぶ機会をつくっている。

メンバーは、卒後に精神保健福祉士となった者もいるが、活動には一市民として参画している。

■2 インフォーマルグループの可能性と課題

当事者会、家族会、ピアサポートグループでは、専門職支援では得ることができない「同様の経験、思いを共有したもの同士のグループダイナミクス[*]のなかで沸き起こる癒しと力」を得ることができる。

ただ、こうしたグループの情報を当事者や家族に届けるためには、精神保健福祉士をはじめとする専門職やフォーマルサービスの果たす役割が大きい。

SHG や PSG には当然限界がある。経験から得た生きた情報交換はできるが、医療や福祉の専門的見地から一人ひとりの状態にあった情報を届けるにはそれぞれの専門職の知識や専門機関との連携が欠かせない。

利用者をはじめ、私たちが安心して、自分らしい暮らしを実現するためには、インフォーマル資源とフォーマル資源双方の充実とともに、スムーズな連携と、特性を活かした協働が鍵となる。そのためには、社会資源の情報を誰もが容易に得られることが不可欠であり、今後の課題でもある。

★グループダイナミクス

「集団力動」と訳される。グループは単なる個人の集まりではなく、個人の行動や思考に互いに影響を与える相互作用をもつという考え方。日本精神保健福祉士協会・日本精神保健福祉学会監『精神保健福祉用語辞典』中央法規出版，p.116，2004.

第10章

諸外国の精神保健活動の現状および対策

　第9章までは、我が国における精神保健について多様な角度から学んできた。では、諸外国ではどうであろうか。この章では、諸外国の精神保健の現状や対策および国際的な機関による活動について理解する。

　まずは、世界の精神保健の実情について理解する（第1節）。つづいて、世界保健機関（WHO）など、国際的な機関が展開する活動について、たとえばアルコールに関する世界戦略決議などについて学ぶ（第2節）。最後に、より具体的に諸外国の精神保健や精神保健医療の実情について理解する（第3節）。

世界の精神保健の実情

● 世界の国々における精神保健の対策と現状について理解する
● 障害調整生命年（DALY）の内容、意義、限界について理解する

1　WHO精神保健アトラス

　世界保健機関（World Health Organization：WHO）は、世界の精神保健状況を概観することを目的に 2000 年にアトラスプロジェクトを開始した。その結果は、2001 年に最初に発表され、以後 2005 年、2011 年、2014 年に更新され、2017 年が最新版である。

　2017 年版精神保健アトラスにおいては、メンタルヘルスアクションプラン（精神保健行動計画）2013 － 2020（本章第 2 節 pp.293-294 参照）に示された以下の四つの目的に関連する指標等を収集し、加盟国による行動と成果を測定している。

❶　精神保健のための効果的なリーダーシップとガバナンスの強化
❷　地域ベースの、包括的で、統合され、反応性のある精神保健と社会的ケアサービスの提供
❸　精神保健の増進と予防のための戦略の実施
❹　精神保健のための情報システム、科学的根拠、研究の強化

　四つの目標について以下の五つの観点から主要な所見が示されている。

❶　主要な精神保健指標に関する回答状況

・WHO 194 加盟国のうち 177 か国（91%）が少なくとも部分的に回答した。
・提出率は、すべての WHO 地域で 85% を超えていた。
・加盟国の 37% は、少なくとも公的部門を対象とする精神保健固有の情報を定期的に収集していた。さらに、加盟国の 29% は、一般的な健康統計の一部としてのみ精神保健情報をまとめていた。
・加盟国の 62% が、精神保健政策、精神保健法、精神保健増進および予防事業、制度等の利用状況、精神保健従事者についての五つの指標

すべてに回答できた。

❷ 精神保健制度のガバナンス

・加盟国の72%は独立した**精神保健政策**または計画があり、加盟国の57%は独立した法律を保有している。過去5年間で、WHO加盟国の62%が政策と計画を更新し、40%が法改正をした。

・回答した国の68%、またはWHO加盟国全体の48%に相当する94か国が、国際および地域の人権文書に沿って精神保健に関する方針または計画を策定または更新した。

・回答した国の75%、またはWHO加盟国全体の39%に相当する76か国が、国際および地域の人権文書に沿って精神保健に関する法律を策定または更新した。

・割り当てられた人的および財政的資源は限られている。行動計画の大部分の構成要素の実施を監視するために指標が利用可能であり、使用されていると報告した加盟国はわずか20%であった。

❸ 精神保健のための財政的および人的資源

・精神保健に対する公的支出の水準は低および中所得国では非常に少なく、これらの資金の80%以上は精神科病院で使われる。

・世界の精神保健従事者数の中央値は人口10万人あたり9人だが、極端なばらつきがある(低所得国の1人未満から高所得国の72人まで)。

❹ 利用可能な精神保健サービス

・人口10万人対の精神保健の病床数の中央値は、低および下位中所得国は7床未満、高所得国は50床を超えている。

・外来患者サービス、児童および青年向けサービス、および社会的支援にも同様に大きな格差がある。世界的には、子どもと思春期の病床数の中央値は人口10万人あたり1床未満であり、低および下位中所得国は0.2床未満、高所得国は1.5床を超えている。

❺ 精神保健増進と予防

・回答した国の69%、またはWHO加盟国全体の63%に相当する123か国は、少なくとも二つの機能する国家的、多部門の**精神保健増進**および**予防プログラム**を実施している。

・報告された約350の機能プログラムのうち、40%が精神保健リテラシーの向上またはスティグマとの闘いを目的としており、12%が自殺予防を目的としていた。

　次に人権確保、本人支援、財政構造、費用負担、従事者、病床数等に関して、世界の状況を国の所属する地域や国の所得水準からもう少し詳

しくみてみたい。

　1．国際人権の遵守確保のための独立した組織については、低および下位中所得国の65%以上は、存在しないか機能していないが、高所得国の70%以上は機能していると回答している。

　2．サービス利用者／家族／介護者擁護団体との公式な協働を有する国は、東地中海地域（63%）、欧州地域（60%）に対し、アフリカ地域は33%であった。

　3．1人当たりの政府による精神保健支出額の中央値は、欧州地域が21.7ドルに対し、アフリカ地域は0.1ドルであった。

　4．1人当たりの政府による精神保健支出額は、高所得国の中央値が80.24ドルに対し、低所得国の中央値は0.02ドルであった。そのうち精神科病院への支出額は、高所得国の中央値が35.06ドル（支出全体の約43%）に対し、低所得国の中央値は0.02ドル（支出全体に同額）であった。

　5．精神保健費や向精神薬の費用負担については、欧州地域はすべての国が国の健康保険または償還制度により賄われているのに対し、精神保健費については、アフリカ地域が43%、南東アジア地域が40%の国で自費となっており、向精神薬については、アフリカ地域の国の45%が、南東アジア地域の国の30%が自費となっている。

　6．精神保健従事者数の中央値は、人口10万人当たり高所得国で71.7人、低所得国で1.6人までと極端な差がある。

　7．世界の職種別精神保健従事者は、人口10万人当たり精神科医1.27人、看護師3.49人、心理職0.88人、ソーシャルワーカー0.33人である。高所得国では、精神科医11.87人、看護師23.49人、心理職9.04人、ソーシャルワーカー2.59人に対し、低所得国では、それぞれ0.06人、0.33人、0.05人、0.03人である。

　8．人口10万人当たりの精神病床の中央値は、高所得国において、精神科病院病床が31.1床、総合病院の精神病床が13.1床、住居的ケア床が23.3床、司法病棟が2.2床、児童思春期が1.6床である。

　9．高所得国での外来施設数は、低所得国の30倍である。人口10万人当たりの成人の外来通院の総数は、高所得国（7966人）は低所得

---

i　WHOによる地域分類は、アフリカ、アメリカ、東地中海、欧州、南東アジア、西太平洋の6地域である。

ii　所得水準は世界銀行による、1人当たりGNIによる。低所得国、下位中所得国、上位中所得国、高所得国に分類している。

国（220人）の36倍である。

10. 退院した患者のケアの継続性は総じて高かったが、高所得国においてより高い傾向がみられた。

11. 高所得国において高い割合で政府による社会的支援がなされている。提供される政府の社会的支援の主なタイプは、社会的ケアの支援と収入の支援である。

＊　　　　　　　　　＊

WHOは、このように世界の精神保健の状況と進捗を監視（モニタリング）するとともに、精神保健資源の格差を埋め、サービスの拡充を図るために2008年に精神保健の格差に関する行動プログラム（Mental Health Gap Action Programme：mhGAP）を開始した（本章第2節 p.293参照）。

2　DALY、QALY、健康寿命と、「メンタルヘルスなしに健康なし」

精神保健の政策上の重要性はどの程度なのか、投資する優先順位は高いのか、という命題に答えること、すなわち、対策と投資の優先順位を決める参考として世界銀行とWHOにより開発されたのが障害調整生命年（disability-adjusted life year：DALY[★]）である。対策の優先順位を決める指標としてのDALYに対して、医療技術等対策の費用対効果の指標として、イギリスや日本などでは質調整生存年（quality-adjusted life year：QALY[★]）の考え方が活用されている。

DALYは、損失生存年数（years of life lost：YLL）と障害生存年数（years lost due to disability：YLD）の合計で表される。

> DALY = YLL + YLD

マレー（Murray, C. J.）らによる1990〜2017年の359の障害と損傷に関するDALYを用いての分析によると、

1. 2017年においては、全DALYのうち、非感染性疾患の寄与が62.0%と最大であり、ついで、感染性疾患、母性、新生児、栄養（CMNN）に起因するものが27.9%であり、10.1%が損傷によるものであった。

2. 2007〜2017年で、糖尿病および腎疾患、感覚器疾患、神経疾患、新生物、筋骨格系疾患、薬物使用障害、心血管疾患、慢性呼吸器疾患、皮膚および皮下組織疾患、精神障害、消化器疾患、自傷行為と対人暴力

★DALY

2010年の論文によるとDALYの方法論に変更があったことが示されている。具体的には、年齢重みづけ（age-weighting）をやめたためにage-weightingの高いときに罹患する精神疾患のDALYが下がることになった。

★QALY

生存期間をQOL値（効用値）で重みづけしたもの。

の12疾患群のDALYが著しく増大している。

　３．非感染性疾患中、虚血性心疾患、脳血管障害、閉塞性肺疾患が寄与率の大きなものであり、全DALYの15.4％を占める。

　４．精神保健関連の疾患の動きをみると、1990年・2007年・2017年の順に、女性では、うつ病が17位・13位・11位、アルツハイマー病が33位・22位・15位となっており、男性では、うつ病が30位・23位・23位、薬物使用障害が31位・22位・21位、とそれぞれなっている。精神神経疾患、物質使用障害は、世界的な疾病負担の10％、非致命的な疾病負担の30％を占めている。

　５．DALYの約70％（男性）、約60％（女性）はYLLからのものであり、約30％（男性）、約40％（女性）がYLDからのものである。女性、とりわけ65歳以上の女性のYLDの寄与が大きいことが示されている。**健康寿命**（healthy life expectancy：HALE）の延伸とそのための対策が重要である。

　６．**メンタルヘルスなしに健康なし**（No health without mental health）。プリンス（Prince, M.）らの論文に示されたこの考えは、世界の精神保健政策を貫く一貫した考え方である。この論文の要旨はおおむね以下のとおりである。

　疾病の世界的な負担の約14％（注：DALY発表当初の数字）は、主にうつ病およびその他の一般的な精神障害、アルコールを含む精神作用物質使用障害、および精神病の慢性的な障害の性質による精神神経障害に起因している。このような推定値は、公衆衛生にとっての精神障害の重要性に注意を向けている。しかし、精神障害と死亡率に対する精神障害と身体障害の別々の寄与を強調しているため、健康を改善し貧困を減らすための主流の取り組みから精神保健の疎外を定着させる可能性がある。精神疾患とほかの健康状態との相互作用は変幻自在であるため、精神保健がなければ健康はありえない。精神保健は、健康および社会政策、健康システム計画、および一次および二次の一般的なヘルスケアの提供のすべての側面に統合する必要がある。

　７．重症精神疾患患者の早期死亡・過剰死亡（平均寿命が10〜20（25）歳短いこと）の実態と対策がWHOにより示されている。精神疾患をもつ人々の早死および過剰死亡は、精神保健および医療サービス全体だけでなく、平等および人権にも影響を与える問題でもある。精神障害のある人々の身体疾患を適時かつ効果的な方法で特定および治療するための追加的かつ積極的な介入の必要性が強調されている。

Active Learning

どのような「追加的かつ積極的な介入」の方法があるか、考えてみましょう。

3 SDGsとその意味

❶SDGsの採択

2015年9月「国連持続可能な開発サミット」が開催され、150を超える加盟国の首脳が参加して「ミレニアム開発目標（MDGs*）」を受け継ぐ2030年までの新たな目標となる「持続可能な開発目標（SDGs）」が採択された。

17の目標と169のターゲットからなるSDGsは、「誰一人取り残さない」を掲げ、❶MDGsで達成できなかった課題、❷MDGsには含まれていなかった課題、❸新たに浮上してきた課題、を包括的に含んだ、先進国も途上国も取り組むべき普遍的な目標である。

❷SDGsとターゲット──「我々の世界を変革する：持続可能な開発のための2030アジェンダ」（外務省仮訳）より

2015年9月に国連総会で採択されたSDGsにメンタルヘルスが含まれたことは、多くの助けを必要としている地域や国にプラスの影響を与えるものである。具体的には、以下のように記載されている。

目標3．あらゆる年齢のすべての人々の健康的な生活を確保し、福祉を促進する

3.4　2030年までに、非感染性疾患による若年死亡率を、予防や治療を通じて3分の1減少させ、精神保健及び福祉を促進する。

3.5　薬物乱用やアルコールの有害な摂取を含む、物質乱用の防止・治療を強化する。

その他、関連する目標として、たとえば、目標8には「2030年までに、若者や障害者を含むすべての男性及び女性の、完全かつ生産的な雇用、及び働きがいのある人間らしい仕事、ならびに同一労働同一賃金を達成する」という、個人の生活や意識の変革を必要とするようなターゲットが設定されている。

★ミレニアム開発目標（MDGs）
2000年の国連ミレニアム・サミットで採択された国連ミレニアム宣言をもとにまとめられ、「極度の貧困と飢餓の撲滅」など、2015年までに達成すべき八つの目標を掲げた開発分野における国際社会共通の目標。

◇参考文献
・WHO "Mental health ATLAS 2017" https://www.who.int/mental_health/evidence/atlas/mental_health_atlas_2017/en/
・Murray, C.J., et al., 'Global, regional, and national disability-adjusted life-years (DALYs) for 359 diseases and injuries and healthy life expectancy (HALE) for 195 countries and territories, 1990–2017: a systematic analysis for the Global Burden of Disease Study 2017,' *Lancet*, (392), pp.1859–1922, 2018.
・Prince, M., et al., 'No Health Without Mental Health,' *Lancet*, (370), pp.859–877, 2007.
・WHO, *Excess mortality in persons with severe mental disorders*, 2016.

第10章　諸外国の精神保健活動の現状および対策

第2節 WHOなどの国際機関の活動

学習のポイント

● WHOなどの国際機関の活動について理解する
● 精神保健ケアに関する法：基本10原則（WHO1996）について理解する
● アルコールの有害な使用を低減するための世界戦略決議について理解する

 WHOの精神保健の定義と主な報告、決議

　世界保健機関（World Health Organization：WHO）は精神保健を「人が自身の能力を発揮し、日常生活におけるストレスに対処でき、生産的に働くことができ、かつ地域に貢献できるような満たされた状態」"a state of well-being in which every individual realizes his or her own potential, can cope with the normal stresses of life, can work productively and fruitfully, and is able to make a contribution to her or his community." と定義している。

　ここでは、我が国の精神保健福祉施策の基軸になり、影響を及ぼし、あるいは密接に関係するWHOの活動と成果について、我が国の政策との関係にも触れながら述べる。

❶精神保健ケアに関する法：基本10原則

　このWHO文書基本10原則（Mental Health Care Law：Ten Basic Principles 1996）は、精神保健ケアに関する法の基本となる10原則をリストアップし、さらにその実施について注釈を加えたものである。また、1991年12月に国連総会で採択された「国連原則」が主な内容となっている。

　この基本10原則は、文化や法的伝統の影響をできる限り排し、普遍性のある精神保健分野の法原則をあらわすことを目指している。これらの原則を国情にあった様式、枠組み、言語でそれぞれの国内法に具体化することが、各国政府に委ねられている。10原則は、❶精神保健の推進と精神障害の予防、❷基本的精神保健ケアへのアクセス、❸国際的に承認された原則に則った精神保健診断、❹精神保健ケアにおける最小規制の原則、❺自己決定、❻自己決定の過程を援助される権利、❼審査手

★国連原則
精神疾患を有する者の保護及びメンタルヘルスケアの改善のための諸原則（Principles for the Protection of Persons with Mental Illness and for the Improvement of Mental Health Care）

続きの利用、❽定期的審査のメカニズム、❾有資格の決定者、❿法の遵守である。

❷精神保健の格差に関する行動プログラム

精神・神経・物質使用の障害(mental, neurological and substance use disorders：MNS障害）は、世界のあらゆる地域に広がっており、疾病と早期死亡の要因となっている。障害調整生命年（DALY）で測定された世界疾病負担の14%はMNS障害によるが、これらがもたらす膨大な疾病負担への対応として提供される資源は不十分で、不公平に配分され、非効率に利用されており、それが低所得国・中所得国における治療ギャップにつながっている。

精神保健の格差に関する行動プログラム（Mental Health Gap Action Programme：mhGAP, 2008）の目的は、MNS障害のケアへの財政的・人的資源の配分を増大させ、また、特にMNS障害の世界的疾病負担で大きな割合を占める低所得国および下位中所得国において重要な介入を拡大すること、全利害関係者の関与を強化することである。

非専門的な環境において精神・神経・物質使用の障害に対処するためのmhGAP介入ガイド（mhGAP Intervention Guide）は、mhGAPの実施支援のためにWHOにより開発された技術的ツールである。mhGAP介入ガイドはモデルガイドであり、国および地域での需要に適応させて、非専門的な環境で働くヘルスケア提供者が使用することを想定している。

❸アルコールの有害な使用を低減するための世界戦略

アルコールの有害な使用は深刻な健康上の負担であり、国際的な規模ですべての個人に影響を及ぼす。WHOは2010年にアルコールの有害な使用を低減するための世界戦略（Global strategy to reduce the harmful use of alcohol（2010））を決議し、各国が実施するべき政策の選択肢と介入策を提供した。

我が国におけるアルコール健康障害対策基本法（2013（平成25）年12月成立）の制定やアルコール健康障害対策推進基本計画の策定（2016（平成28）年5月）にも大きな影響を与えた。

❹メンタルヘルスアクションプラン2013-2020

第66回WHO総会(2013年5月)においてメンタルヘルスアクションプラン（精神保健行動計画）2013-2020が採択された。メンタルヘルスなしに健康なし（No health without mental health）を原則に、ビジョン、目標、分野横断別原則、達成目標を示し、その達成状況を、

第68回、第71回、第74回のWHO総会に報告するとしている。第72回WHO総会（2019年）において同プランの2030年までの延長と内容の更新が決定された。

① ビジョン

メンタルヘルスが尊重・促進・保護され、精神障害が予防され、精神障害に罹患した人々が人権を最大限に行使し、リカバリーを促進するために、質が高く、文化に適合した保健医療ケアと社会ケアを適時に受けることができる世界を達成すること。それは、スティグマ形成と差別を受けることなく、可能な限り最高水準の健康を享受して、社会や職場に十分に参加するためである。

② 目標

精神的に満たされた状態（mental well-being）を促進し、精神障害を予防し、ケアを提供し、リカバリーを促し、人権を促進し、そして精神障害を有する人々の死亡率、罹患率、障害を低減すること。

③ 分野横断的原則

ユニバーサル・ヘルス・カバレッジ（UHC）、人権、科学的根拠に基づく実践、ライフコースアプローチ、多部門アプローチ、精神障害と心理社会的障害を有する人々のエンパワメントについて強調している。これらは、国連やWHOの原則に準じたものである。

④ 目的と目標

四つの目的と目的に対応した具体的な数値目標が掲げられている。

❺世界自殺レポート

自殺は深刻な公衆衛生上の問題であり、適時かつ科学的根拠のある、低コストの介入で予防できることから、WHOは、世界自殺レポートを公表している（第6章第3節 pp.139-140 参照）。

2 世界精神保健連盟と世界精神保健デー

元精神病患者のビアーズ（Beers, C. W.）は、1910年に精神衛生全国委員会を、1919年に国際精神衛生委員会（会議）（ICMH）を設立

---

i Clifford Whittingham Beers（1876-1943）自身が受けた双極性感情障害（躁うつ病）の入院治療経験を踏まえ、その著書『わが魂にあうまで』（A mind that found itself, 1908）において、医学的治療の必要性を理解しつつも、精神医療改革と精神障害者の人権確保を主張した。

した。ICMH の当初の目的は、精神科病院の改革であった。第二次世界大戦後、新しい ICMH 委員会は、質の向上の範囲を超えて、精神保健のアドボカシーの必要性を認識した。1947 年、ICMH は世界精神保健連盟（WFMH）に名前を変更し、すべての人と国において、生物学的、医学的、教育的、社会的側面で最高レベルの精神的健康を促進することを新しい目的とした。

WFMH を設立する決議は、第 3 回ロンドン会議において起草され完成し、承認（批准）された。WFMH の代表的な活動に世界精神保健デー（World Mental Health Day）を挙げることができる。WHO も啓発等の重要性に鑑みて、世界精神保健デーに賛同し、支援している。

3 ▷ OECD

経済協力開発機構（Organization for Economic Co-operation and Development：OECD）設立条約は、経済成長、開発、貿易をOECD の目的としている。近年、持続的な経済成長、開発の観点から、健康・医療分野への関心が高まっており、精神保健についても報告（Making Mental Health Count, 2014；Reviews of Health Care Quality JAPAN, 2014）がある。

◇参考文献
・WHO "Mental health action plan 2013 – 2020" https://www.who.int/mental_health/publications/action_plan/en/
・WHO, *mhGAP Mental Health Gap Action Programme*, 2008.
・WHO, *Preventing Suicide: A Global imperative*, 2014.
・WHO, *Global strategy to reduce the harmful use of alcohol*, 2010.
・OECD「OECD医療の質レビュー 日本スタンダードの引き上げ──評価と提言」http://www.oecd.org/health/health-systems/ReviewofHealthCareQualityJAPAN_ExecutiveSummary.pdf
・世界保健機関，自殺予防総合対策センター訳『メンタルヘルスアクションプラン2013-2020』国立精神・神経医療研究センター精神保健研究所自殺予防総合対策センター，2014.

●おすすめ
・「17歳のカルテ」2000，ジェームズ・マンゴールド

諸外国の精神保健医療の実情

- 欧米の精神医療保健システムについて学ぶ
- 先進的な精神医療保健サービスについて学ぶ

1 欧米における精神保健医療体制の特徴

1 欧米における医療保健体制

❶公的医療と民間医療

　欧米諸国の医療は公的医療（public sector）と民間医療（private sector）の二つによって提供されている。**公的医療**は税金もしくは公的保険により運営され、国民誰もが同じ医療を受けられる体制になっている。医療政策に合ったサービス医療費は無料もしくはごく少額の自己負担となっている。一方、**民間医療**は患者本人が100％医療費を負担し、本人が希望する医療サービスを受けることが可能である。精神医療の場合、精神病床への強制入院などの強制的な医療関与は公的医療により提供されている。

❷一次から三次の段階的な医療体制

　公的医療サービスは一次医療（プライマリケア）、二次医療（専門治療）、三次医療（高度医療）の三段階に分かれていることが多い。二次医療、三次医療は、救急を除き基本的に一次医療機関（家庭医やプライマリケアセンターなど）からの紹介がないと受診できない。

　精神科医による診察やコミュニティメンタルヘルスチームは二次医療に含まれ、一次医療機関からの紹介が必要である。一方、救急医療へのアクセスは紹介がない状態でも可能（ドロップイン）なため、急性期で緊急に治療が必要な場合には、救急機関での治療を経て二次医療に紹介されることもある。

❸医療圏

　公的医療は**医療圏**（キャッチメントエリア）ごとに一～三次の各医療サービスを設置し、その圏域の医療に関して責任を担う。住民は、原則自分の住む地域の医療サービスを利用する。また医療体制や医療の供給

量は医療圏ごとに決定できるため、その地域のニーズに合ったサービス提供が可能である。

❹医療と保健

公的医療は、医療と保健活動が一体化して提供される体制となっている。我が国の行政機関の保健師による保健活動でも、公的医療の一部として提供することが可能である。たとえば未受診患者に対する訪問や受診勧奨、地域における医療サービスへの紹介や振り分けを医療サービスと連携して提供できる。

2 欧米における精神保健医療体制の共通点

❶脱施設化とメンタルヘルスセンター

欧米諸国は、1960年代よりそれまで大規模な精神科病院・施設（アサイラム：asylum）に収容していた精神障害者を退院させ、地域での医療福祉サービスを利用して生活をさせる脱施設化に取り組んできた。イギリス、オーストラリア、アメリカなどの国々は比較的早く脱施設化が終了し、ドイツ、オランダ、北欧諸国は徐々に移行を進めてきた。

大規模精神科病院を閉鎖し、外来、ケアマネジメント、リハビリテーション機能をもつメンタルヘルスセンター（精神保健センター）を人口数万人程度の地区ごとに設置し、精神医療の中核機関として機能させている。現在メンタルヘルスセンターは、東欧諸国や中南米などの脱施設化、地域精神医療体制の整備に取り組む国々でも導入されてきている。

入院治療は救急・急性期のための治療ユニットを設置し、短期間の入院で急性期症状を改善させ、メンタルヘルスセンターに移す。症状のコントロールに時間がかかる難治ケースに対しては、数か月から1年程度の入院で安定した地域生活に対応することを目指すリハビリテーションユニットをもつ国や地域もある。ただ、このユニットが新たな長期入院者（new long stay）を生み出さないよう、重点的な治療で早めの退院を目指している。また住居施設を利用してこの重点的な治療を展開している地域もある。

❷ケアマネジメントとコミュニティメンタルヘルスチーム

メンタルヘルスセンターでは、精神障害者に対して医療と生活支援が一体化したケアマネジメントが提供される。サービスを提供するケアマネジャーは、看護師やケースワーカーなどが担っているが、ケアマネジメントの知識と技術をもっている。イギリスでは看護師、北米ではケースワーカーが担っていることが多いなど、担当者の職種は各国の制度に

よって異なる。利用者は定期的にメンタルヘルスセンターに来所して外来担当医やケアマネジャーと面談し、治療と生活支援が一体化したサポートを受ける。

ケアマネジメントは複数のケアマネジャーがチームとなり、そのキャッチメントエリアのケースを個別対応だけでなく多職種でのチームアプローチができるような、コミュニティメンタルヘルスチーム（地域精神保健チーム）として機能しているところが多い。多職種のチームで活動する場合、提供できるサービスの種類が増え、スタッフのバーンアウト抑止などに効果がある。

❸訪問・アウトリーチサービス

訪問支援はコミュニティメンタルヘルスチームが、症状増悪時などニーズに応じて提供する。障害が重く定期的かつ重点的な訪問が必要な場合は、ACT*やAOT*などの多職種チームが行う。また、コミュニティメンタルヘルスチームは、症状増悪や生活上の緊急的な介入のための訪問だけでなく、医療と保健が一体化しているため、未治療や治療中断患者、ホームレスなど、まだ治療契約がない人もしくはなかなかサービスが定着しない人に対するアウトリーチを提供することも可能である。

また、救急・急性期のアセスメントや治療導入のためのアウトリーチチームや、急性期の在宅治療のための訪問チームをもつ国や地域もある。

❹精神科救急・急性期医療

急性期医療は急性期病棟での短期間での治療が行われ、平均在院日数は数日～1か月程度で終了し、コミュニティメンタルヘルスチームのような地域医療へと引き渡される。

また、急性期治療でも自傷他害のリスクが少なく本人が治療に同意をしている場合、医師や看護師からなる訪問チームが頻回に自宅へ訪問し在宅で急性期治療を行う、また急性期病棟への入院を短期間で終了させ、退院後の頻回訪問で急性期の治療を完了させる在宅治療チーム（Home Treatment Team）によるサービスを提供する国が増えてきている。

❺外来医療

外来医療は、生活障害を伴う精神障害者に対してはメンタルヘルスセンターで提供されるが、ケアマネジメントが必要ない場合には二次医療の外来クリニックで提供される。また症状が軽症もしくは症状が安定している場合には、一次医療で家庭医による治療に移行させている国もある。その場合に家庭医に対する精神科の専門知識の教育や、治療に関する相談などを二次医療機関のスタッフが担うサポート体制も導入されて

いる。

❻心理・社会的プログラム、リハビリテーション

精神科リハビリテーションは、集団で同一プログラムに参加するものから個別プログラムの提供へとシフトしてきている。デイケアのような包括的なプログラムは縮小傾向で、すでに実施していない国もある。認知機能リハビリテーションや認知行動療法など数週間の専門的なプログラムをメンタルヘルスセンターなどで提供していることが多い。

日中の居場所やレクリエーション活動の提供など長期的なケアを目的とするプログラムや、就労に関する支援などは福祉サービスへ移行している。

❼住居サービス

脱施設化が始まったころは、郊外の大規模病院施設の住居施設化などもあったが、現在はアパートやケアハウスである。アパートでの単身生活に必要な場合は、生活支援を組み合わせることが多く、生活障害が重く常時ケアが必要な場合には、食事や日常生活ケアがついたケアハウスを利用する。

❽強制医療制度

イギリスやオーストラリアなどいくつかの国では、入院治療だけでなく外来治療でも強制治療が行われる**強制通院制度**（Community Treatment Order：CTO）が導入されている。定期的な通院や治療を強制すること、入居施設での生活を強制することができる。

2 ▶ 諸外国における精神保健医療サービス

❶イギリス、オーストラリア

欧米諸国は脱施設化後、さまざまな地域精神医療保健サービスを展開してきた。

イギリスは、1999年にThe National Service Framework for Mental Health（NSF*）を打ち出し、NHS*による精神医療保健の改革を行い、その後2009年New Horizons*により、NGOなどほかの精神保健に関する事業体との共同によりリカバリーを中心に据えて、早期介入に重点を置いたサービスの充実に取り組んできた。危機介入、在宅治療チーム（Home Treatment Team）・AOT・早期介入チーム（Early Intervention Team）など、サービス内容ごとに細分化・専門化され

★NSF
「精神保健に関するナショナル・サービス・フレームワーク」（精神保健施策10か年計画）。

★NHS
National Health Serviceの略。和訳は国民保健サービス。1948年に設立されたイギリスの公的（国営）医療サービス。1次から3次医療まで国民は無料で利用できる。

★New Horizons
「新しい展望」もしくは「新たな地平」。NSFに続く精神医療施策10か年計画。

たチームを設置してきた。

　イギリス式のシステムは、イギリスのほかオーストラリア、カナダなどの国々でもみられる。オーストラリアでは1992年に国レベルの精神保健戦略（National Mental Health Strategy）を打ち出し、公的医療と民間医療が協力した形での入院医療やケア付き住居施設の充足化を図り、また疾患や病態に合わせて家庭医、精神科医、心理士が治療に当たる治療の分担化を図ってきた。また国土が広いので、へき地での精神医療サービスは、家庭医への教育やサポートを精神科専門スタッフ（精神科医、精神科専門看護師）が行い、専門家が不在の地域でもサービス提供が可能になるシステムを構築している。

❷イタリア、オランダ

　これに対してヨーロッパのほかの国々では、小規模キャッチメントエリアごとにメンタルヘルスセンターを設置し、状態像や治療内容にかかわらず同じ治療チームが包括的かつ継続的に治療・ケアに当たるシステムを取っている。

★バザーリア法
正式名称は「任意および強制入院と治療に関する法180号」。イタリアにおける脱施設化、精神医療改革を目的に制定された法律。それまでの収容を目的とした大規模精神科病院への新たな入院を禁止するもの。

　イタリアでは、1978年バザーリア法★により精神科病院を廃止し、小地区ごとに設置したメンタルヘルスセンターにコミュニティメンタルヘルスチームを置き、総合病院内の急性期病棟、デイホスピタルや入所型の生活訓練施設、住居施設などによる地域システムを展開している。

　オランダの精神医療福祉サービス体（GGZ）では、コミュニティメンタルヘルスチームのなかで、重症度の高い利用者に密度の高いケアを提供できるように、チームの一部でACTのような形式の支援を提供できるFACT（Flexible Assertive Community Treatment）を展開している。

❸アジア諸国

　一方、アジアの国々は地域精神医療への転換途中にある。韓国や台湾、香港、マレーシア、シンガポールなどでは、アウトリーチチームなどケアマネジメントサービスやリハビリテーションサービスを地域に導入し、病院から地域精神医療へのシフトを図っている。

　韓国では1995年の精神保健法改正により地域精神医療への展開を始めた。精神保健センターを全国に展開し、住居施設の設置などに取り組み、少しずつその数は増えてきているが、精神科病院での長期療養者数はまだ多く、日本と同様の問題を抱えている。

索引

最新 精神保健福祉士養成講座

| 編集

一般社団法人 日本ソーシャルワーク教育学校連盟 （略称：ソ教連）

| 統括編集委員 （五十音順）

中谷 陽明 （なかたに・ようめい）
ソ教連常務理事、桜美林大学大学院教授

松本 すみ子 （まつもと・すみこ）
ソ教連常務理事、東京国際大学人間社会学部教授

「現代の精神保健の課題と支援」編集委員・執筆者

| 編集委員 （五十音順）

植田 俊幸 （うえた・としゆき）
鳥取県立厚生病院精神科医長

松本 すみ子 （まつもと・すみこ）
東京国際大学人間社会学部教授

四方田 清 （よもだ・きよし）
順天堂大学スポーツ健康科学部客員教授

| 執筆者および執筆分担 （五十音順）

相川 章子 （あいかわ・あやこ） ⋯⋯⋯⋯⋯⋯⋯⋯⋯⋯ 第9章第6節
聖学院大学心理福祉学部教授

阿部 裕 （あべ・ゆう） ⋯⋯⋯⋯⋯⋯⋯⋯⋯⋯⋯⋯⋯⋯ 第6章第8節
四谷ゆいクリニック院長

石田 賢哉 （いしだ・けんや） ⋯⋯⋯⋯⋯⋯⋯⋯⋯⋯⋯ 第9章第5節
青森県立保健大学健康科学部准教授

稲垣 正俊 （いながき・まさとし） ⋯⋯⋯⋯⋯⋯⋯⋯⋯ 第7章第5節
島根大学医学部教授

植田 俊幸 （うえた・としゆき） ⋯⋯⋯⋯ 第2章第3節、第6章第4節
鳥取県立厚生病院精神科医長

大岡 由佳 （おおおか・ゆうか） ⋯⋯⋯⋯⋯⋯⋯⋯⋯⋯ 第6章第2節
武庫川女子大学文学部准教授

岡崎 伸郎 （おかざき・のぶお） ⋯⋯⋯⋯⋯⋯⋯⋯⋯⋯ 第9章第1節
独立行政法人国立病院機構仙台医療センター総合精神神経科部長

金澤 ますみ （かなざわ・ますみ）──────── 第4章第3節〜第5節
桃山学院大学社会学部社会福祉学科准教授

工藤 信夫 （くどう・のぶお）──────────── 第3章第6節
平安女学院大学名誉教授

近藤 直司 （こんどう・なおじ）──────── 第3章第4節、第7章第9節
大正大学心理社会学部教授

佐竹 直子 （さたけ・なおこ）──────────── 第10章第3節
国立研究開発法人国立精神・神経医療研究センター病院精神科

柴田 展人 （しばた・のぶと）──────── 第6章第10節、第7章第7節
順天堂大学医学部教授

高野 知樹 （たかの・ともき）──────── 第5章第1節・第2節
医療法人社団弘冨会神田東クリニック院長

簗 宗一 （たかむら・そういち）──────────── 第7章第1節
静岡県立大学看護学部教授

竹島 正 （たけしま・ただし）──────────── 第6章第3節
川崎市精神保健福祉センター所長

田辺 等 （たなべ・ひとし）──────────── 第7章第4節
北星学園大学社会福祉学部教授

田村 綾子 （たむら・あやこ）──────── 第5章第3節・第4節
聖学院大学心理福祉学部教授

知名 孝 （ちな・たかし）──────────── 第7章第8節
沖縄国際大学総合文化学部教授

中西 唯公 （なかにし・ゆうこ）──────── 第3章第1節・第2節、第7章第6節
順天堂大学スポーツ健康科学部准教授

成瀬 暢也 （なるせ・のぶや）──────── 第7章第2節・第3節
埼玉県立精神医療センター副院長

錦織 光 （にしこおり・ひかる）──────────── 第7章第5節
島根県立中央病院精神神経科

野島 照雄 （のじま・てるお）──────────── 第6章第9節
特定医療法人群馬会群馬病院院長

針間 克己 （はりま・かつき）──────────── 第6章第7節
医療法人社団 HARIMA はりまメンタルクリニック院長

樋口 進 （ひぐち・すすむ）──────────── 第2章第4節
独立行政法人国立病院機構久里浜医療センター院長

福田 祐典 （ふくだ・ゆうすけ）──────── 第10章第1節・第2節
元・厚生労働省健康局長

前園　真毅（まえぞの・まさき）⋯⋯⋯⋯⋯⋯⋯⋯⋯⋯⋯⋯⋯第2章第4節
独立行政法人国立病院機構久里浜医療センター医療福祉相談室室長

松本　すみ子（まつもと・すみこ）⋯⋯⋯⋯⋯⋯⋯⋯⋯⋯第1章、第8章第3節
東京国際大学人間社会学部教授

三野　宏治（みの・こうじ）⋯⋯⋯⋯⋯⋯⋯⋯⋯⋯⋯⋯⋯⋯第8章第1節
東京福祉大学社会福祉学部准教授

村山　憲男（むらやま・のりお）⋯⋯⋯⋯⋯⋯⋯⋯⋯第4章第1節・第2節
順天堂大学スポーツ健康科学部准教授

森谷　康文（もりたに・やすふみ）⋯⋯⋯⋯⋯⋯⋯⋯⋯⋯⋯第3章第7節
北海道教育大学教育学部准教授

森谷　就慶（もりや・ゆきのり）⋯⋯⋯⋯⋯第6章第1節、第7章第10節
東北文化学園大学医療福祉学部教授

梁田　英麿（やなた・ひでまろ）⋯⋯⋯⋯⋯⋯⋯⋯⋯⋯⋯⋯第6章第6節
東北福祉大学せんだんホスピタル包括型地域生活支援室室長

山下　俊幸（やました・としゆき）⋯⋯⋯⋯⋯⋯⋯⋯⋯⋯⋯第2章第1節
京都府立洛南病院院長

結城　俊哉（ゆうき・としや）⋯⋯⋯⋯⋯⋯⋯⋯⋯⋯⋯⋯⋯第6章第5節
立教大学コミュニティ福祉学部教授

四方田　清（よもだ・きよし）⋯⋯⋯第2章第2節、第8章第2節、第9章第2節～第4節
順天堂大学スポーツ健康科学部客員教授

渡辺　俊之（わたなべ・としゆき）⋯⋯⋯⋯⋯⋯⋯第3章第3節・第5節
渡辺医院院長／高崎西口精神療法研究室

最新 精神保健福祉士養成講座

2　現代の精神保健の課題と支援

2021年2月1日　　　初　版　発　行
2023年2月1日　　　初版第 2 刷発行

編　集　　一般社団法人日本ソーシャルワーク教育学校連盟
発行者　　荘村明彦
発行所　　中央法規出版株式会社
　　　　　〒110-0016　東京都台東区台東3-29-1　中央法規ビル
　　　　　TEL 03（6387）3196
　　　　　https://www.chuohoki.co.jp/

印 刷・製 本　株式会社アルキャスト
本文デザイン　株式会社デジカル
装　　　幀　株式会社デジカル
装　　　画　酒井ヒロミツ